촘스키,
세상의
물음에
답하다

촘스키, 세상의 물음에 답하다 1

── 권력이 여론을 조작하는 방식에 관하여

초판 1쇄 2005년 12월 12일 펴냄
초판 14쇄 2012년 6월 15일 펴냄
2판 1쇄 2013년 12월 20일 펴냄
2판 2쇄 2016년 7월 20일 펴냄
3판 1쇄 2021년 2월 10일 펴냄

지은이 노엄 촘스키
엮은이 피터 R. 미첼 & 존 쇼펠
옮긴이 이종인
삽화가 장봉군
펴낸이 김성실
제작 한영문화사

펴낸곳 시대의창   **등록** 제10−1756호(1999. 5. 11)
주소 03985 서울시 마포구 연희로 19−1 4층
전화 02)335−6125   **팩스** 02)325−5607
전자우편 sidaebooks@daum.net
페이스북 www.facebook.com/sidaebooks
트위터 @sidaebooks

ISBN 978−89−5940−753−8 (04300)
ISBN 978−89−5940−752−1 (전3권)

UNDERSTANDING POWER The Indispensable Chomsky
edited by Peter R. Mitchell and John Schoeffel

UNDERSTANDING POWER
The Indispensable Chomsky

촘스키,
세상의
물음에
답하다

권력이 여론을 조작하는 방식에 관하여

시대의창

편집자 일러두기

1. 이 책은 *UNDERSTANDING POWER: The Indispensable Chomsky* (Edited by Peter R. Mitchell and John Schoeffel, The New Press, New York, 2002)를 번역한 것이다.

2. 〈편집자의 말〉에 밝혔듯이, 영어판은 본문에 주석 번호만 달렸고, 주석 내용은 웹사이트(www.www. understandingpower.com)에서 찾아보도록 구성되었다. 웹사이트에서는 출처뿐만 아니라 이 책 내용에 대한 논평, 정부 문서의 발췌본, 신문 기사와 연구서의 인용문, 기타 중요한 정보 등 다양한 자료를 제공한다. 한국어판에는 원서와 같이 주석 번호는 모두 달되, 본문을 이해하는 데 도움이 될 만한 내용만 선별하여 발췌 번역했다. 책에 실리지 않은 주석을 더 참조하고 싶다면 웹사이트를 참고하기 바란다.

3. 본문에서 대괄호([ ]) 안의 설명은 촘스키 본인 혹은 원서 편집자 피터 R. 미첼과 존 쇼펠이 단 주석이다.

인류의 고통에 대한 참을 수 없는 연민

간절히 질문하고 가까운 사례를 가지고
깊이 생각해 나간다면, 인仁이 그 안에 있느니라.

이 책은 촘스키가 10년 동안의 간담회, 연설회, 세미나 등을 통해 '세상'의 물음에 답한 내용을 망라하여, 그 가운데서 촘스키 사상의 고갱이와 세상을 읽는 통찰의 큰 줄기를 보여주는 내용을 치밀하게 가려 뽑아 엮은 책이다.

이전에 시대의창에서 펴낸 《촘스키, 누가 무엇으로 세상을 지배하는가》 (2002년 초판, 2013년 개정판)와 〈촘스키, 세상의 권력을 말하다〉 시리즈(2004년 초판, 2013년 개정판)가 주로 특정 주제를 놓고 전문 인터뷰어와 나눈 대담이었다면, 이 책은 불특정 다수의 청중을 앞에 두고 그들과 함께 광범위한 주제에 관해 이야기를 나눈 것이어서 마치 대화를 나누듯이 생동감 있고 그 내용이 훨씬 논쟁적이며 고백적이다.

그러다 보니 촘스키를 부르는 호칭부터 다양한데, 저마다 뉘앙스가 다르다. 가령 촘스키 씨, 노엄 또는 당신이라고 호칭한 경우에는 '내(청중)가 뭔가를 잘 모르니 한 수 배우고 싶다'는 의도로 던진 질문이 많고, 촘스키 박사라고 호칭한 경우에는 '학술적 내용으로 당신과 논쟁하고자 한다'는 의도로 읽힌다.

바로 이런 사실은, '저명인사'의 말을 청중이 일방적으로 듣기만 하고 끝나는 게 아니라 청중도 대화에 적극 참여하여 치열한 논쟁을 펼쳐 나간다는 것을 보여준다. 가령 촘스키가 미국 언론의 편파성을 통렬하게 비판하면 질문에 나선 청중이 반박하고 그렇게 하여 치열한 대화가 진행된다. 두 사람의 대화 가운데 군더더기는 빼버리고 핵심만 편집해서 그렇지, 아마도 대화의 현장에서 두 사람은 얼굴을 붉히기도 했을 것이다.

또 어떤 청중이 '당신이 세계적 지명도가 있는 학자이므로 당신의 말을 들어주는 것이지, 안 그렇다면 몇 명이나 당신의 연설회에 나왔겠느냐'고 묻자 촘스키는 "어떤 연설이 의미를 갖는 것은 그 연설의 '내용'이지, 연설자의 이름 뒤에 나오는 직함이 아니다. 상식적인 사안에 대해서 논평하는 데에도 특별한 자격을 갖춰야 한다는 생각은 또 다른 속임수일 뿐이다. 그것은 민중을 주변화하려는(소외시키려는) 술수이므로 그런 속임수에 넘어가서는 안 된다"고 답변한다.

그런가 하면 시민운동의 고단함에 대해서 얘기가 오가는 가운데, 어떤 청중이 '시민운동을 하다가 너무나 요원한 전망에 혹시 절망에 빠진 적은 없느냐'고 묻자, 촘스키는 '매일 저녁 절망을 느낀다'고 고백하면서도 '하지만 절망에 빠져서 허우적거리며 아무것도 안 한다면 그게 무슨 의미가 있겠는가. 그런 예측은 아무런 의미도 없으며, 당신의 분위기 또는 당신의 성품을 그대로 반영했을 가능성이 높다. 만약 그런 전제조건 위에서 행동한다면 사태는 결국 당신이 예측한 대로 벌어지고 말 것이다. 하지만 얼마든지 현재의 상태를 바꿀 수 있다는 전제조건을 믿고 적극적으로 활동한다면 정말 그 상태가 바뀔 것'이라고 통박한다.

이런 식으로 진행되는 대화는 시종 팽팽한 긴장을 유지하는데, 강처럼 흐를수록 넓어지고 깊어진다. 촘스키는 추상과 관념을 철저하게 배제한 채 구체적 사실과 증거를 가지고 세상의 물음에 답해 나간다. 또 모르는 것은 추호도 짐작해 말하는 법 없이 솔직하게 모른다고 한다.

촘스키는 (소련 체제를 비판한 사하로프를 예로 들면서) '나는 미국 사람이기 때문에 미국의 잔학 행위를 얘기할 수밖에 없다'고 말한다. 그의 이러한 '윤리적' 발언은 아리스토텔레스의 《니코마코스 윤리학Nicomachean Ethics》에 나오는 다음의 말을 연상시킨다. "철학자에게는 친구도 진리도 다 소중하지만 친구보다는 진리를 더 중시하는 것이 철학자의 의무다."

촘스키는 '대중이 갖고 있는 중대한 환상 가운데 하나는 '정부'가 곧 권력 그 자체라는 생각이다. 그러나 정부는 권력 그 자체가 아니며 권력의 한 부분만을 담당할 뿐이다. 진정한 권력은 사회를 소유한 사람들의 손에 있고, 국가 관리자들은 공무원에 지나지 않는다'는 말로 세인의 그릇된 인식을 깨우친다.

그러면서 그는 개인(기업, 언론) 권력의 무한 확장과 허울뿐인 주권재민主權在民의 현실에 경종을 울린다. 나는 이 책을 처음 읽었을 때, 혹시 이런 개인 권력에 대한 분노가 촘스키를 움직이는 힘이 아니었을까 궁금해하면서 셰익스피어의 《코리올라누스Coriolanus》에 나오는 다음의 대사를 많이 생각했다. "분노는 나의 힘Anger is my meat. 나는 분노를 나의 식사로 삼았으나 그것은 먹으면 먹을수록 더 나를 배고프게 한다."

그러나 이 책을 거듭 읽으면서 분노보다는 '민중에 대한 사랑'이 그를 움직이는 힘이라고 확신하게 되었다. 실제로 촘스키는 매사추세츠 공과대학교(이하 MIT) 연구실에 그가 존경하는 버트런드 러셀의 사진을 걸어두고 그 밑에 러셀의 좌우명을 붙여놓았다고 한다. "세 가지 열정이 내 인생을 지배해왔는데 하나는 사랑에 대한 열망이고, 둘은 지식에 대한 탐구이며, 셋은 인류의 고통에 대한 참을 수 없는 연민이다."

《논어論語》〈자장子張 편〉에는 "간절히 질문하고 가까운 사례(자기 나라의 사례)를 가지고 깊이 생각해 나간다면, 인仁이 그 안에 있느니라"라는 말이 나오는데, 인은 곧 사랑의 동양적 표현이므로, 세상의 물음에 답하는 촘스키의 말은 일언이폐지一言以蔽之하여 사랑의 말일 터이다.

이종인

한 권에 담은 촘스키의 정치사상

우리의 목표는 촘스키의 정치사상을
일목요연하게 개관할 수 있도록 녹취록을 단행본 형태로 편집하되,
촘스키 학술서의 엄정함과 인터뷰 형식의 친근함을 종합적으로
살릴 수 있는 그런 책을 만드는 것이었다.

이 책에 실은 토론의 주제는 다양한 범위에 걸쳐 있으며, 이 세상을 이해하는 혁명적인 관점을 제시하면서 권력의 내면을 들여다보는 촘스키의 통찰을 다루고 있다. 촘스키의 독보성은, 사실 관계를 밝히는 정보를 풍성하게 제시하면서 전 세계 권력기관들의 만행과 기만을 완벽하게 폭로해버린다는 데 있다.

인터넷 덕분에 우리는 이 책의 웹사이트에 방대한 증빙 기록을 올려놓을 수 있게 되었다. 이 온라인 주석들은 인용 책자의 열거가 아니라, 이 책의 본문에 대한 논평, 정부 문서의 발췌본, 신문 기사와 연구서의 중요한 인용문, 기타 중요한 정보 등 다양한 자료를 제공하고 있다.

우리의 목표는 사실에 근거한 촘스키의 주장을 뒷받침할 수 있는 가능한 한 많은 증빙 자료를 제시하는 것이었다. 이 책의 온라인 주석은 이 책(영어판)의 웹사이트 www.understandingpower.com에서 다운로드받거나 프린트할 수 있다.

우리는 수십 회에 걸쳐 진행한 간담회의 녹음 테이프들을 먼저 녹취한 다음 읽기 좋게 편집했다. 이어 불필요하게 반복된 부분은 제거하고 다시 취합하여 주제와 아이디어의 일관된 순서를 따라가며 재편집했다. 우리의 목표는 촘스키의 정치사상을 일목요연하게 개관할 수 있도록 녹취록을 단행본 형태로 편집하되, 촘스키 학술서의 엄정함과 인터뷰 형식의 친근함을 조화롭게 살릴 수 있는 그런 책을 만드는 것이었다.

우리는 촘스키의 말을 있는 그대로 충실하게 살리려고 애썼다. 실제로 촘스키는 이 책의 본문을 모두 읽어보았다. 하지만 단행본의 구조와 스타일을 살리기 위해 약간의 수정을 가할 필요가 있었음을 밝힌다.

이 책에서, 질문하는 사람들은 'Man'(한국어판에서는 '청중 1'-편집자) 또는 'Woman'(한국어판에서는 '청중 2'-편집자)으로 표시했는데, 이렇게 하는 것이 같은 사람의 연이은 질문을 쉽게 알아보게 하고 또 다른 질문자가 끼어들었을 때도 금방 구분할 수 있다는 판단에서였다.

우리는 주석에서 인용된 자료들을 (몇몇 외국어로 된 것들을 제외하고는) 모두 찾아보고 확인했다. 대부분의 자료들은 본문 내용을 뒷받침하기 위해 인용한 것이었지만 그렇지 않은 것도 일부 있다.

우리는 주석에 관련된 아주 흔한 오해를 다루고 있는 1장의 주석 67번을 참조할 것을 권한다. 주류 언론의 기사를 빈번하게 언급한 것은 언론의 '프로파간다 모델'을 정면에서 폭로하기 위한 것이다. 촘스키는 이 모델에 대하여 1장에서 자세히 설명하고 있다.

이 책이 인쇄에 붙여진 동안, 9·11사태가 터져 커다란 파장을 일으켰다. 미국 언론들은 '테러'에 대해서는 엄청나게 다루었지만 놀랍게도 이런 사태가 발생한 맥락에 대한 논의는 일체 생략해버렸다.

부시 대통령과 정부는 "미국은 세계의 자유와 기회의 횃불이기 때문에 테러 공격의 목표물이 되었다"고 발표했는데, 미국의 주류 언론은 이 성명을 앵무새처럼 되풀이했을 뿐이다.

걸프전(1992) 동안 자행된 이라크 민간인에 대한 무차별 살상, 미국이 주도한 경제제재로 이라크 국민들이 겪은 참상, 민중을 탄압한 서남아시아 독재 권력들에 미국이 보낸 지지 등에 대해서는 전혀 언급하지 않았다. 그저 '테러에 따른 분노'를 증폭시키는 데에만 열을 올렸을 뿐이다.

이 책은 9·11사태 이전에 편집되었지만, 이 테러 공격의 중요한 배경과 온갖 의문에 대한 답이 이 책 속에 이미 제시되어 있다. 왜 미국 언론은 그처럼 제한적이고 무비판적이고 부정확한 분석만 내놓고 있는가? 미국 외교정책의 근간은 무엇이며 왜 그것이 전 세계적으로 광범위한 증오를 불러일으키고 있는가? 이런 상황을 바꾸기 위해 보통 사람 또는 시민 들은 무엇을 할 수 있는가?

촘스키는 테러 공격 직후 이렇게 말했다. "선진국 국민은 이제 선택 앞에 서 있다. 그저 놀라움을 표시하며 공포에 떠느냐, 아니면 이런 범죄를 일으킨 원인을 파악하려고 애쓰느냐……."

겁먹고 놀란 현재의 관점에서 볼 때, 이 책에서 다룬 여러 논의 사항은 전보다 더 긴급해 보인다.

피터 R. 미첼 & 존 쇼펠

촘스키, 세상의 물음에 답하다 2

촘스키, 세상의 물음에 답하다 3

1

권력의 '진실'과 여론조작을 말하다

※ 1989년 4월 15, 16일 매사추세츠 로우에서 진행된 공개 토론회 가운데 '개회 세미나 opening session'를 바탕으로 엮었다.

1 전쟁과 파괴의 배후에는 늘 미국이 있다

1980년대의 흥미로운 특징 중 하나는
미국이 용병 국가라는 매개를 통하여 해외 개입을 시도했다는 겁니다.
미국은 이런 용병 국가들로 국제적인 테러 네트워크를 만들었습니다.
그것은 세계의 역사에서 새로운 현상이었고
그때까지 그 누구도 생각하지 못했던 일이었습니다. 다른 나라들은
테러리스트를 고용하는게 고작인데, 미국은 테러 국가를 고용했던 겁니다.

미국에서 반정부 운동이 이룬 것

청중2 노엄, 우리가 주말에 여기 와서 이렇게 당신과 얘기하려는 것은, 세계 정세에 관한 당신의 생각을 듣고 그 세계를 바꾸기 위해서 우리가 무엇을 할 수 있는지 알아보기 위해서입니다. 지난 수십 년 동안 시민들의 반정부 운동이 미국 내에 많은 변화를 가져왔다고 생각하십니까?

— 아, 물론입니다. 실제로 커다란 변화를 가져왔지요. 물론 '제도권'의 구조가 바뀌었다고는 생각하지 않습니다. 하지만 문화와 관련해서는 실제적인 변화가 있었고 다른 많은 방면으로도 변화가 있었습니다.

예를 들어 1960년대의 케네디 행정부와 1980년대의 레이건 행정부를 한번 비교해보십시오. 어떤 의미에서 보면 이 두 정부는 공통점이 많습니다. 일반인이 말하는 것과는 다르게 말입니다. 두 정부는 전임 정부가 우유부단하다, 허약하다, 러시아가 우리를 앞질러 가는 걸 방치한다 따위의 근거 없는 비난을 내세우며 집권했습니다. 케네디는 '미사일 갭^{missile gap}'이라는 근거 없는 어젠다議題가 있었고, 레이건 역시 '취약성의 창^{window of vulnerability}'이라는 근거 없는 어젠다가 있었습니다. 그리하여 두 정부는 군비경쟁 확대를 특징으로 갖게 되었는데 그 결과 국제적 폭력이 증가되었고 미국 납세자들은 군비 지출의 명목으로 국내의 방위산업체에 많은 보조금을 주게 되었습니다. 두 정부는 호전적이었고, 군국주의자의 히스테리와 호전주의를 통해 국민들에게 공포심을 부추기려 들었습니다. 두 정부는 전 세계적으로 아주 공격적인 외교정책을 펼쳤습니다. 케네디는 라틴아메리카에서 폭력의 수위를 상당히 높였습니다. 1980년대에 극성을 부린 탄압의 돌림병the plague of repression은 사실상 레이건 자신이 주도한 것이었습니다.¹

물론 케네디 정부는 약간 달랐습니다. 적어도 수사적修辭的으로는 말입니다. 그리고 실제로도 어느 정도 달랐어요. 국내 문제 중에 사회적 개혁 프로그램에 관심이 있었습니다. 반면에 레이건 행정부는 정반대의 것, 즉 사회복지 제도의 철폐에 열을 올렸습니다. 그런데 이 사실은 케네디 시대와 레이건 시대의 국제적 형편이 상당히 달랐음을 뚜렷이 보여주는 것입니다. 1960년대 초반 미국은 세계를 지배하는 초강대국이었습니다. 그런 만큼 국제적 폭력, 국방비 증가, 국내의 사회 개혁 등을 동시에 추진할 수 있는 많은 기회가 있었습니다. 그러나 1980년대에 이르러서는 그런 기회가 없어졌습니다. 산업 면에서 경쟁하는 국가들과 비교해, 미국은 더 이상 예전처럼 강력하고 부자인 그런 나라가 아니었습니다. 물론 절대적으로는 여전히 강력한 부자 나라이지만 상대적으로는 그렇지 못했습니다. 그래서 미국 자본의 수익성과 경쟁력을 높이려면 복지 수준을 낮추어야 한다고 생각했는데, 이런 생각은 레이건뿐 아니라 엘리트 계층의 전반적 합의 사항이었습니다. 이런 차이점을 제외한다면, 케네디 행정부와 레이건 행정부는 아

---

1 케네디 행정부는 라틴아메리카 국가들에게 두 가지 주요한 유산을 남겼다. 하나는 '국내 보안'을 강조하는 군사정권이고 다른 하나는 라틴아메리카를 지원하는 미국의 1961년 원조로서 '진보를 위한 동맹'이라는 것이다. 이 원조는 통계적으로는 성공이었을지 몰라도 사회적으로는 재앙이었다.

주 유사했습니다.

그렇지만 레이건 행정부는 과거 케네디 행정부가 한 대로 따라 할 수는 없었습니다. 가령 케네디는 쿠바를 직접 침공할 수 있었고 또 지금까지 알려진 세계 최대 규모의 국제 테러 작전을 발진시켰습니다. 이 테러 작전은 여러 해 계속되었는데 어쩌면 지금도 진행되고 있을지 모릅니다.[2] 케네디는 남베트남을 침공할 능력이 있었고 결국 그렇게 했습니다. 그는 미 공군을 베트남에 보내 폭격을 하고 네이팜탄을 투하시켜 그 나라의 국토를 파괴했습니다. 또한 지상 병력을 보내 그 나라의 농민 독립운동을 분쇄했습니다.[3] 그렇지만 베트남은 지구 반대편에 있는 나라이기 때문에 미국의 작은 관심사에 지나지 않았습니다. 레이건 행정부는 미국에서 훨씬 가까운 지역인 중앙아메리카에서 그와 비슷한 행동을 하려고 했으나 결국 뒤로 물러서고 말았습니다. 1981년 레이건 행정부는 초기 몇 달 동안 중앙아메리카에 직접 개입하려고 했으나 곧 후퇴하여 은밀한 작전을 추진하게 되었습니다. 비밀 무기 판매·보호 국가들을 통한 은밀한 자금 지원, 니카라과의 콘트라 같은 테러리스트 세력의 지원 등이 그것입니다.[4]

이것은 아주 확연한 차이, 아니 극적인 차이였습니다. 나는 이런 차이를 빚어낸 힘이 지난 25년 동안 반정부 활동의 구체적 성과 중 하나라고 생각합니다. 사실 레이건 행정부는 공공외교청 Office of Public Diplomacy이라는 주요 선전 기구를 설치하도록 강요당했습니다. 이것은 미국 역사상 두 번째인데 1917년 윌슨 행정부 시절에 설치된 것이 최초입니다. 하지만 훨씬 규모가 크고 업무 영역도 방대했는데 주된 목적은 대중을 세뇌하는 것이었습니다.[5]

---

4   레이건 행정부는 미국 일반 대중이 자신들 정책에 반항적 태도를 표하는 것을크게 우려했다. 그래서 '국가적 위기 사태'가 도래하면 헌법을 일시 중단시키고 계엄령을 선포할 계획도 세웠다.

케네디 정부는 이런 기구를 만들 필요가 없었습니다. 정부가 그 어떤 형태의 폭력이나 공격을 결정하더라도 대중이 용인하리라는 믿음이 있었기 때문입니다. 하지만 그 후 큰 변화가 왔고 그것은 그 나름 효과가 있었습니다. 1980년대에는 중앙아메리카에 B-52 군용기가 파견되지 않았습니다. 그래도 현지 상황이 좋았던 것은 아닙니다. 수만 명이 학살되었으니까. 하지만 만약 B-52와 제82 공수사단을 현지에 보냈다면 그보다 훨씬 많은 사람이 죽었을 겁니다. 이것은 지난 25년 동안 미국 내에 반정부 활동이 활발했음을 간접적으로 증명하는 것입니다. 레이건 행정부는 국내의 시민들을 달래기 위하여 과거 케네디 행정부처럼 직접적인 공격보다는 은밀한 작전을 펼칠 수밖에 없었습니다. 레이건이 직접적인 군사개입을 시사하는 발언을 하자 미국은 격변에 휘말렸습니다. 항의 편지의 폭주, 시위, 교회 단체의 활동 등 사방에서 시민들이 모두 뛰쳐나왔습니다. 그래서 정부는 즉각 뒤로 물러섰습니다.

또한 레이건 정부의 국방 예산은 1985년에 이르러 수평을 유지하게 되었습니다. 그 전까지는 카터 행정부 때처럼 계속 올라갔으나 카터가 만약 유임했더라면 유지했을 법한 수준에서 국방비가 수평을 이루었습니다.[6] 왜 이런 일이 벌어졌을까요? 물론 4년간 지속된 레이건 행정부의 적자 지출로 인해 재정 상태가 엉망이 되었다는 이유도 있었지만, 국내 반발이 상당히 심했다는 이유도 있었던 겁니다.

그리고 이제 반정부 활동은 억누를 수 없는 것이 되었습니다. 이런 반정

5 제1차 세계대전 중 윌슨 대통령의 프로파간다 기관은 '공보위원회'라고 했는데 통칭 크릴 위원회Creel Commission로 알려져 있다.

6 레이건의 화려한 연설은, 레이건의 프로그램이 대부분 카터 시절에 시작된 것을 강화 혹은 가속하는 것에 불과함을 은폐하는 경향이 있었다.

1980년대에 이르러 미국은 더 이상 예전처럼 강력하고
부자인 그런 나라가 아니었습니다. 물론 절대적으로는
여전히 강력한 부자 나라이지만 상대적으로는 그렇지 못했습니다.

부 활동에 중심이 없고, 원천이 없고, 조직이 없다는 사실은 강점이면서 단점입니다. 자기 혼자뿐이라고 느낀다는 것은 단점인데요. 자기 행동이 낳은 구체적 결과를 거리에서는 발견할 수 없으니까요. 가시적인 것, 가령 대규모 집회나 시위 같은 게 없으니까 아예 활동이 없나 보다 생각하기 쉽습니다. 물론 그런 집회나 시위가 가끔 있기는 하지만 늘 있는 것은 아니지요. 게다가 운동 세력들끼리 서로 긴밀하게 연계하지 못합니다. 그래서 각종 조직 활동이 평행으로 이루어질 뿐 중심으로 수렴되지 못하는 경향이 있습니다. 반면에 장점은 이런 것입니다. 우선 그것을 분쇄하기가 어렵습니다. 구체적으로 제거해야 할 대상이 분명하지 않은 까닭입니다. 그래서 조직을 제거해도 또 다른 조직이 생겨나 그 자리를 대신합니다.

그래서 장기적인 관점으로 보자면, 반정부 활동이 수동적이요 순종적이요 세뇌되어버렸다는 얘기는 사실이 아닙니다. 오히려 정반대입니다. 비록 뚜렷하지는 않더라도 분명 차이를 만들어낸 것입니다.

여러분은 그 사실을 다양한 방식으로 확인할 수 있습니다. 내 얘기는, 레이건 행정부의 정책에 대한 대중의 반발이 점점 거세지고 있다는 겁니다. 반발은 늘 있었지만 1980년대 들어와 더 거세졌습니다.[7] 그리고 미디어(언론)를 보십시오. 약간의 변화를 거쳐 전보다 개방적이 되었습니다. 20년 전에 비해 반정부 인사들이 미디어에 접근하기가 쉬워졌습니다. 물론 엄청나게 쉬워진 건 아닙니다. 0.1퍼센트에서 0.2퍼센트로 나아진 정도지만 그래도 차이가 생긴 건 생긴 것입니다. 그리고 1960년대의 문화와 경험으로부터 벗어나 제도권 내의 미디어, 대학, 출판 그룹, 정치제도 등에 진출한 사람들도 있습니다. 이 또한 구체적 효과라 할 수 있습니다.

카터 행정부의 인권 정책을 한번 봅시다. 원래는 의회가 제출한 인권 프로그램이었는데 카터 행정부는 비록 제한된 범위 내에서였지만 받아들일 수밖에 없었습니다. 이 프로그램은 1980년대 내내 유지되었고 레이건 행정부도 어느 정도 그 프로그램에 적응해야만 했던 거지요. 그래서 프로그램이 효과를 발휘한 것입니다. 물론 이 프로그램이 냉소적으로나 위선적으로 활용됐다는 걸 우리는 알고 있습니다. 그럼에도 불구하고 이 프로그램을 통해 구제된 사람들이 많이 있습니다.

그럼 이 프로그램은 어디에서 나온 것일까요? 그 근원을 찾아 올라가 보면 1960년대 청년들이 입안했다는 걸 알 수 있습니다. 이런저런 분야에서 대중이 압력을 넣은 덕분입니다. 그들의 제안은 한두 군데 의회의원 사무실을 거쳐 마침내 의회에서 입법화되었습니다.[8] 동시에 '휴먼 라이츠 워치 Human Rights Watch' 같은 새로운 인권 기구들도 생겨났습니다. 이로써 비록 수사적인 시늉이기는 해도 외교 정책에서 인권 문제를 우선시할 수 있게 되었습니다. 효과가 없지는 않았습니다. 여러분도 알다시피 냉소적인 측면이 있긴 합니다만 지금도 그 영향 아래 있습니다.

미국이 조직한 테러 용병 국가들의 네트워크

청중2 선생님께서 그렇게 말씀하시다니 기이하다는 생각이 듭니다. 나는 그런 인상을 갖고 있지 않기 때문입니다. 레이건 행정부가 관심을 기울인 인권 문제는 소비에트 유대인의 인권 정도였습니다. 제 말씀은 레이건 행정

---

8 특히 다음을 참조할 것. Lars Schoultz, *Human Rights and United Policy toward Latin America*, Princeton University Press, 1981.

부가 오히려 과테말라에서 테러에 뒷돈을 대지 않았느냐는 겁니다.

— 하지만 그들이 뒷돈을 어떻게 댔는지에 주목해야 합니다. 사실 레이건 행정부 시절보다 카터 시절에 과테말라에 더 많은 뒷돈을 댔습니다. 잘 알려져 있지는 않지만 말입니다. 보십시오. 1977년 미 의회에서 입법화한 뒤 카터 정부는 과테말라에 대한 군사원조를 중단해야 했고, 실제 공식적으로 중단됐습니다. 하지만 펜타곤(미 국방부)의 기록을 보면 1980년, 1981년까지 자금 지원이 계속됐습니다. 온갖 술수를 동원하여 전과 같은 수준을 유지했던 겁니다. 속된 말로 거래는 한창 진행 중이었던 겁니다. 언론에 언급된 적은 없으나 정부 기록을 살펴보면 자금 지원이 그때까지 계속됐다는 걸 알 수 있습니다.' 레이건 행정부는 자금 지원을 완전 중단했고, 그 후 용병 국가^{mercenary state}들로 시선을 돌리기 시작했습니다.

보십시오. 1980년대의 흥미로운 특징 중 하나는 미국이 용병 국가라는 매개를 통하여 해외 개입을 시도했다는 겁니다. 미국 용병 국가 네트워크가 있습니다. 이스라엘이 주역이고 타이완, 남아프리카, 한국, 그 밖에 세계반공연맹 가입국, 서반구를 결속시키는 각종 군사 단체, 자금을 댄 사우디아라비아, 정권을 좌지우지하며 노리에가가 버틴 파나마 등입니다. 올리버 노스^{Oliver North} 재판과 이란-콘트라 청문회 등에서 이 네트워크의 움직임을 살짝 엿볼 수 있었습니다[올리버 노스는 '이란-콘트라' 사건에서 일정한 역할을 한 것이 인정되어 재판을 받았는데 사건의 진상은 미국 정부가 이란에 몰래 무기를 판매하여 그 대금으로 니카라과 좌파 정부에 '콘트라(반항)'하는 세력에 뒷돈을 대준 것이다]. 아무튼 미국은 이런 용병 국가들로 국제적인 테러 네트워크를 만들었습니다. 그것은 세계의 역사에서 새로운 현상이었고 그때까지 그 누구도 생각하지 못했던 일이었습니다. 다른 나라들은 테러리스트를 고용하는 게 고작인데, 미국은 테러 국가를 고용했던 겁니다.

그런데 올리버 노스 재판에서 한 가지 의미심장한 게 튀어나와서 나도 깜짝 놀랐습니다. 아무것도 안 나올 줄 알았거든요. 문서 하나가 나왔습니다. 바로 그들이 언급한 저 유명한 42쪽짜리 문서입니다. 여러분이 이 문서를 봤는지 모르겠습니다.[10] 정부는 기밀문서의 공개를 허용하지 않았지만 요약본은 공개해도 좋다고 했습니다. 판사가 배심원들에게 그 문서를 건네주면서 이렇게 말했어요. "이건 사실로 간주해도 됩니다. 정부가 허가했으므로 그 내용을 의심할 필요가 없습니다." 물론 이것이 역정보逆情報일 가능성도 있습니다. 하지만 정부가 진실이라고 말하려 했던 자료이므로, 정말 진실이냐 아니냐는 별개의 문제입니다. 어쨌든 이 42쪽짜리 문서는 정말 흥미롭습니다. 그것은 미국이 운영한 대규모 국제 테러 네트워크의 요약본입니다. 네트워크에 참여한 나라와 그들을 참여시킨 방법이 열거돼 있습니다. 이 문서는 니카라과 전쟁에만 집중되어 있습니다. 물론 다른 작전도 진행 중이었는데, 가령 앙골라, 아프가니스탄, 기타 국가들로 눈을 돌리면 유사 정보를 얼마든지 찾을 것입니다. 이 네트워크의 주역은 이스라엘인데 미국이 흑아프리카Black Africa에 침투하는 데 도움을 주었고, 과테말라의 인종학살을 지원했습니다. 미국이 남아메리카 남부 원뿔형 지대에 있는 군사독재 국가들에 직접 개입하지 못하자 이스라엘이 미국을 대신해주었습니다.[11] 군사적으로 발전되었고 기술적으로도 유능한, 그런 용병 국가를 거느린다는 것은 아주 소중한 일이지요.

그런데 요점은 이처럼 용병 국가들을 거느리는 거대한 국제 테러 네트워크를 왜 개발했느냐 하는 것입니다. 그 이유는 간단합니다. 미국 정부는 국내 반정부 활동의 압박 때문에 필요할 때 적절히 군사개입을 할 수가 없어져서, 아주 비효율적이라고 할 수밖에 없는 이런 네트워크에 의존하게 된 겁니다. 효율성만 놓고 본다면 케네디나 존슨의 조치가 훨씬 낫습니다. 그냥 해병대를 보내면 됐습니다. 그야말로 효율적이고 또 효율성이 높은 살인 기계지요. 위험에 노출될 필요도 없고 중간에 방해받을 염려도 없고 괜히 빙 둘러서 일을 처리할 필요도 없지요. 그래요, 당신 말이 맞습니다. 레이건 행정부는 과테말라를 지원했지요. 하지만 간접적으로 지원했습니다. 거기에 이스라엘 고문단을 보내고, 타이완의 대(對) 폭동 요원 등을 보냈습니다.

한 가지 사례를 더 보겠습니다. 6개월 전쯤 니카라과의 주요 콘트라인 니카라과 민주세력[FDN]의 첩보 책임자 호라시오 아르세가 망명해왔습니다. 그는 현재까지 가장 중요한 망명자입니다. 미국에는 보도되지 않았지만 그는 멕시코에서 광범위하게 인터뷰를 했습니다.[12] 그때 말을 많이 했는데 그중에는 훈련 세부사항도 있었습니다. 그는 플로리다에 있는 에글린 공군기지에 불법적으로 보내졌고, 그때 받은 훈련과 훈련을 마친 뒤 공수부대 요원으로 산살바도르에 파견되어 활동한 것에 관해 자세히 말했습니다. 이들을 훈련시키기 위해 전 세계 각지에서 사람들이 동원되었습니다. 에스파냐 출신 훈련 교관, 다수의 이스라엘인 교관, 푸에르토리코인, 쿠바인, 타이완인, 도미니카인 등 다양했습니다. 미스키토 인디언 출신의 훈련생에게는 일본인 훈련 교관이 별도로 있었습니다. 방대한 규모의 군사개입 작전이었습니다. 그런데 이게 모두 은밀하게 진행되었을 뿐 아니라 모두 불법이었다는 겁니다.

---

12 '메르세나리오Mercenario'라는 전사戰士 이름을 쓰고 있는 아르세는 1988년 12월 21일 이렇게 말했다. "우리는 학교, 병원, 기타 사회 시설을 공격했습니다. 니카라과 정부가 농민들에게 사회 서비스를 제공할 능력이 없다는 걸 강조하기 위해서였지요."

게다가 치명적이기도 했지요. 1980년대에 과테말라에서만 대략 10만 명 정도가 학살되었습니다. 민중운동은 아예 절멸되었지요.[13] 참담한 일이지만, 지난 25년 동안 미국에서 반정부 활동이 활발하지 않았더라면 결과는 더욱 비참했을 겁니다. 나는 이 점이 중요하다고 봅니다. 미국 내 민중운동의 성취도를 측정하고 싶다면, 우선 이렇게 물어야 합니다. 만약 그런 운동이 없었더라면 결과가 어땠을까? 아마도 1960년대 베트남처럼 되었을 겁니다. 당시 베트남은 거의 회복이 불가능할 만큼 결딴이 난 상태였습니다.

그리고 이 점을 기억하십시오. 미국 입장에서 중앙아메리카는 베트남보다 훨씬 더 중요하다는 것입니다. 역사적으로 계속 개입하려 했고, 미국의 뒷마당이며, 미국 기업에서 이 지역을 필요로 합니다. 일본이 동아시아의 값싼 노동력을 착취한 것처럼 미국도 이 지역에서 그렇게 했던 것입니다. 그런데 레이건 행정부는 과거 케네디 정부가 지구 반대편의 베트남에 했듯이 군사개입을 하지 못하게 되었습니다. 이건 커다란 변화입니다. 나는 그 공로가 마땅히 국내의 반정부 활동에 돌아가야 한다고 생각합니다.

결국 이란-콘트라 청문회라는 건 뭡니까? 그 사건의 핵심은 정부가 잠수를 탔다는 뜻입니다. 왜 드러내놓고 정면에서 해치우지 못했을까요? 무엇보다도 그렇게 할 수가 없었기 때문입니다. 국민이 두려웠던 겁니다. 이건 중요한 사실입니다. 정부가 테러 활동을 위해 이처럼 깊숙이 잠수해야 했다는 사실은 희귀한 일입니다. 이례적입니다. 나는 역사적으로도 전례가 있었다고는 생각하지 않습니다.

제3세계 정부의 전복

청중2 칠레의 아옌데 쿠데타도 은밀한 제거 작전이었는데요. 〔칠레 대통령 살바도르 아옌데는 1973년 미국중앙정보국이 배후 조종한 쿠데타에 의해 실각했다.〕

— 그래요, 아옌데 사태도 지하 작전이었지요. 하지만 그건 일회성 사건이었습니다. 또 일회적이라고 해도 스타일이 전혀 달랐습니다. 한마디로 고전적 스타일이었는데 이란-콘트라 사건의 이란 쪽 작전도 이와 비슷했습니다. 정부를 전복시키는 고전적 스타일이란 바로 이런 겁니다. 먼저 그 나라의 군부를 무장시킵니다. 이건 몇 가지 뚜렷한 이유들 때문에 하나의 표준 절차가 되었습니다. 가령 당신이 어떤 정부를 전복시키고자 한다면 누가 당신을 대신해 그 일을 해주겠습니까? 당연히 그 나라의 군부밖에 없지요. 정부를 전복할 힘을 가진 건 군부뿐이니까요. 바로 이런 이유 때문에 전 세계의 군부에 군사원조를 해주고 유능한 군인을 미국으로 데려와 훈련시키는 겁니다. 즉 유사시에 미국을 위해 힘써줄 수 있는 친구, 즉 군부와 꾸준히 접촉해놓는 거지요.

미국 정부의 기밀문서들을 정독해보면 이런 표준 절차가 아주 명백하게 진술되어 있습니다. 가령 지금은 비밀해제된, 로버트 맥나마라〔케네디 정부의 국방장관〕와 맥조지 번디〔케네디 정부의 국가안보 특별보좌관〕가 1965년에 주고받은 비밀 메모를 보세요. 두 사람은 라틴아메리카 사회의 군부 역할에 대해서 논의하고 있어요. 라틴아메리카 정부들이 '국가의 복지'를 추구하지 않을 경우 결국 군부가 민간 정부를 전복해야 한다는 얘기입니다. 여기서 국가의 복지라 함은 곧 미국 다국적기업의 복지를 의미하는 것이지요.[14]

국가의 복지라 함은 곧 미국 다국적기업의 복지를 의미하는 것이지요.
그래서 정부를 전복하고자 하면 먼저 군부를 무장시킵니다.
그런 다음에는 민간 정부가 제대로 기능하지 못하도록 방해하는 거지요.

그래서 정부를 전복하고자 하면 먼저 군부를 무장시킵니다. 그런 다음에는 민간 정부가 제대로 기능하지 못하도록 방해하는 거지요. 이 시나리오가 칠레의 경우 딱 들어맞았습니다. 우리는 군부를 무장시켰고, 경제적 혼란을 야기했으며, 그다음에는 군부가 정부를 접수하도록 했습니다.[15] 물론 이것은 아주 고전적인 수법이지요. 사실 이것은 이란-콘트라 사건의 이란 쪽 작전에도 딱 들어맞는 얘기입니다. 이란 군부에 무기를 실어보낸 것은 미국 인질들(1985년 창립된 레바논의 친親 이란 단체에 붙잡힌 미국인들)을 석방하기 위한 비밀 거래도 아니었고, 내가 볼 때 '10월 깜짝쇼October Surprise'(미 대선에는 주로 10월에 선거에 영향을 주는 스캔들이 많이 터진다.—옮긴이)도 아니었습니다(이미 사로잡은 미국인 인질 석방을 1980년 대통령 선거 전후로 미루는 대가로 무기를 제공하겠다며 레이건 행정부가 이란 정부와 맺은 비밀 계약). 이란에 무기를 대주려던 것은 이란 군부를 무장시켜 쿠데타를 일으키게 하고 이어 예전의 샤 왕조를 복원하자는 계획이었습니다. 여기에는 상당한 증거가 있습니다. 원한다면 더 얘기할 수도 있습니다.[16]

하지만 칠레에서 펼친 작전은 더욱 노골적이고 전형적이었습니다. 은밀한 점도 있었지만 그다지 은밀하지는 않았습니다. 예를 들어 칠레 군부를 무장시키는 것은 완전 공개된 사실이었습니다. 공개 자료에도 나와 있어 비밀도 아니었습니다.[17] 그런데 미국에서는 아무도 그 작전에 관심을 표명하지 않았어요. 언론과 지식인 계급은 잘 통제되었고, 일반인들은 펜타곤 보고서를 읽고서 사태를 파악할 정도의 관심도 시간도 없었습니다. 그렇지만 관련 정보는 공개된 자료에 다 나와 있고 더 이상 감추어진 게 없었습니다. 사실 정상적인 미국중앙정보국(이하 CIA) 작전이었고, 인도네시아에서 수카르노를 전복할 때(1965년 미국이 지원한 쿠데타)와도 비슷했습니다.[18] 그때는 은밀한 부분도 있었고 그것은 아직 공개되지 않았습니다. 하지만 칠레 작전은 아주 은밀한 지하 작전이 아니었습니다. 1980년대에 중앙아메리카에서 미국이 벌인 활동에 비하면 아무것도 아니었습니다. 규모가 비교가 안 될 정도로 엄청났지요.

내가 말하고 싶은 것은 비밀공작이 있었다는 겁니다. 새로운 것이 전혀 아닙니다. 전례들이 상당히 있습니다. 가령 1953년의 이란 정부 전복은 비밀 작전이었습니다.[19] 1954년 과테말라 정부를 전복시킨 것도 비밀 작전이었고, 이것은 20년 동안 비밀로 지켜져왔습니다.[20] 현재까지 국제 테러 작전 가운데 단일 건으로는 최대 규모인 몽구스^{MONGOOSE} 작전은 피그스 만 침공 직후 케네디 정부가 추진한 것입니다. 물론 이것도 비밀 작전이었지요.

청중1 어떤 작전이었습니까?

— 쿠바를 직접 침공하여 카스트로를 제거하려던 피그스 만 침공 작전이 실패로 돌아가자 케네디는 쿠바를 상대로 주요 테러 작전을 발진시켰습니다(1961년 11월 30일부터 시작). 대규모 작전이었습니다. (알려진 대로) 연간 예산이 5,000만 달러였습니다. 2,500명이 동원됐는데, 약 500명이 미국인이었고 나머지 2,000명은 '자산資産', 즉 쿠바 난민이거나 기타 인원들이었습니다. 이 작전은 플로리다에서 발진되었고 전적으로 불법이었습니다. 지금 국제법을 갖고 논할 계제도 못 되나, 국내법 기준으로도 불법이었다는 겁니다. 왜냐하면 그건 미국 영토에서 전개된 CIA의 작전인데 그 자체가 불법이기 때문입니다.[21] 호텔을 폭파하고, 어선을 침몰시키고, 산업 시설을 파괴하고, 비행기를 격추하는 등 그 폐해는 심각했습니다. 정말 심각한 테

러 작전이었습니다. 그중 가장 잘 알려진 부분은 암살 시도였습니다. 카스트로의 암살 시도가 여덟 번이나 있었다고 합니다.[22] 상당 부분은 1975년 상원의 처치위원회^Senate Church Committee에서 밝혀졌습니다. 나머지는 몇몇 훌륭한 추적 보도에 의해서 밝혀졌습니다. 오늘날에도 이런 테러 작전이 진행되고 있을 터인데(우리는 보통 몇 년 뒤에나 알게 됩니다), 아무튼 1970년대에는 계속되었던 것이 틀림없습니다.[23]

여기서 1년 전에 드러난 정보 하나를 여러분에게 말씀드리겠습니다. 요지는 몽구스 작전이 전 세계를 결딴낼 뻔했다는 것입니다. 쿠바 미사일 위기〔1962년 쿠바에 설치된 소련 미사일을 두고 미국과 소련이 결전을 치를 뻔했던 위기〕와 관련하여 배포된 새로운 자료를 여러분이 얼마나 추적했는지 모르겠습니다. 아주 흥미로운 정보입니다. 당시 미국은 소련 사람들과도 만났고, 쿠바 사람들과도 만났습니다. 많은 자료가 정보공개법에 따라 공개되었습니다. 그런데 여기서 쿠바 미사일 위기에 대한 전혀 엉뚱한 그림이 나왔습니다.

발견된 사항 가운데 한 가지는 미사일 위기에 관해 소련과 쿠바가 서로 다른 어젠다(의제)를 갖고 있었다는 겁니다. 쿠바 미사일 위기에 대한 표준 해석이란, 쿠바는 소련의 꼭두각시에 지나지 않는다는 것이었습니다. 하지만 진실은 그렇지 않았습니다. 진실과는 아주 거리가 먼 얘기입니다. 믿을 수 있다면 좋겠지만 사실은 그렇지 않았습니다. 사실 쿠바는 엄청난 걱정거리를 갖고 있었습니다. 미국의 침공을 두려워했던 겁니다. 그리고 나중에 밝혀진 바에 따르면 그 걱정은 타당했습니다. 미국은 1962년 10월 쿠바

---

21 몽구스 작전에 대해서는 다음을 참조할 것. Raymond L. Garythoff, *Reflections on the Cuban Missile Crisis*, Brookings Institution, 1989. 이 책의 32쪽에는 이런 내용이 있다. "1961년 11월 쿠바를 상대로 은밀한 파괴 및 침공 작전을 벌이기 위한 비밀 특별 그룹이 결성되었다. 코드 네임은 몽구스. 로버트 케네디 법무장관이 이 작전의 총책이었다. 이 작전에는 400명의 미국인, 약 2,000명의 쿠바인, 개인 소유의 쾌속정 등이 동원되었고 연간 예산은 약 5,000만 달러였다."

를 침공할 계획이었고, 미사일 위기는 같은 해(1962년) 10월에 벌어졌습니다. 미사일 위기가 시작되기 전에 이미 미국은 해군과 육군 부대가 침공할 준비를 마친 상태였습니다. 이것은 정보공개법에 따라 공개된 자료에 나와 있습니다.[24] 물론 그동안 이 사실은 줄곧 부인되었습니다. 가령 맥조지 번디도 군사 체제에 관해 쓴 책에서 그 사실을 부인했습니다. 하지만 그건 사실이었고 이를 증명해줄 문서까지 나왔습니다.[25] 쿠바도 그런 사실을 알고 있었고 그래서 행동에 옮겼을지도 모릅니다. 한편 소련은 미사일 갭을 걱정했습니다. 실제로도 미국이 우세했지, 케네디가 주장한 것처럼 소련이 우세하지는 않았습니다.[26]

이 위기는 케네디와 흐루쇼프가 그 유명한 거래를 통해 합의한 덕분에 끝을 내게 되었습니다. 거래 직후 소련은 미국과의 합의 내용을 이행하기 위해 쿠바에 있는 미사일을 장악하려고 했습니다. 그때까지 소련은 미사일을 실제 장악하고 있지는 않았습니다. 쿠바 사람들이 장악하고 있었던 거죠. 하지만 쿠바는 타당한 근거를 갖고 미국의 침공을 걱정하고 있던 터라 미사일을 내놓으려 하지 않았습니다. 그러자 11월 초에 소련과 쿠바가 대치하는 사태까지 벌어졌습니다. 그러니까 미사일 통제권을 놓고 소련 군대와 쿠바 군대가 실제 교전交戰 직전까지 갔습니다. 아주 긴장된 순간이었고 무슨 일이 벌어질지 예측 불허였습니다. 바로 그 와중에 몽구스 작전 하나가 실시되었습니다. 미사일 위기가 최고조에 달한 순간 CIA가 쿠바의 공장을 폭파했는데 쿠바 발표에 따르면 약 400명이 희생되었습니다. 하지만 쿠바는 보복을 하지 않았습니다. 만약 쿠바의 보복으로 미국에 유사한 상황이 벌어졌다면 틀림없이 케네디는 반격했을 것이고 그랬더라면 아마 핵전쟁이 터졌을 겁니다. 아주 아슬아슬한 순간이었습니다.

이처럼 핵전쟁을 가져왔을지도 모를 테러 작전이 실제로 있었습니다. 이 정보가 1년 전 처음 공개됐을 때 미국에서는 아예 보도조차 되지 않았습니다. 그만큼 하찮다고 생각한 거지요. 이 정보를 다룬 곳은 딱 두 군데였습니다. 하나는 《인터내셔널 시큐리티*International Security*》라는 국가 안보 잡지인데 다른 주제를 다룬 논문의 각주에 언급되었고, 다른 하나는 국무부의 고위 첩보 담당 전문가인 레이먼드 가토프가 펴낸 《쿠바 미사일 위기에 대한 생각*Reflections on the Cuban Aissile Crisis*》이라는 흥미로운 책에 언급되었습니다. 가토프는 이 책에서 내가 지금 언급한 자료를 다루고 있습니다.[27]

사실 깜짝 놀랄 만한 쿠바 관련 자료가 계속 나오고 있어요. 가령 미 공군 참모총장, 토머스 파워가 정부와 협의도 하지 않고 ─ 심지어 정부에 통보조차 하지 않고 ─ 미국 안보 경계령의 수위를 최고 바로 다음 수준으로 올려버린 사실이 있습니다(1962년 10월 24일).

미군의 경계령은 1, 2, 3, 4, 5의 다섯 단계로 나누어져 있는데 그걸 데프콘(Defense Condition의 줄인 말)이라고 합니다. 아무 일도 없는 보통의 상태가 5입니다. 그러나 대통령이 가령 데프콘 3으로 단계를 올리라고 하면 미 전략공군의 폭격기가 공중에 뜨게 됩니다. 데프콘 2는 총을 겨눌 태세를 취하는 것이고, 데프콘 1은 총을 실제로 쏘는 상태입니다. 그런데 이 고위 장성이라는 사람이 아무 협의도 없이 경계령을 데프콘 2로 높였던 것입니다.

이처럼 경계수위를 높인다는 것은 소련과 기타 강대국들에게 미국이 곧 어떤 조치를 취하겠노라고 보여주는 것입니다. 그러면 그 나라들이 즉각 반응을 보여, 전략공군의 전폭기가 공중에 떠오르고 전함이 출동 준비를 하는 모습을 예상하게 됩니다. 그러니까 경계령은 상대방에게 포고하는 형식인 겁니다. 그런데 고위 장성 한 사람이 미사일 위기 한가운데에서 핵전쟁 직전의 상태인 경계령 수준으로 데프콘을 높이라고 지시했던 겁니다. 워싱턴에는 보고도 하지 않고 말입니다. 심지어 국방장관도 그런 상황을 몰랐다고 합니다. 하지만 소련의 국방장관은 알았습니다. 그의 첩보 부대가 그 정보를 수집했으니까. 하지만 워싱턴은 까맣게 몰랐습니다. 그런데 이 장군은 소련을 깔보는 마음에서 그랬다고 합니다. 이 사실은 1년 전에 해제된 정보를 통해 알려졌습니다.[28]

청중1 그 순간 소련은 그다음 경계령으로 올렸습니까?

— 아닙니다. 그들은 반응하지 않았습니다. 만약 반응했더라면 그 결과가 모두에게 알려졌을 겁니다. 그랬다면 케네디는 아마도 미사일을 쏘아 올렸을 테지요. 흐루쇼프는 경계령 제고에 반응하지 않았습니다. 사실 위기 내내 소련은 아주 수동적이었고 별로 반응을 보이지 않았습니다. 왜냐하면 겁을 먹었기 때문입니다. 당시 미국은 군사력에서 엄청난 우위를 점하고 있었던 게 사실입니다. 무슨 뜻이냐 하면 미국 군부는 실제로 전쟁이 발발한다 해도 별문제가 아니라고 생각했다는 겁니다. 그들은 전쟁을 원했어요. 아예 차제에 소련을 싹 쓸어낼 수 있을 거라 보았으니까요.[29]

청중2 그렇다면 선생님 말씀은 미국이 의도적으로 쿠바 미사일 위기를 만들어냈다는 것입니까?

— 아니, 그렇게 말하고자 하는 건 아닙니다. 위기 동안 몇 가지 일이 발생했습니다. 그것을 어떻게 받아들이느냐에는 약간의 차이가 있을 수 있습니

다. 소련이 쿠바에 미사일을 설치했는데 미국이 그 사실을 알았고 그것을 원하지 않았기 때문에 위기가 발생한 것입니다. 하지만 모든 일에는 배경이 있듯이 이번도 마찬가지입니다. 그 배경의 일부는, 미국이 그 당시 쿠바를 침공하려 했고, 그 사실을 소련도 쿠바도 알고 있었다는 겁니다. 하지만 미국은 몰랐어요. 다시 말해 미국 국민들은 그걸 몰랐습니다. 아니, 미국 정부 내의 많은 인사들도 그 사실을 몰랐어요. 그걸 알고 있는 사람은 정부 내의 최고위 인사들뿐이었습니다.

정부의 비밀

여기서 정부의 비밀에 대해 한 가지 지적해두고 싶습니다. 정부 비밀이라는 게 대부분 국가 안보하고는 상관이 없습니다. 국민들에게 진상을 알리지 말자는 것일 뿐입니다. 많은 기밀문서는 30년이 지나면 비밀해제가 되는데 그 기다란 리스트를 면밀히 살펴보면 국가 안보하고는 아무 상관이 없음을 발견하게 됩니다. 이 문제로 박사학위 논문을 쓴 스티븐 준스〔청중 속에 준스 교수가 있다〕가 동의할지는 모르겠는데, 다양한 분야의 기밀문서를 읽어본 내 느낌으로는 그 안에서 국가 안보와 관련된 내용은 사실상 찾아볼 수 없었다는 것이었습니다. 그러니 비밀을 유지하는 주된 목적은 진상을 일반 대중이 모르게 하자는 것, 그것뿐입니다.

스티브 준스 전적으로 동의합니다.

― 그래요. 당신 느낌도 그렇지요? 나는 MIT에서 근무하기 때문에 펜타곤이나 기타 부서를 위해 미사일 연구를 하는 과학자들과 얘기 나눌 기회가 많습니다. 그들은 도대체 국가 기밀이라는 게 왜 있는지 모르겠다고 말합니다. MIT에서 커다란 미사일 실험실을 운영하고 있고 비행체의 관성유도를 창안한 스타크 드레이퍼 같은 과학자는 노골적으로 말하기도 했고 또 개인적으로 내게 말해준 적도 있습니다. 도대체 이런 비밀 구분의 목적을 이해할 수가 없다는 거예요. 실제 효과는 미국 과학자들의 원활한 의사소통을 막을 뿐이라는 겁니다. 드레이퍼의 관점에서 보자면 최고 성능의 미사일을 제작하는 취급 설명서를 소련이나 중국에 건네주어도 상관없다는 거예요. 우선 그 책만 갖고는 미사일을 만들지는 못한대요. 왜냐하면 제작할 만한 기술적·산업적 수준에 아직 도달하지 못했다면 그 책이 아무 소용이 없기 때문이죠. 만약 그런 수준에 도달했다면 이미 미사일을 만들고 말았을 거고요. 그러니 결과적으로 그들에게 아무것도 말하지 않은 셈이 되는 거지요. 이렇게 보면 국가의 비밀이라는 건 미국 과학자들의 의사소통만 막는다는 거예요.

비밀 외교문서도 마찬가지입니다. 비밀해제된 것들 중 정말 국가 안보와 관련된 비밀은 눈 씻고도 찾아보기 어려운 실정입니다. 그 비밀 자료들은 대중을 주변인으로 만들어버리는데, 정부의 비밀 조치라는 것도 따지고 보면 최종 목적이 바로 그것인 겁니다.

청춘2 그런 해석을 1950년대의 로젠버그 부부 재판에도 적용할 수 있을 것 같은데요. 그 부부는 소련에 핵 비밀을 판매함으로써 세계를 위태롭게 했다는 죄목으로 처형되었지요. [줄리어스와 에셀 로젠버그는 1953년 미국 정부에 의

해 대역죄로 사형되었다.]

— 그렇습니다. 로젠버그 처형은 국가 안보와 아무런 상관도 없었습니다. 1930년대의 정치 운동을 진압하기 위한 조치의 일환이었습니다. 사람들을 겁주는 데는 대역죄 재판이 가장 화끈한 방식이지요. 우리 중에 스파이가 잠입했다, 우리는 큰 위기에 빠졌다, 그러니 정부의 말을 믿고 생각은 하지 말라. 이런 식으로 위협하는 거지요.

그런데 모든 정부는 일반 대중을 겁줘야 할 필요가 있는데, 그 방법 중 하나가 정부 활동을 미스터리로 포장하는 것이지요. 정부 활동을 미스터리로 휘감는 방식은 저 멀리 헤로도토스[고대 그리스 역사가] 시대까지 소급됩니다. 헤로도토스의 책을 읽어보면 메데족과 기타 부족들이 투쟁을 통해 자유를 얻고도 다시 자유를 잃어가는 과정을 볼 수 있습니다. 그들은 권력 주위에 미스터리의 장막을 쳐서 왕권을 보호하려다가 그만 자유를 잃어버리고 말지요.[30] 왕권이라는 개념의 핵심은 이런 것입니다. 통상적 규범을 넘어서는 특수한 개인들이 있는데 일반 국민은 그들을 이해하려고 해서는 안 된다는 것입니다. 이것이 권력을 감추고 보호하는 표준 절차입니다. 권력을 보통 사람이 이해하기 어려운 신비하고 은밀한 것으로 포장하는 거지요. 이렇게 하지 않으면 누구도 받아들이지 않을 테니까요. 국민은 어떤 흉악한 적국이 침공해오려는가 보다 하며 기꺼이 받아들일 수밖에요. 그래서 자신들을 보호해달라며 그들의 권리를 대군, 왕, 대통령, 뭐 이런 존재들에게 넘겨주는 겁니다. 이게 정부가 작동해온 방식입니다. 이게 권력이 행사돼온 시스템이고 비밀 제도는 그 한 부분입니다.

은밀한 테러도 권력 시스템의 한 부분입니다. 일반 국민이 직접 개입과 폭력을 지지하지 않으면 그들에게서 숨길 수밖에 없습니다. 어떻게 보면, 정부의 비밀 활동이 많다는 것은 시민들의 반정부 활동이 만만치 않다는 반증입니다. 레이건 시대에는 비밀 활동이 아주 많았습니다. 대중의 '권한 행사'에 대하여 시사하는 바가 적지 않습니다. 국민의 힘이 커졌기 때문에 정부는 지하활동을 강요당한 것입니다. 이건 하나의 승리이지요.

청중2 그리 인상적인 승리 같아 보이지는 않는데요.

— 그건 당신이 무엇을 보느냐에 따라 다릅니다. 만약 중앙아메리카에서 시체 20만 구를 본다면 그다지 승리 같지 않겠지요. 하지만 아직 살아 있는 1,000만의 사람을 본다면 승리한 것 같겠지요. 어디를 보느냐에 따라 다릅니다. 당신이 바라던 것을 얻지 못했을지라도 더 나쁜 사태를 막은 겁니다.

　가령 1980년대의 엘살바도르를 한번 살펴봅시다. 미국이 그곳에 실시한 정책의 목적은, 민중 조직을 소탕해버리고 이어 그곳에서 기대한 대로 사업 환경을 보장해주는 전형적인 라틴아메리카 식 정부를 지원하는 것이었습니다. 그래서 독립 언론은 폐간되었고, 정치적 반대자들은 암살되었으며, 성직자와 노동운동가들도 살해되는 등 탄압이 이어졌습니다. 그리고 미국 정책 입안자들은 완전히 해결했다고 생각했습니다. 그런데 바로 그 자리에서 새로운 저항 세력이 생겨나고 있습니다. 새로운 사람들이 등장했고 조직이 다시 만들어지고 있습니다. 탄압이 너무나 철저해서 아직 수준이 낮지만, 그래도 다시 등장하고 있어요. 만약 우리가 B-52 수송기와 제82 공수사단을 보냈더라면 이런 일은 없었을 겁니다. 그러니까 미국 내의 반정부 활동 덕분에 제3세계에서는 숨을 쉴 수 있는 자그마한 여유가 생긴 겁니다.

그리고 니카라과의 허리케인 피해를 한번 봅시다[1988년 10월]. 엄청나게 파괴적이어서 니카라과가 살아남지 못할 것 같았지요. 하지만 생존 가능성은 미국 내 반정부 인사들로부터 생겨나기 시작할 겁니다. 내 말은, 구호 자금을 엄청나게 모으게 될 거라는 얘깁니다. 메릴랜드 주 하이어츠빌의 예수회 센터에 자리 잡은 12명의 사람들로 구성된 '퀘스트 포 피스Quest for Peace'는 자력으로 수백만 달러에 달하는 허리케인 구호금을 모금했습니다. 그 어떤 펀드나 원조, 언론 등의 도움도 없이 말입니다. 아무런 지원도 없이 수백만 달러를 모금한다는 건 결코 쉬운 일이 아닙니다. 정부 시스템에 동조하지 않는 상당수 미국 국민들이 있었기 때문에 가능했던 일입니다. 그들은 정부가 말하는 것을 믿지 않습니다. 그들은 그 어떤 것도 받아들이지 않습니다. 그들은 조직도 미디어도 선전 기구도 없습니다. 하지만 그들은 거기에 있습니다. 편지나 기타 수단으로 접촉할 수 있습니다. 바로 이런 것이 제3세계에게 생존할 여지를 제공하는 겁니다.

② 언론 권력은 결코 '우리'가 아니다

미디어는 무엇입니까? 그들은 누구입니까? '우리'입니까?
CBS 방송국이나 《뉴욕타임스》를 보십시오. 그들은 누구입니까?
미국의 대기업이고 '우리'가 아닙니다. 제너럴모터스가 '우리'가 아니듯이,
그들도 더 이상 '우리'가 아닙니다.

언론: 그 제도에 대한 분석

<u>청중1</u> 당신은 아까 미디어(언론)가 반정부 활동가들에게 약간 문을 열어주었다고 말씀하셨습니다. 나는 미국 정부와 기타 권력기관들이 주요 언론에 모종의 압력을 가함으로써 기사 작성과 보도 태도를 정부나 기관들의 입맛에 맞게 맞춘다고 생각해왔습니다. 그들이 이렇게 해온 게 얼마나 오래된 일이라고 생각하십니까?

― 제가 그 문제에 대해서 전반적인 역사를 다루어보지는 않았지만, 아마도 1775년부터 그렇게 하지 않았나 생각합니다.

<u>청중1</u> 그렇게 오래전부터요?

― 독립전쟁 시대를 살펴보면 전쟁의 지도자들, 가령 토머스 제퍼슨(위대한 자유주의자로 알려진 인물) 같은 사람은 이런 말을 했습니다. 그대로 인용하면, "생각만 하고 행동은 하지 않는 반역자들"도 처벌해야 한다는 것이었습니다. 그러니까 반역의 말을 한 자, 심지어 반역을 생각한 자도 처벌해야 마땅하다는 얘기입니다. 독립혁명 동안에는 반정부 의견이 무자비하게 탄압

받았습니다.[31]

바로 여기서부터 시작된 겁니다. 오늘날에는 방법이 달라졌습니다. 주요 기관들의 이해에 도움되는 선에서 언론이 보도하게 하는 것은 폭력적 위협 ("신문사, 협조하지 않으면 재미없어!")이 아닙니다. 오늘날의 메커니즘은 훨씬 더 미묘하게 작동하고 있지요. 그럼에도 불구하고 언론과 교육기관에는 복잡한 필터 시스템이 있어서, 반정부적 관점은 아예 배제되거나 아니면 주변으로 밀려나고 맙니다. 최종 결과는 상당히 유사합니다. 언론에서 이른바 '좌파' 의견 혹은 '우파' 의견이라고 불리는 것은 논의의 스펙트럼에서 극히 일부분일 뿐입니다. 게다가 개인 권력의 다양한 요구를 반영하고 있어요. 아무튼 이런 '용인 가능한' 입장 말고는 아무것도 없습니다.

언론이 작동하는 방식은 대충 이렇습니다. 우선 프로파간다 시스템의 근본 개념을 표현하는 일련의 전제조건들을 작성합니다. 냉전에 관한 것일 수도 있고 경제 체제나 '국가 안보'에 관한 것일 수도 있습니다. 언론은 이 전제조건의 틀 안에서만 논의를 진행시킵니다. 그리하여 논의는 이미 정해진 전제조건을 더욱 강화시키고, 나아가 가능한 의견의 스펙트럼이 그뿐인 것처럼 대중들을 세뇌합니다. 당신도 알다시피, 우리 체제 내에서는 '국가 프로파간다'가 독재 사회처럼 무자비하게 표현되지는 않습니다. 노골적이 아니고 이미 전제된 방식을 따라 암묵적으로, 주류에 편입되어 있는 사람들에게 논의의 틀을 제공합니다.

사실, 서구 시스템을 여러 나라의 독재자들은 잘 이해하지 못합니다. 그

---

31 "독립혁명 동안 제퍼슨은 워싱턴 등과 마찬가지로 독립 문제에 대한 이견을 절대 허용하지 않는다는 입장이었다. 독립을 찬양할 자유만 있었을 뿐 비판할 자유는 없었다." Leonard W. Levy, *Jefferson and Civil Liberties*, Harvard University Press, 1963.

들은 프로파간다에 대한 '비판적 논의' — 공식 독트린의 기본 전제조건을 깔아놓고 그다음에 진정한 합리적·비판적 논의를 배제하거나 주변화하는 방식 — 를 허용하는 것을 이해하지 못합니다.

아무튼 '책임 있는' 비평가들이 이른바 '자유 아래서의 세뇌 활동 brainwashing under freedom'을 수행하는데, 용인 가능한 어떤 범위 내에 논의를 묶어둠으로써 정부 방침에 기여하는 겁니다. 그 때문에 비평가들의 존재가 허용되는 것이고 심지어 존경까지 받는 것입니다.

청중1 그런 상황을 만들어내는 '필터'란 구체적으로 어떤 것입니까? 언론에 곤란한 입장이나 의견이 게재되지 않도록 감시하는 그 필터는 구체적으로 어떻게 작동하고 있습니까?

— 우선 미국 언론에는 다양한 층과 구성 요소가 있습니다. 가령 당신이 수퍼마켓에서 한 부 산 《내셔널 인콰이어러 National Enquirer》(선정적으로 연예인 정보를 다루는 미국의 대중 주간지-옮긴이)는 《워싱턴포스트 The Washington Post》와는 전혀 다릅니다. 뉴스와 정보 제공에 관해 살펴볼 때에는 기본 구조를 감안해야 하는데, 이른바 '어젠다(의제)를 설정하는 agenda-Setting' 언론이 있다는 겁니다. 주류 언론이 기본 틀을 정하면 작은 언론은 그에 따라야 합니다. 대형 언론사는 중요한 자원을 많이 갖고 있고, 전국에 산재해 있는 작은 언론사들은 그들이 내놓는 틀을 가져다가 써야만 합니다. 가령 피츠버그나 솔트레이크시티에 있는 신문사는 앙골라를 다룰 때 독자적으로 현지에 특파원을 보내고 자체 분석 기사를 쓰기가 대단히 어렵기 때문입니다.[32]

이런 대형 언론사를 살펴보면 그들은 몇 가지 중요한 특징을 공통적으로 가지고 있습니다. 먼저 어젠다를 결정하는 언론사들은 대기업입니다. 아니, 엄청난 수익을 올리는 거대기업입니다. 그리고 대부분 다른 더 큰 재벌들과 연계되어 있습니다.[33] 그들은 기업과 마찬가지로 판매할 상품과 그것을 출하할 시장을 가지고 있습니다. 상품은 구독자이고, 시장은 광고주입니다. 따라서 신문의 경제구조는 구독자를 다른 기업에 판매하는 것입니다. 재정적 어려움에 빠진 신문사는 신문의 판매 부수를 줄이는 반면, 구독자 수를 늘리려고 애씁니다. 그게 광고료를 높여주기 때문입니다.[34] 그러니 신문사들은 구독자들을 다른 기업에 판매하고 있는 셈입니다.《뉴욕타임스 *The New York Times*》,《워싱턴포스트》,《월스트리트저널*Wall Street Journal*》같이 어젠다를 결정하는 미디어는 특권층 엘리트 구독자들을 다른 기업에 판매하고 있는 겁니다. 이 신문들의 독자는 이른바 '정치 계급'이고, 이들이 우리 사회의 정책을 결정합니다.

　가령 당신이 총명한 화성인火星人으로서 이러한 시스템을 내려다본다고 가정해봅시다. 의사결정을 하는 계급에 속하고 비교적 특권층인 구독자를 다른 기업에 판매하는 신문 재벌이 보일 겁니다. 이런 신문업의 구도에서 어떤 세계상이 나오리라고 예상하십니까? 그것은 시장, 구매자, 판매자의 요구·이해·관점을 충족시켜주는 정치적 견해와 관점을 내놓지 않을까요? 그렇지 않다면 그거야말로 놀라운 일일 겁니다. 그래서 이걸 '이론'이라고 부를 생각조차 없습니다. 단지 상황을 있는 그대로 관찰한 것일 뿐입니다. 에드워드 허먼과 나는《여론조작*Manufacturing Consent*》이라는 언론에 관한 책을 같이 썼는데, 여기에 '프로파간다 모델'이라는 자명한 이치를 설명해놓았습니다. 이 모델을 적용해보면, 언론기관은 자신들의 이익을 유지하는 방식으로 움직일 수밖에 없습니다. 그렇게 하지 않으면 기업으로서 오랫동안

어젠다를 결정하는 미디어 특권층은 엘리트 구독자들을
다른 기업에 판매하고 있는 겁니다.
이 신문들의 독자는 이른바 '정치 계급'이고,
이들이 우리 사회의 정책을 결정합니다.

존속하지 못할 테니까요. 그래서 프로파간다 모델이 언론의 행태를 분석하는 유익한 도구가 된다고 생각합니다. 하지만 뭐 그리 심오한 도구라고 할 수는 없습니다.[35]

프로파간다 모델의 시험

참조2 선생님이 그 도구를 어떻게 사용했는지 개략적으로 설명해주실 수 있습니까?

— 《여론조작》에서 우리는 두 개의 모델을 대비시켰습니다. 언론이 해야 할 기능과 언론이 하고 있는 기능입니다. 첫 번째는 전통적인 것입니다. 이것은 《뉴욕타임스》가 최근에 발행한 《북리뷰Book Review》에서 '정부를 견제하는 제퍼슨식 언론의 역할'이라고 정의한 것입니다. 국민들의 알 권리를 보호하고 대중이 정치과정에 의미 있는 통제를 가하도록 돕기 위하여, 까다롭고, 고집 세고, 어디에나 있는 언론, 그리하여 당국의 권력자들을 괴롭히는 그런 언론입니다.[36] 바로 이것이 미국 내의 표준적인 언론 모델이고 언론에 종사하는 사람들 대부분이 당연하다고 생각하는 것입니다. 두 번째는 언론이 실제 작동하는 방식으로서, 국내 경제를 장악하고 나아가 정부를 상당 부분 통제하고 있는 특권 그룹의 경제적·사회적·정치적 어젠다를 방

---

35 촘스키와 허먼은 《여론조작》 2쪽에서 다음과 같은 프로파간다 모델(메이저 신문이 뉴스를 선별하는 일련의 여과 장치)의 다섯 가지 요소를 설명했다. 1.메이저 언론의 규모, 소유 집중도, 소유주의 재산 규모가 신문 제작에 영향을 미친다. 2. 언론의 주요 수입원은 광고다. 3. 정부, 기업계, 이른바 '전문가' 등이 제공하는 정보에 의존한다. 4. 비난 여론에 민감하다. 5. 반공反共을 주된 여론 통제 장치로 삼는다.

어하고 또 심어주는 세계상을 나타내는 언론입니다. 이 '프로파간다 모델'에 따르면, 언론은 기사를 선정하는 방식, 관심사를 분배하는 방식, 문제의 틀을 정하는 방식, 정보를 여과하는 방식, 분석 기사를 집중하는 방식, 그 밖의 다양한 방식으로 자신들의 사회적 목적에 봉사합니다.

하지만 여기서 한 가지 지적해둘 게 있는데, 그렇다고 해서 언론이 언제나 일방적으로 국가 정책에 동의만 하지는 않는다는 것입니다. 왜냐하면 정부 권력은 우리 사회의 다양한 엘리트 그룹 내에서 주고받는 것이기 때문입니다. 경제계의 한 부분이 특정 기간에 정부를 통제한다는 것은, 엘리트들의 정치 스펙트럼 중 한 부분이 그런 힘을 가졌다는 뜻입니다. 엘리트 사이에서도 전략적으로 의견이 불일치할 때가 있습니다. '프로파간다 모델'은 언론에는 정치 스펙트럼의 어느 한 부분이 아니라 전체가 반영되고, 언론에 포섭되지 않는 정치 스펙트럼은 없다고 예측합니다.

이것을 어떻게 증명하느냐고요? 물론 이것은 거대하면서도 복잡한 주제입니다. 우선 네 가지 기본 관측을 얘기하고 그다음에 좀 더 자세히 살펴봅시다. 첫 번째는 '프로파간다 모델'이 엘리트들로부터 상당한 지지를 받고 있다는 겁니다. 사실 서구 엘리트 민주주의 사상가들에게는 언론과 지식인 계급이 프로파간다 기능을 발휘해야 한다는 중요한 전통이 있습니다. 그러니까 이른바 '대중의 마음the public mind'을 통제하면 일반 대중을 주변인으로 만들 거라고 보는 겁니다.[37] 이런 관점은 300년 넘게 앵글로-아메리카 민주 사상의 핵심 주제였고 현재까지도 그 명맥이 유지되고 있습니다. 그 근원을 추적해보면 서구 최초의 주요한 민중민주 혁명인 1640년대의 영국 시민전쟁[1642~1648년 영국의 정권 장악을 놓고 왕당파와 의회파가 벌인 무력 충돌]까지 거슬러 올라갑니다.

영국 시민전쟁에는 두 파의 엘리트가 있었습니다. 하나는 의회의 편을 든 지주 계층과 신흥 상인 계층이고, 나머지 하나는 전통적인 엘리트 그룹인 왕당파입니다. 이 두 파는 엘리트 갈등으로 대중 소요가 촉발될까 봐 몹시 우려했습니다. 모든 권위 ─ 주종 관계, 국가 당국자의 권위 등 ─ 에 도전하는 민중운동이 생겨난 겁니다. 인쇄기가 막 발명되었기 때문에 과격한 책들이 많이 출판되었습니다. 시민전쟁의 양쪽 엘리트들은 일반 대중이 갑자기 통제 불능의 상태로 빠져들까 봐 굉장히 우려했습니다. 그들은 이렇게 말했습니다. "대중은 너무 호기심이 많고 너무 거만하여 민간 통치에 승복하려는 겸손한 마음이 조금도 없다."[38] 이처럼 왕당파와 의회파는 민중을 힘으로 찍어누르는 능력을 상실해갔고 뭔가 대책을 세워야 했습니다.

그래서 그들이 취한 첫 번째 조치는 힘으로 찍어누르는 능력을 다시 도입하는 것이었고 그리하여 당분간 철권통치하는 절대국가가 들어섰습니다. 그 뒤 왕정이 다시 도입되었습니다[올리버 크롬웰의 군사 정부가 몇 해 정권을 잡은 뒤 1660년에 찰스 2세가 왕정복고했다]. 하지만 왕정은 모든 것을 회복시키지 못했고 정권을 완전 장악하지도 못했습니다. 치열하게 투쟁했던 민중운동의 목표들이 상당수 영국의 정치적 민주주의에 스며들기 시작했습니다[가령 입헌군주제가 1689년에 확립되었고 권리장전이 채택되었다]. 그 후 민중운동은 기존의 권력을 어느 정도 해체하는 데 성공해왔습니다. 그러자 서구 엘리트들 사이에는 무력으로 국민을 통제할 힘을 점점 잃어가니 대안으로 국민의 생각을 통제해야겠다는 인식이 확산되었습니다. 이런 인식은 미국으로 건너와 절정에 이르렀습니다.

그래서 20세기에 들어 미국 사상에는 이런 주요한 흐름이 형성되었습니다. 이것은 정치학자, 언론인, 홍보 전문가 등 권력과 밀착된 사람들의 주요 사상으로 자리 잡았습니다. 국가가 무력으로 국민을 통제할 수 없으니까 엘리트가 앞장서서 대중의 마음을 통제하는 더 효과적인 프로파간다를 해야 한다는 것입니다. 바로 이것이 미국 언론계의 수장이라고 할 수 있는 월터 리프먼의 생각입니다. 그는 일반 대중을 '어리둥절해하는 무리'라고 불렀습니다. 리프먼은 이 대중들 사이에 '합의를 조성 manufacture of consent'해야 한다고 말했는데 더 쉽게 말하자면 여론조작을 하자는 것입니다. 무력으로 안 되니까 계산된 '합의의 조성'으로 통제를 계속해나가자는 것이었지요.[39]

1920년대 당시 홍보 산업의 주요 교범은 아예 제목이 '프로파간다'였습니다(당시 사람들은 좀 더 정직했었지요). 이 교범의 시작은 이렇습니다. 대중의 습관과 의견을 의식적이고도 조직적으로 조종하는 것, 이것이야말로 민주 체제의 핵심 특징이다. 책의 문장을 그대로 옮긴 것은 아니지만 대강 이런 내용이었습니다. 이어 교범은 이렇게 말합니다. '소수 지식인들'의 임무는 대중의 태도와 의견을 이런 식으로 조종하는 것이다.[40] 이것은 현대의 자유민주주의 사상의 으뜸 원칙인 겁니다. 다시 말해 힘으로 사람들을 통제할 능력이 없다면 세뇌가 가장 좋은 방식이라는 것이지요.[41] 바로 이것이 프로파간다 모델의 첫 번째 요점입니다. 이것은 엘리트들의 지적 전통에서 상당한 지지를 받아온 사상입니다.

두 번째는 이미 앞에서 말한 바 있습니다. 프로파간다 모델은 일종의 사전 개연성 prior plausibility을 갖고 있습니다. 언론의 구조를 살펴보면 미디어 기업은 미국 사회처럼 기업이 지배하는 사회의 프로파간다 기능에 복무하게 되

---

40 "대중의 태도와 의견을 의식적으로 조종하는 것은 현대 민주사회의 중요한 요소다. 사회의 보이지 않는 메커니즘을 조종하는 자들은 보이지 않는 정부를 구성하는 것이고, 이들이 국가의 진정한 권력이다." Edward L. Bernays, *Propaganda*, New York, 1928.

어 있습니다. 세 번째는 일반 대중이 프로파간다 모델의 기본 특징에 동의하는 경향이 있다는 겁니다. 그래서 일반적으로 알려진 것과는 반대로 여론조사 결과를 살펴보면, 대중들은 대부분 언론이 권력에 너무 순종적이고 복종적이라고 생각합니다. 이것은 언론이 스스로에게 갖는 이미지와는 한참 멀지만 아무튼 일반 대중은 언론을 그렇게 보고 있는 겁니다.[42]

이와 같은 세 가지 초기 관찰 ― 엘리트의 지지, 사전 개연성, 일반 대중의 관점 ―을 감안할 때 적어도 한 가지 결론을 도출할 수 있습니다. 그것은 프로파간다 모델은 언론이 어떻게 기능하는지에 대한 계속된 논의에 꼭 필요하다는 겁니다. 그렇다면 종종 듣는 언론의 역할에 대한 논의에서 프로파간다 모델이 토론의 한 부분을 차지하겠구나 하고 여러분은 생각하실 겁니다. 하지만 결코 논의의 한 부분인 적은 없었습니다. '논의'는 언제나 권위와 권력을 폭로하는 데 언론이 앞장섰는가, 권력에 대한 견제로서 '제퍼슨 식 역할'을 잘하고 있는가, 뭐 이런 것들이었습니다. 다른 측면, 그러니까 제퍼슨 식 역할은 아예 하지 않는다, 언론도 일반 지식인 사회와 마찬가지로 권력에 아부하는 경향이 있다 따위의 입장은 아예 논의의 대상이 되지 못했습니다. 그럴 만한 사유가 충분히 있습니다. 프로파간다 모델에 대한 논의 자체가 언론기관에 문제가 있다는 뜻이기 때문입니다. 따라서 이 얘기는 쏙 빠집니다. 프로파간다 모델은 사실 언론에서 다룰 문제가 못되는 것이지요.

자, 다시 세 가지 초기 관찰로 돌아갑시다. 네 번째는 프로파간다 모델의 경험적 타당성과 관련이 있습니다. 물론 이것이 문제의 핵심이지요. 프로파간다 모델이 기술하는 것은 정확한가? 다시 말해 언론은 '전통적 제퍼슨 식 역할(민중의 등불)'을 수행하고 있는가, 아니면 '프로파간다 모델'을 착실히 이행하고 있는가?

이 질문에 흡족하게 대답하기 위해서는 조사를 많이 해야 하고 관련 자료를 광범위하게 섭렵해야 합니다. 우리가 이 주제를 어떻게 다루었는지 그 방법론의 윤곽만 간략히 말씀드리자면 이렇습니다. 우리가 《여론조작》에서 프로파간다 모델을 검사한 첫 번째 방식은 그 모델을 가장 엄격한 테스트에 회부하는 것이었습니다. 우리는 반대파들에게 검사받을 대상을 직접 선택하도록 했습니다. 이렇게 하지 않으면 비판가들에게 언제나 공격받을 수 있습니다. "당신들은 당신들에게 유리한 사례만 뽑았군." 그래서 반대파들에게 검사 대상을 선택하라고 한 겁니다. 스펙트럼의 반대편에 있는 사람들이 언론의 반ᵇ정부적 자세를 보여준다고 생각하는 사례, 그들이 그들의 입장을 강화하기 위해 뽑아낸 사례 ─가령 베트남전쟁, 워터게이트, 기타 등등─를 가지고 프로파간다 모델을 따랐는지 살펴보았습니다. 맨 먼저 접근한 방식은 이것입니다. 우리는 반대파에게 검사 대상을 선택하도록 시켰고, 그래서 우리가 엉뚱한 사례를 골랐다는 문제제기를 사전에 차단했습니다. 그렇게 해서 검사한 결과, 여전히 '프로파간다 모델'이 강력하게 작용한다는 것을 확인할 수 있었습니다.

우리가 한 또 다른 조사는 언론에 실린 의견들의 범위를 문서화하는 것이었습니다. 주류 언론에서 표현 가능한 생각의 경계가 어디까지인지 살펴보려는 거였지요. 우리는 중요한 역사적 사건들을 면밀히 살폈습니다. 우리는 서로 짝을 이루는 듯한 사례를 조사했습니다. 물론 역사는 통제된 실험이 가능하지 않지만, 그래도 서로 비슷해 보이는 역사적 사건들이 많고, 그 두 사건을 언론에서 어떻게 다루었는지 비교하는 것은 가능합니다. 우리는 적국이 저지른 잔학 행위와 미국이 저지른 비슷한 규모의 잔학 행위를 살펴보았습니다. 또 적국과 우방국의 선거 결과, 그리고 자유의 문제를 어떻게 보도하는지 살펴보았습니다. 이 밖에도 조사한 주제는 많습니다.[43]

우리가 생각해낼 수 있는 여러 방법론적 접근 시각들로부터 많은 사례들을 연구했고, 우리는 '프로파간다 모델'을 확인할 수 있었습니다. 이제는 책자나 논문이 수천 건 나와 있습니다. 그래서 나는 프로파간다 모델이 사회과학에서 가장 잘 입증된 명제의 하나라고 생각하게 되었습니다. 내가 알기로 이것에 대한 반론은 거의 없었습니다.[44] 하지만 주류 문화는 오불관언吾不關焉('나하고는 관계없음')의 자세로 일관하고 있습니다. 증거가 사회과학 분야에서 아주 확실하게 정립되어 있는데도 말입니다. 그것을 물리학 수준에서 증명한다 해도 주류 기관들은 여전히 배척할 겁니다. 왜냐하면 프로파간다 모델이 옳기 때문입니다. 하지만 아무리 잘 입증되어도 엘리트 문화 내에서 이 모델은 이해받기 어려우리라는 것도 예측됩니다. 그 이유는 말이지요, 이 모델이 아주 효율적이고 유익한 이데올로기적 제도를 뒤흔들기 때문이지요. 그런 제도에 역기능을 하니까 배제할 수밖에 없는 겁니다.

언론과 엘리트의 의견

청중1 하지만 촘스키 선생님, 그런 분석을 하셨으면서, 지적으로 좀 한가한 추정을 하고 계신 것은 아닌지요? 다시 말해 그처럼 판에 박은 듯한 '미디어'가 있다고 보는 것 말입니다. 미디어가 미국 국민들의 압도적 견해로부터 동떨어져 있다고 추정하는 것은 약간 위선적인 태도가 아닌지요?

— 미디어는 일반 대중과 다릅니다. 그들은 미국의 엘리트 그룹과 유사합니다.

청중1 그게 진실인지 확신이 서지 않습니다. 그 말씀을 어떻게 증명하실 수 있는지요?

— 물론 증명할 수 있다고 봅니다. 주요 문제들에서 엘리트와 일반 대중의 견해에는 커다란 차이가 있습니다. 그리고 미디어는 지속적으로 엘리트의 견해를 지지했습니다. 예를 들면, 복지국가 프로그램의 삭제, 핵무기 동결, 1980년대의 중앙아메리카에서의 미국 정책, 베트남전쟁의 성격 등 언론에 표명된 견해는 여론과는 사뭇 달랐습니다. 오히려 엘리트의 견해에 동조하는 것이었습니다.[45]

청중1 제가 보기에 선생님이 바라는 것은 '미디어'의 변화가 아니라 사회의 변화인 듯합니다. 미디어를 싸잡아서 '그들'이라고 부르는 것은 한가한 이야기인 것 같습니다.

— 물론 미디어를 바꾸려면 사회가 바뀌어야 한다고 생각합니다. 그래도 미디어를 '그들'이라고 부르는 것은 문제없다고 생각합니다.

청중1 미디어라는 단어를 한번 살펴보십시오. 그건 '우리가 우리에게 말을 건다'는 뜻 아닙니까?

다른청중들 아니요. 아닙니다.

청중2 당신은 틀렸어요.

― 나는 그 의견에 정말로 동의할 수 없습니다. 검토해봐야 할 좋은 질문이긴 하지만 나는 동의하지 않습니다. 결국 미디어는 무엇입니까? 그들은 누구입니까? '우리'입니까? CBS 방송국이나 《뉴욕타임스》를 보십시오. 그들은 누구입니까? 미국의 대기업이고 '우리'가 아닙니다. 제너럴모터스가 '우리'가 아니듯이, 그들도 더 이상 '우리'가 아닙니다.

여기서 질문은 이런 것입니다. 미디어는 여론의 한 가지 샘플인가? 일반 대중이 다양한 믿음을 갖고 있는데 미디어는 그런 믿음의 한 가지 샘플일 뿐인가? 만약 그렇다면 미디어는 사실 아주 민주적이어야 할 것입니다.

청중1 내가 살펴본 언론인에 대한 유일한 여론조사는 그들이 기본적으로 자아도취적이고 중도에서 약간 좌로 치우쳐 있다는 것인데요.

― 사람들이 말하는 '중도좌파'라는 것은 아무 의미도 없습니다. 그건 그들이 전통적인 자유주의자라는 말인데, 전통적 자유주의자는 원래 국가 지향적이고 대개 개인 권력을 옹호하는 사람들입니다.

청중1 적극적으로 반정부 활동을 하는 사람들이 미국 인구 중 극소수의 비율이라면 미디어가 그 정도의 비율로 다루는 것이 공평하다고 보는데요.

— 그 문제도 면밀히 들여다보아야 합니다. 여론과 언론의 기사가 심각하게 다르다는 증거는 많이 있습니다. 일반 대중은 언론이 레이건 정부에 대해 너무 살살 다룬다 하여 좀 더 많이 폭로해야 한다고 생각했습니다. 또 언론이 카터에게는 너무 심했는데 레이건에게는 약하게 나갔다고 생각했습니다. 이것은 모두가 말한 것과 정반대였습니다.

청중2 선생님은 그런 정보를 어디서 얻으십니까?

— 여론조사에서요. 하지만 이 점은 마크 허츠가드의 《무릎 꿇고서^{On Bended Knee}》라는 흥미로운 책에 잘 다루어져 있습니다. 이 책은 레이건 행정부에 대한 언론의 보도 태도를 다룬 것이지요.[46]

청중1 선생님은 일반 대중이 언론보다 복지국가 프로그램에 더 관심이 많다고 말씀하셨습니다. 하지만 지금 현재 매사추세츠는 사회복지를 상당수 철폐하는 것에 강력하게 지지합니다. 그 대신 새로운 세금을 부과하지 말라는 거지요. 오늘날의 이런 강력한 지지에는 동의하십니까?

— 동의하지 않습니다. 만약 사람들에게 "새로운 세금을 원하십니까?" 하고 묻는다면 그들은 아니라고 대답할 것입니다. 하지만 "더 좋은 의료 서비스를 원하십니까?" 하고 물으면 그들은 그렇다고 대답할 것입니다.

청중1 하지만 사회복지를 상당수 철폐하는 주 정부의 내핍 예산에 대하여 대중들의 강력한 반발은 없지 않습니까.

— 하지만 의미 있는 사회복지를 강력하게 추진하고 있는 사람이 있습니까? 가령 이런 강령을 가진 사람이 있다고 해봅시다. "우리는 매사추세츠의 모든 주민이 적절한 의료 혜택을 받아야 한다고 생각한다." 만약 이런 강령을 힘차게 밀고 나가는 사람이 있다면 그는 압도적 지지를 받을 것입니다. 하지만 사람들한테 "새로운 세금을 원하십니까?" 하고 묻는다면 그들은 아니라고 대답할 것입니다. 선거 벽보에 "재산세에 제한을 두어야 할까요?"라고 묻는다면, 사람들은 "그래, 재산세를 더 내야 할 필요가 뭐지?"라고 말할 것입니다. 그러니까 당신은 제대로 된 질문을 하고 있지 않은 것입니다. 만약 사람들에게 "깨끗한 도로를 원하십니까? 좋은 학교를 원하십니까? 양질의 의료 서비스를 원하십니까?"라고 묻는다면 그들은 그렇다고 대답할 겁니다. 따라서 사람들의 반응이 별로라는 것은 진정한 대안을 내놓지 못했다는 뜻이 됩니다.

물론 세상을 바라보기만 하면서 이렇게 말하는 사람들도 많이 있습니다. "사실 관계로 나를 헷갈리게 하지 마. 너무 고통스러워." 또는 "현실은 알고 싶지 않아. 그건 너무 추악해." 이런 사람들은 뉴스를 더 이상 읽지 않습니다. '스타일' 섹션이나 '스포츠' 섹션만 읽을 겁니다. 하지만 세상일에 관심을 기울이는 사람들의 경우는 다릅니다. 그들은 언론이 너무 순응적이고 또 권력에 아부한다고 생각합니다. 이것은 모두가 말하는 것과 정반대입니다.[47]

가령 핵 동결 운동 같은 것을 한번 보십시오. 핵 동결 건은 언론에서 거의 지지 받지 못했고, 정계와 재계에서도 지지하지 않았습니다. 하지만 미국 국민의 75퍼센트가 지지했습니다.[48] 이것은 언론의 사설이나 의견란에는 전혀 반영되지 않았습니다. 또 1980년대에 가장 많이 논의되었던 이슈인 니카라과 사건을 보십시오. 나는 《워싱턴포스트》나 《뉴욕타임스》 같은 전국지에 실린 다수의 의견 기사를 분석해보았습니다. 그 논조는 한결 같았어요. 99퍼센트 이상이 반反산디니스타였고 산디니스타 정권(좌파 정권)은 제거되어야 한다는 것이었어요. 유일한 문제는 어떻게 제거할 것인가, 즉 콘트라 세력을 지원함으로써 제거할 것인가 아니면 다른 방법을 쓸 것인가, 뭐 이런 내용이었습니다. 이것은 일반 대중의 의견을 반영한 것이라고 볼 수 없습니다. 사람들 대부분은 미국이 니카라과에서 손을 떼고 그들 문제는 그들에게 맡겨야 한다고 생각했습니다. 미국민들은 미국이 어느 편에 서 있는지도 잘 몰랐지만 아무튼 니카라과에서는 그만 손을 떼야 한다고 생각했던 겁니다. 이런 견해는 전혀 언론에 반영되지 않았습니다. 미국이 어느 편에 서 있는지 아는 소수의 국민만 산디니스타 정권을 파괴하려는 방법론에 강력히 반대했습니다.[49] 하지만 이런 입장도 언론에 기사화되지 않았습니다.

다른 구체적 사례를 하나 더 들겠습니다. 1986년 전반기 6개월과 1987년 전반기 6개월은 니카라과에 대한 논의가 무성했는데, 그 시점은 콘트라 지원 법안이 의회에 제출되기 직전이었지요. 이 두 시기에 《뉴욕타임스》와 《워싱턴포스트》는 산디니스타 정권을 그대로 내버려둘 수도 있다는 기사를 딱 두 번만 실었습니다. 하나는 니카라과 대사가 쓴 것입니다.[50] 다른 하나는 뉴욕 시 레녹스 힐 병원의 의사인 케빈 캐힐이 쓴 것입니다. 이 의사는 열대병 전문가로 그 지역에서 일한 경험이 많은 사람이었어요. 캐힐의 칼럼은, 라틴아메리카에서 국민들을 배려하는 나라는 딱 하나 있는데 그게 니카라과라는 내용이었습니다. 잘하고 있으니 그냥 내버려두자는 것이었지요.[51] 두 신문은 1년 내내 니카라과 사태를 집중적으로 보도했으나 예외적으로 이렇게 반대 의견을 기사화한 것은 딱 한 번뿐이었습니다. 국민의 여론을 반영한다고 볼 수는 없습니다. 이 건에 대한 학계 의견도 반영하지 않았습니다. 언론은 이 이슈에 대한 라틴아메리카 학자들의 기고문을 받아들이지 않았습니다. 학자들이 정부 정책에 반대했기 때문이지요.[52]

청중2 다른 견해를 보도하다가 해직된 기자들도 있습니다.

— 아, 그런 일은 늘 일어납시다. 레이 보너 기자 사건이 유명합니다. 그는 《뉴욕타임스》가 픽업한 프리랜서 기자였는데 약 1년 동안 엘살바도르에서 벌어진 일을 있는 그대로 보도하는 실수를 저질렀지요. 그 후 그는 '메트로' 인가 뭔가 하는 부서로 인사 조치되었는데 그 직후 사직했습니다.[53] 이런 식으로 떠난 기자들은 많습니다. 가령 사이 허시는 그의 기사를 실어주려 하지 않아 《뉴욕타임스》를 떠났습니다.

내 친구 중에 주류 미국 신문에서 일곱 번째, 여덟 번째 가는 편집자가 하나 있습니다. 그런데 그는 미국이 펼치는 중앙아메리카 정책, 무기 경쟁, 기타 다른 정책들에 매우 반대하는 입장을 갖고 있었습니다. 그는 이념 장벽을 간신히 통과하는 논설을 쓰거나 아니면 독자들이 알아주기 바라는 내용을 슬쩍 암시하기도 합니다. 그는 어떻게 할지 늘 조심스럽게 계산해야 합니다.

청중2 그건 여기 있는 남성 질문자가 말한 것 아닙니까?

---

53 보너는 재정부로 보내져 거기서 1년간 고생하다가 휴가를 얻어 엘살바도르에 관한 책을 썼다. 《뉴욕타임스》에 다시 돌아와서 처음에는 재정부로 복직했으나 곧 사회부로 옮겼는데 분명한 좌천이었다. 그는 1984년 7월 3일 《뉴욕타임스》에서 사직했다.

— 아닙니다. 이념 장벽이라는 것은 엘리트들의 견해를 반영합니다. 일반 대중이 반대하리라는 뜻은 아닙니다. 대중은 그 편집자가 그런 것들을 솔직히 털어놓아도 신경 쓰지 않을 겁니다. 사실 이 친구는 진보적인 도시에 살고 있기 때문에 대중은 그걸 환영할 겁니다. 바로 보스턴입니다.

청중2 왜 그런 장벽이 있는 겁니까?

— 한번은 《보스턴글로브The Boston Globe》의 또 다른 편집자에게 왜 이스라엘-팔레스타인 갈등에 대한 보도가 그토록 편파적이냐고 물어본 적이 있습니다. 실제로도 편파적이었습니다. 그는 씩 웃더니 이렇게 말하더군요. "아랍인 광고주가 몇 명이나 된다고 생각하십니까?" 그걸로 대화는 끝났습니다.

청중1 그건 사실이 아닙니다. 그 편집자가 농담을 한 거겠지요.

— 사실입니다. 게다가 그는 농담을 한 게 아닙니다. 그건 농담이 아니었습니다.

청중1 편집자는 광고에 대해서 신경 쓰지 않습니다. 광고 수입은 그의 관심사가 아닙니다.

— 무슨 말씀이십니까? 광고에 신경 쓰지 않으면 편집자 노릇을 오래 하지 못할 겁니다.

청중1 선생님 말씀은, 《글로브》의 편집 결정이 광고 수입을 계속 유지하는 것에 근거한다는 뭐 그런 것입니까?

— 광고 수입을 계속 유지하려는 것이지요. 소매업자가 광고를 내지 않으면 《글로브》는 파산할 수밖에 없습니다.

청중1 하지만 《글로브》는 독점시장을 갖고 있는데요.

— 독점시장이 아닙니다.

청중1 그들이 《헤럴드*Herald*》[보스턴에서 두 번째 가는 신문]에 광고를 낼 거라는 말씀입니까?

— 당연하죠.

청중1 그건 너무 지나친 단순화가 아닐까요?

— 실제로 그런 일이 일어났습니다, 그것도 몇 번씩이나. 하지만 대개는 일어나지 않지요, 신문이 궤도에서 벗어나지 않으니까. 1976년인가 1977년에 《뉴욕타임스》의 광고 가치와 주가가 약간 떨어진 적이 있었습니다. 이 사실을 《월스트리트저널》과 《비즈니스위크*Business Week*》에서 즉각 기사화하면서 그 이유를 지적했습니다.

《비즈니스위크》가 특히 신랄했는데, 만약 《뉴욕타임스》가 신문업도 비

즈니스라는 것을 깨닫지 못하면 그 사업을 계속하지 못할 것이라고 꼬집었습니다.[54]

그럼 어떤 일이 있었느냐. 《뉴욕타임스》는 당시 재계가 반대한 뉴욕 세금법을 은근히 지지하는 입장이었습니다. 그러자 광고가 약간 빠지기 시작했고 주가도 약간 떨어졌습니다. 그때 《뉴욕타임스》는 편집진 전체를 교체했습니다. 존 오크스, 그리고 진보적인 편집자들은 퇴출당하고 굉장히 많은 새로운 사람들이 자리를 채웠습니다.

이런 조치를 취한 것은 주식시장에서 약간의 변화가 있었기 때문입니다. 당시 이 신문의 일탈은 아주 미세한 것이어서 현미경으로 들여다봐야 할 정도였습니다. 만약 그들이 대형 일탈을 했다면 그들의 주식은 어떻게 되었을까요?

우리처럼 다양한 범위의 민주적 정치가 존재하는 나라에서는 어떤 정당이 다른 정책을 강요할 위험이 늘 도사리고 있습니다. 이런 일은 늘 있어요.

청중1 대형 신문사는 사정이 어떤지 잘 모르겠습니다. 하지만 작은 지방지 기자인 나에게는 상당한 자율권이 있습니다.

— 작은 지방지는 얘기가 다릅니다. 《뉴욕타임스》의 톰 위커 기자는 자신이 원하는 것을 하고 있고 자신이 쓰고 싶은 것을 쓰고 있습니다. 그가 맞습니다. 그러나 그가 원하는 것은 바로 권력이 원하는 것입니다.

청중1 나는 내 본능에 따라 행동하는데 아무런 문제도 없었습니다.

— 당신은 재계에 커다란 충격을 주는 기사를 작성해본 적이 있습니까?

청중1 아마도요.

— 정말요? 나는 의문이 듭니다. 정말 그랬다면 그에 대해 생생하게 들었을 겁니다. 가령 부패를 폭로하자면. 자, 그 얘기는 이 정도로 해둡시다.

보도 통제

청중2 언론에서 의식적으로 그런 노력을 하는 겁니까, 아니면 대중을 상대로 신문 판매 부수를 높이기 위해 노력한 결과입니까?

— 대중과는 아무런 상관도 없습니다.

청중2 광고주들 때문인가요?

— 그렇습니다. 광고주를 의식하는 거지요. 신문사는 신문을 팔아서는 돈을 벌지 못합니다. 신문 판매는 적자입니다.[55] 하지만 언론사는 기업체입니다. 대형 언론사는 대기업이고 소형 언론사는 지방을 거점으로 하는 기업입니다. 어느 경우든 광고, 즉 다른 기업체의 광고 덕분에 먹고사는 겁니다.

청중1 이 지역의 대기업 중 하나는 부동산 개발업체입니다. 나는 환경 문제와 개발 문제의 양쪽 측면을 공평하게 보도하고 있습니다.

— 기업은 양쪽 견해를 취합니다. 기업이 양쪽에 존재하고 있으니까. 가령 이 지역(보스턴)의 경우, 관광 유치가 기업의 커다란 관심사인데 그건 환경을 보존해야 한다는 뜻이기도 합니다. 뉴욕에서 이리로 이사온 부자들도 환경을 보존하고 싶어 하기는 마찬가지입니다. 그래서 개발 문제의 '반대쪽'에 강력한 특권층이 있는 겁니다. 당신이 선택한 분야는 기업계가 양쪽으로 나뉜 분야이고, 그래서 언론은 '양쪽'을 다 보도할 겁니다. 하지만 기업계 전반의 이해를 해치는 보도를 한번 해보십시오. 곧 기자직에서 물러나야 할 겁니다. 그들은 재미 삼아 당신을 독불장군으로 두긴 하겠지만 공공정책이나 권력에 관하여 사람들의 태도에 영향을 줄 만한 핵심을 파고들면 당신은 계속 근무하기가 어려워질 겁니다. 바로 그 때문에 계속 소신을 말했던 사람들이 사직했던 겁니다.

청중1 나는 이 문제를 상공회의소 소장에게도 제기했습니다. "경제성장은 정말 바람직한 것입니까?" 과격한 질문이었는데 그래도 나는 대답을 얻었습니다.

— 하지만 이 경우에는 과격한 질문이 아닙니다. 왜냐하면 경제성장을 억제하는 것이 이 지역의 기업 이익에 도움이 되기 때문입니다. 당신은 그 문제에 관한 한 특별한 입장에 있는 겁니다. 소득의 재분배, 복지를 위한 기업 세금의 증가 등을 다뤄보세요. 한번 해봐요.

<u>청중2</u> 그건 사건 보도가 아니잖아요.

— 왜 아닙니까? 저분은 '양쪽의 의견'이라고 했어요. 그건 양쪽의 의견입니다.

자, 에드워드 허만과 내가 《여론조작》을 공동 집필하면서 살펴본 것 중 하나는 기자들이 의지하는 정보 소스는 어디인가 하는 것이었습니다. 내가 맡은 것 중에 중앙아메리카에 관한 것이 있었습니다. 그래서 나는 1987년 10월부터 《뉴욕타임스》의 스티븐 킨저 기자가 작성한 기사 약 50건을 분석해보았습니다. 나는 이런 질문을 던졌습니다. '킨저 기자는 누구의 의견을 듣고 싶어 했나?' 기사 50건을 작성하는 동안 킨저 기자는 산디니스타를 지지하는 니카라과 인사는 단 한 명도 인터뷰하지 않았습니다. 가령 오르테가의 어머니라든가 분명 친^親산디니스타 인사들이 있었을 텐데 말입니다. 그가 인터뷰한 사람들은 모두 반^反산디니스타였습니다(다니엘 오르테가는 산디니스타 정부의 대통령이다).

여론조사도 했지만 《뉴욕타임스》는 보도하지 않았습니다. 이 여론조사에 따르면 니카라과의 야당들은 모두 합쳐도 전체 인구의 9퍼센트밖에 지지를 받지 못했습니다. 그런데도 이 9퍼센트를 스티븐 킨저는 100퍼센트 지지했던 겁니다. 그가 만난 사람들은 모두 국민의 9퍼센트가 지지한 야당을 지지했던 겁니다. 기사 50건에서 이런 태도가 일관되어 있었습니다.[56]

<u>청중1</u> 미묘한 보도 태도에 대한 선생님의 비판은 너무 단순화된 것 같습니다. 예를 들어 나는 《프로그레시브^{The Progressive}》지에서 정부 자료에 의존적인 기자들을 지적한 선생님의 글을 읽었습니다. 정부 자료는 정말 중요합니

다. 경제 수치를 알아내야 하고 장기적인 정보원을 개발해야 하니까. 이렇게 하지 않으면 정보를 얻을 수가 없습니다.[57] 독자들도 기자의 이런 보도 태도를 이해하리라고 보는데, 선생님께서는 독자들의 그런 능력을 낮게 보는 것 같습니다. 비록 비판적 견해가 다섯째나 여섯째 문단에 들어 있더라도 독자는 기자의 의견을 어느 정도 파악할 수 있지 않겠습니까?

— 당신 말을 잘 이해하지 못하겠습니다. 내 말은 이런 것입니다. 기자가 선택한 정보원을 보면 전문가가 정보원이 아니라는 겁니다. 그 정보원이라는 것은 기득권을 대변합니다. 그것은 프로파간다일 뿐입니다.

청중2 하지만 기자들은 자신을 그런 사람으로 생각하지 않을 텐데요. 그들은 자기가 정직하게 일하고 있다고 볼 텐데요.

— 물론 그렇습니다. 하지만 일이 돌아가는 방식을 면밀히 살펴보아야 합니다. 가령 기자인 당신이 기득권의 이해에 위배되는 일을 시작한다고 해봅시다. 당신은 맨 먼저 수준이 엄청 높은 증거를 찾을 겁니다. 기득권에 부응하는 기사를 쓸 때는 증거나 확인이 별로 필요 없습니다. 그런 기사를 쓴다는 것 자체가 하나의 증거가 되니까. 가령 게릴라들이 저지른 잔학 행위를 보도할 때는 '말을 전했다'는 증인 한 사람만 있으면 충분합니다. 그러나 미군 장교가 고문 행위를 했다는 사실을 보도할 때는 현장을 찍은 비디오테이프가 있어야 합니다. 이런 편파적인 보도 방식이 모든 문제에 스며들어 있습니다.
　무슨 얘기인가 하면, 만약 기자가 익명의 '미국 고위 정부 관리'라고 쓰면

당연시해온 제도적 요소를 지적하는 것을
'음모론'이라고 부르는 것은,
누군가 세상일을 좀 자세히 알려고 할 때
그걸 방해하고자 하는 사람이 들이대는 논리입니다.

그건 증거로서 충분합니다. 그런데 반정부 인사나 나라 밖 적성국가 관리의 말을 인용하면 어떻게 될까요? 증빙 자료와 증거물을 엄청나게 제시해야 할 거고, 일단 맹공격을 받을 거고 어쩌면 직장을 잃을지도 모릅니다. 이런 요소들이 도사리고 있기 때문에 기자들이 어떻게 행동할지 예측이 가능합니다. 일반적으로 기자들은 쉬운 길을 갑니다. 그들의 게으른 태도야말로 경이롭기 그지없습니다.

참조2 선생님의 이런 언론 분석을 '음모론'으로 보아도 되겠습니까?

— 아니요, 나의 분석은 음모론의 정반대입니다. 일반적으로 이 분석은 개인의 역할을 축소하는 경향이 있습니다. 개인은 언제든 교체 가능한 부품일 뿐이라는 겁니다.

기업자본주의corporate capitalism 구조는 이렇게 되어 있습니다. 게임에 투입된 선수는 이익과 시장점유율을 올리려고 합니다. 이렇게 하지 않으면 시장에 오랫동안 머물 수가 없습니다. 경제학자들은 이런 사정을 잘 압니다. 이것을 지적하는 것은 음모론이 아닙니다. 당연시해온 제도적 요소를 지적하는 것일 뿐입니다. 만약 누군가가 "오, 그건 음모론입니다"라고 말한다면 사람들이 웃을 겁니다. 우리가 지금껏 논의한 것은 단지 제도적인 요소들입니다. 이런 요소들이 보도의 한계를 규정하고 또 이데올로기를 다루는 기관들의 해석을 결정하는 거지요. 이건 음모론과는 정반대입니다. 정상적인 제도 분석이고 당신이 세상이 어떻게 돌아가는지 이해하고자 할 때 자동적으로 적용할 분석의 틀입니다. 그걸 '음모론'이라고 부르면 세상의 움직임을 이해하는 데 방해가 됩니다. '음모론'은 지적인 욕설 비슷한 것이 되었습니다. 누군가 세상일을 좀 자세히 알려고 할 때 그걸 방해하고자 하는 사람이 들이대는 논리입니다.

청중1 '프로파간다 모델'에서 대안 미디어는 어떤 역할을 하리라 보십니까?

— 그건 사정에 따라 다릅니다. 나는 대안 미디어가 '프로파간다 모델' 내에서 어느 정도 역할을 수행한다고 생각합니다. 하지만 미국에서 '대안 미디어'란 변덕스러움의 상업화일 뿐입니다. 《빌리지 보이스*Village Voice*》의 95퍼센트, 아니 99퍼센트가 그렇다고 봅니다. 나는 그것이 대중을 주변화하는 또 다른 테크닉이라고 생각합니다. 그것은 다른 종류의 구독자들을 상대로 하는, 《내셔널 인콰이어러》의 다른 버전입니다.

하지만 대안 미디어는 상당히 건설적인 역할을 수행하고 있습니다. 종종 전혀 다른 세계관을 구독자들에게 제시하는데 그것이 차이를 만들어냅니다. 예를 들어 나는 미국 전역을 여행하면서 강연을 하는데, 시청자가 돈을 대어 라디오 방송국을 운영하는 도시에서는 공동체에서 다른 분위기를 느꼈습니다. 사람들은 방송국에 쉽게 갈 수가 있고, 다른 사람들과 사귀고, 새로운 뉴스가 무엇인지, 다른 사람들의 의견은 어떤지 들으면서 세상을 다르게 인식하는 겁니다. 이런 활동을 지속적으로 한다는 거지요. 뭔가 새로운 일이 벌어지면 그걸 즉시 느낄 수 있고 또 아무 일이 없어도 그걸 즉시 느낄 수 있습니다. '대안'을 표방하는 정치 잡지도 마찬가지입니다.

하지만 대안을 선언한 조직은 자원이 부족하거나 외부 지원이 미흡합니다. 그것은 자동차 생산에 대안을 제시하는 것과 비슷합니다. 누구나 대안을 제시할 수 있지만 그걸 성공시키기는 대단히 어렵습니다. 나는 세부사항은 잘 모르지만 FAIR^{Fairness and Accuracy In Reporting}[언론 보도의 공정성과 정확성을 감시하는 좌익 단체]와 AIM^{Accuracy In Media}[언론의 정확성을 감시하는 우익 단체]의 배경 자원을 비교 검토해보면 일이 어떻게 돌아가는지 꽤 정확한 견적을 뽑아볼 수 있으리라 생각합니다.[58] 힘 있는 기관들이 대안 미디어를 지원하는 일에 무관심한 건 당연합니다. 자기 자신을 해치는 방식으로 일하는 기관은 없으니까. 그래서 별로 지원하지 않는 겁니다.

^{청중 2} 최근에 공공 텔레비전에서 극비 활동과 원자폭탄에 관한 프로그램을 방영하면서 힘 있는 기관들에게 불리할 만한 정보가 많이 공개되었습니다. 아주 이례적인 일로 전에는 거의 보지 못했던 것입니다. 이런 프로그램이 방영되는 목적이 무엇이라고 보시는지요.

저는 그 프로그램에서 노골적으로 공개된 정보에 놀라움을 금치 못했습니다. 몽구스 작전, 카스트로 암살 기도, 케네디 가문과 마피아와의 관계 등등. 또 미국이 제2차 세계대전 말에 악질적인 나치 인사 몇몇을 고용했다는 얘기까지 나왔습니다.[59] 이런 얘기가 왜 지금 나오는 건지 의아합니다. 왜 이 시점에서 거론되고 또 공개 토론의 양상을 띠는 것인지요? 선생님은 전에 정보가 가끔 틈새로 빠져나오기도 한다고 말씀하셨습니다. 이건 틈새로 빠지는 것보다 더한 것 같은데요.

— 그랬나요? 얼마나 많은 사람이 그 프로그램을 보았을까요? 그걸 만든 사람들은 그런 일에 익숙한 꽤 반정부적인 사람들이지요. 그런 일은 처음이 아닙니다. 1975년에 언론에 이미 상당히 많은 자료가 공개되었습니다. 그런데 왜 지금 이 시점에서 다시 나오는지는 흥미롭습니다. 우선 당장 몇

가지가 내 머리에 떠오르는군요.

자료가 처음 폭로된 것은 워터게이트 사건 직후인 1975년이었습니다. 두 번째가 바로 지금인데, 시기적으로 이란-콘트라 사건 직후입니다. 이런 정부 스캔들이 터지면 언론이 비교적 공개적인 태도로 나오는 시기가 있는데 어느 정도 지나면 그 문이 다시 닫힙니다. 사실 이런 자료들을 이미 알고 있는 기자들이 많습니다. 그들은 정부 스캔들이 터지기를 기다렸다가 그동안 모아놓았던 자료들 —그렇지만 평상시에는 공개할 수 없는 것들— 을 슬쩍 흘리는 거지요. 원하신다면 그런 사례들을 제시할 수도 있습니다. 왜 이런 일이 벌어지는지 그 사유는 명백해요. 스캔들이 터지면 기관들은 자신을 변명하기에 바쁘고 국민들의 압력이 커지고 이때 기자들은 이런 자료들을 기사화할 수 있는 여력이 생기는 겁니다. 아마도 이게 진짜 이유일 겁니다.

앞으로 한두 주 동안 〈프런트라인〉 쇼에서는 좀 더 많은 건이 폭로될 겁니다. PBS(미국 공공방송 전국 네트워크-옮긴이)가 그걸 방영한다면(여기에 대해서 논의가 진행 중입니다) 아주 흥미로울 겁니다. 그 프로그램은 레슬리와 앤드루 콕번이 만든 서남아시아에 관한 에피소드라는데, 내가 들은 바로는 아주 잘 만들어졌다고 합니다. 이렇게 보면 언론 시스템이 반정부 활동자에게 완전히 막혀 있는 것은 아닙니다. 심지어 상업 텔레비전 방송에서도 가능성이 있습니다. 예를 들어 레슬리 콕번이 CBS에서 일할 때, 그녀는 미국 정부가 콘트라를 통하여 마약 반입에 깊숙이 관여했다는 아주 중대한 정보를 폭로할 수 있었습니다. 여러분 중에 이 프로그램을 보신 분이 있는지 모르겠는데 그건 전국 네트워크 프로그램인 〈웨스트 57th〉이었습니다. 수천만 명의 시청자들은 투옥 중인 미국 조종사들이 증언하는 것을 보았습니다. 콘트라에게 대줄 무기를 비행기에 싣고 니카라과에 가서 무기를 부려놓은 다음 코카인을 비행기에 가득 싣고서 미국으로 돌아왔다는 겁니다. 그들이 레이더가 안내한 대로 플로리다에 있는 홈스테드 공군기지에 내리면 대기하던 트럭이 비행기에 다가가 마약을 싣고 어디론가 사라졌습니다. 이런 일이 공군기지 내에서 벌어졌고 그것이 CBS에서 방영되었습니다.[60]

이처럼 탐사보도를 위한 문이 약간 열리는 경우가 있고, 언론계에 종사하는 사람들은 그걸 찾아다니고 실제로 찾아냅니다. 미국 최고의 탐사보도 전문 기자들은 정부 시스템이 작동하는 방식을 잘 알고 있어 마치 바이올린을 켜듯 다룹니다. 자신들이 수집한 정보를 흘릴 기회만 엿보는 거지요. 잘 알려진 몇몇 기자들은 나보다 언론에 대하여 더 냉소적입니다. 하지만 그들은 시스템 내에서 일하는 방식을 알고 있고 종종 중요한 자료를 터트립니다. 그러니까 기자들은 조사한 자료들을 잘 모아놓았다가 약간 틈이 벌어지는 시기가 오면 그때 한번에 흘리는 겁니다. 그게 아니면 좋은 편집자를 찾는 거죠. 조심스럽게 요점을 잘 정리하고 무사히 통과되도록 기사를 작성하는 겁니다.

언론 시스템에는 서로 갈등하는 가치들이 있습니다. 이런 갈등 때문에 가능성이 열리기도 합니다. 하나는 권력에 봉사하는 것입니다. 또 다른 가치는 투철한 직업 정신입니다. 기자들은 때때로 이런 직업 정신을 발휘하지 않으면 권력에 봉사하는 일도 제대로 할 수가 없습니다. 이런 직업 정신 때문에 그들은 다른 분야에서도 그런 가치를 추구하고 싶어집니다. 두 가치의 갈등 속에서 늘 균형을 잡기는 아주 어려운 일입니다. 그래서 엉뚱한 것들이 가끔 언론에 튀어나오는 겁니다.

그리고 언론사는 비교적 정확하게 세계의 그림을 제시해야 할 필요가 있습니다. 그것이 또 틈새를 열어줍니다. 예를 들어 전형적인 경제지인 《월스트리트저널》을 한번 봅시다. 사설 면은 희극적일 정도로 신경질적이지요. 하지만 뉴스 면은 꽤 흥미롭고 잘 만들어져 있습니다. 사실 이 신문은 때때로 미국에서 보도가 가장 정확하다는 평가를 받지요. 이런 보도 태도에는 이유가 있다고 봅니다. 사설란 편집자들은 비명을 지르고 고함을 치고 입에 거품을 물 수도 있을 겁니다. 누구도 하고 싶지 않겠지요. 하지만 재계 사람들은 투자에 대하여 건전한 판단을 내리려면 세상 돌아가는 상황에 대하여 현실적인 그림을 가지고 있어야 합니다. 이것 또한 틈새를 열어주는 배경인데, 이런 틈새를 기자들이 이용하는 거지요.

따라서 중요한 것은, 언론이 정보를 전체적으로 억압하지는 않는다는 겁니다. 그런 일이 드물지만 있기는 할 테지요. 중요한 것은 어떻게 사건들을 선별하고 해석하여 역사를 만들어나가느냐 하는 겁니다. 여기서 사례를 하나 들어보겠습니다. 1983년에 소련이 격추한 칼^{KAL}기 피격 사건처럼 열광적으로 보도 세례를 받은 사건은 아마 없을 겁니다. 그 사건은 훈족의 왕 아틸라 이후로 소련이 가장 야만스러운 국가라는 사실을 여지없이 증명해주었습니다. 이런 국가를 상대로 하고 있으니 마치 독일에 미사일을 설치하고, 니카라과 좌파 정부에 저항하는 콘트라를 적극 지원하는 등의 일을 미국이 해야 한다는 논리였습니다. 《뉴욕타임스》에서 발행한 기사 인덱스를 보면 1983년 9월 한 달 동안, 칼기 피격 사건 하나에만 무려 7면에 걸친 인덱스가 있습니다. 진보적인 《보스턴글로브》도 보도 첫날 무려 신문의 10면을 이 사건에 배당했습니다. 아마 제2차 세계대전 발발 소식도 이 정도의 지면을 차지하지는 못했을 겁니다.

이처럼 칼기 피격 사건을 집중적으로 보도하는 가운데서도 다른 사건들이 발생했습니다. 《뉴욕타임스》는 이 사건에 대해서는 100자 정도의 간략한 보도 말고는 일체 논평도 하지 않았습니다. 앙골라에서 미국과 남아프리카로부터 지원받는 '자유 전사' 유니타가 앙골라 민간 항공기를 폭파하여 승객 126명이 사망했습니다. 그런데 이 사건에는 애매모호한 점이 없었습니다. 비행기가 항로를 벗어나지도 않았고 쟁점을 흐리는 RC-135 정찰기도 없었습니다[칼기는 항로를 벗어나 소련 영공으로 들어갔고, 같은 날 앞서 미 공군 정찰기 RC-135가 그 지역을 정찰했다]. 앙골라 사고는 그야말로 사전에 모의된 명백한 테러 행위였습니다. 그런데 이 사건이 100자의 간략한 보도와 논평 없음이란 대접을 받았습니다.[61] 이보다 몇 해 전인 1976년 10월 쿠바 항공기가 CIA의 지원을 받은 테러리스트의 폭탄 테러로 파괴되어 민간인 73명이 사망했습니다. 이에 대해서는 얼마나 보도되었습니까?[62] 1973년 이스라엘은 수에즈 운하 위에서 모래바람으로 길을 잃은 민간 항공기를 격추시켜 110명을 죽게 했습니다. 이때는 전혀 항의 없이 겨우 이런 논설이 나왔을 뿐입니다. "책임 소재를 놓고 가시 돋친 논쟁을 벌이는 것은 무익한 일이다."[63] 나흘 뒤 골다 메이어[당시의 이스라엘 총리]가 미국을 방문했을 때 언론은 그녀에게 난처한 질문은 던지지도 않았습니다. 오히려 그녀는 군용기 지원이라는 선물을 받아 돌아갔습니다.[64] 이보다 더 전인 1955년에는 반둥 회의에 참석할 중국 파견단을 태운 에어 인디아 비행기가 공중에서 폭파되었는데, 그것을 두고 홍콩 경찰은 "치밀하게 계획된 대량 학살"이라고 말했습니다. 나중에 미국인 망명자는 그가 CIA를 위해 그 비행기에다 폭탄을 설치했다고 주장했습니다.[65] 1988년 7월, 미국 전함 '빈센스'는 이란 해안 가까운 상업 항로를 지나던 이란 민간 항공기를 격추시켰고 그리하여 290명의 인명이 희생되었습니다. 미국 해군 사령관 데이비드 칼슨에 따르면, 첨단 미사일 시스템의 실현 가능성을 증명하기 위하여 미사일을 발사했다는 것이었습니다. 칼슨은 근처의 배에서 그 사건을 지휘했는데 "그 놀라운 성능이 믿어지지 않는다는 듯이 감탄했다"고 합니다.[66] 이 사건들은 '야만'의 사례로 거론되지 않았고 재빨리 잊혔습니다.

이런 사례가 수천 건이나 되고, 나를 위시하여 많은 사람이 책으로 쓰기도 했습니다. 아무튼 언론은 권력을 가진 자들에게 유리한 쪽으로 역사를 기술하고 있어요. 나는 언론의 이런 점을 지적하지 않을 수 없습니다. 때때로 정보가 보도되기는 하지만 언론이 그걸 온전하게 제시한다고 보기는 어려워요.[67]

---

67 촘스키와 허먼은 이것이 '프로파간다 모델'의 핵심이라고 보고 있다. "매스미디어는 어떤 사건에 대하여 보도하면서 실제로는 많은 것을 은폐하거나 억압하고 있다. 어떤 사실이 매스미디어에 보도되었다고 해서 그것이 자동적으로 편견이나 왜곡의 부재를 증명해주는 것은 아니다." Chomsky and Herman, *Manufacturing Consent*(pp. xiv-xv n.14).

3

언론은 늘 '찬란히 빛나는
거짓말'을 일삼는다

|

기자들은 기자 일은 정직하게 하고 있지만
실은 권력에 종속되어 있다는 얘기를 아주 증오하지요.
차라리 이런 얘기를 듣고 싶어 합니다. '권력의 치부를 폭로하려고
노력하다 보니 정직하지 못할 때도 있다.'

|

정직하게 일하지만 권력에 종속되어 있다

<u>청중1</u> 언론계 사람들은 이러한 언론 비판에 대하여 어떻게 반응할까요?

— 대충 말해본다면 대체로 언론은 우파에게 공격당하는 걸 좋아합니다. 파괴적이다, 적대적이다, 심지어 민주주의가 파괴될 만큼 권력에 저항한다 따위의 소리를 듣기 좋아합니다. 권력을 파괴하기 위해 때때로 거짓말도 한다는 얘기 또한 듣기 좋아합니다. 이에 대한 좋은 사례가 있지요. 왜 그러는지 이유는 뻔합니다. 나중에 적당히 둘러대면 되니까요. 캐서린 그레이엄[《워싱턴포스트》 발행인]은 어느 졸업식사에서 이렇게 말했습니다. "우리가 반체제적 열정이 앞서다 보니 때때로 너무 심하게 나간 적도 있습니다. 그것은 자유 사회에서 지불해야 할 대가입니다." 아주 그럴듯한 연설이었지요.

반면에 기자들은 반대편으로부터 이런 지적을 받을 수도 있습니다. "당신들은 아주 성실하게 기자 일을 하고 있군요. 하지만 뉴스를 선정하고 기사를 작성하고 관점을 수립하는 데는 권력에 너무 기울어져 있어요. 아니, 아부하고 있어요." 이런 지적을 그들은 아주 싫어합니다. 기자 일은 정직하게 하고 있지만 실은 권력에 종속되어 있다는 얘기를 아주 증오하는 거지요. 차라리 이런 얘기를 듣고 싶어 합니다. '권력의 치부를 폭로하려고 노력하다 보니 정직하지 못할 때도 있다.'

최근의 또 다른 사례를 들어보겠습니다. '프리덤 하우스'(조지 오웰을 연상시키는 이름)라는 우익 단체에서 최근에 두 권짜리 연구서를 펴냈는데, 주요 우익 언론을 맹렬히 공격하는 내용입니다. 베트남의 테트 대공세에 관한 언론 보도를 문제 삼았는데 요지는 언론이 애국심이 부족하여 우리가 베트남전쟁에 졌다는 것이었습니다.[68] 언론이 테트 대공세에 대하여 거짓말을 했고 그리하여 북베트남·남베트남 민족해방전선(이른바 '베트콩', 이하 NLF)의 패배를 마치 승리인 양 호도했고, 그 결과 미국이 전쟁에 기울인 총력에 막대한 피해를 주었다는 겁니다. 이 주장을 뒷받침하기 위하여 프리덤 하우스는 언론이 사람들의 말을 왜곡했고 증거를 조작했다고 말했습니다. 언론은 이런 비난을 좋아했고 환영했습니다. 그때 이래로 이런 태도는 하나의 표준적인 이야기가 되었습니다.[69]

그런데 발행 부수가 많은 언론 리뷰에서 이 프리덤 하우스의 연구가 거짓말임이 금방 드러나고 말았습니다. 그 글은 내가 썼습니다.[70] 그들의 연구는 100퍼센트 사기였습니다. 수백 군데에 달하는 오류와 허위를 제거하고 나면 결국 미국 기자들이 테트 대공세를 아주 정직하게 보도했다는 것으로 요약됩니다. 물론 좁은 의미로 보았을 때 그렇다는 것입니다. 즉 바로 눈앞에 있는 것들은 정직하게 묘사했지만, 애국심이라는 영역 틀에서 그렇게 했기 때문에 전체 그림을 크게 왜곡했던 것입니다.

가령 기자들은 미군이 남베트남의 마을들을 싹 쓸어버린 것을 묘사한 다음, 이렇게 말했습니다. '이것은 불행한 일이지만 동시에 필요한 일이다. 우리는 공격자들로부터 이 마을들을 보호해야 한다.' 하지만 공격자는 미국인들 말고는 없었습니다. 소련, 중국, 북베트남 등의 군인들은 없고 오로지 미국 공격자들만 있었습니다."[71] 하지만 언론은 이 점에 대해서는 언급도 하지 않았습니다. 그래서 좁은 의미에서 보자면 정직한 보도를 하긴 했지만, 미국 정부의 프로파간다에 따라 정해진 틀에서만 다루었습니다. 적의 패배를 승리인 양 보도했다는 얘기는 전적으로 사실과 다릅니다. 언론은 미국 정보부 못지않게 테트 대공세의 결과를 낙관하고 있었습니다. 우리가 이것을 아는 건, 정보부 보고서가 〈펜타곤 문서*Pentagon Papers*〉[미국의 동남아시아 개입을 다룬 국방부의 극비 문서가 1971년 일반에 유출되었다]에 들어 있기 때문입니다.[72]

따라서 까놓고 말하면 프리덤 하우스는 왜 언론이 정부 프로파간다에 대하여 좀 더 낙관적이고 열성적인 태도를 보여주지 않았느냐고 항의한 것입니다. 이것은 전체주의입니다. 하지만 프리덤 하우스의 연구에 대한 비판은 곧 자취를 감추었습니다. 일말의 관심이라도 가져준 사람이 없었기 때문이지요. 그 후 완벽한 증빙 자료를 갖춘 비판 자료가 여러 번 다시 출간되었으나 아무도 거들떠보려 하지 않았습니다. 언론은 자신들이 공권력의 틀 내에서 정직한 일을 하고 있다는 얘기를 듣고 싶어 하지 않았습니다. 오히려 너무나 파괴적이어서 민주주의를 심각하게 해친다는 얘기를 더 듣고 싶어 했습니다.

"더 잘 싸워라": 언론과 베트남전쟁

청중2 베트남전쟁을 반대하던 시기의 언론은 지금보다 급진적 운동에 더 개방적이었던 것 같습니다. 《뉴욕타임스》와 《워싱턴포스트》 말입니다.

— 그건 사람들이 잘못 생각하는 겁니다. 실은 개방성이 더 없었습니다. 나는 그 한가운데에 있었기 때문에 그 사실을 잘 알고 있습니다. 그걸 아주 자세히 연구도 했고요.

청준2 오늘날의 신문들을 읽어보면 더 뚜렷하게 우파 쪽으로 기울어졌다고 생각하는데요.

— 나는 그 의견에 동의하지 않습니다. 사람들이 잘못 생각하고 있는 겁니다. 그건 사람들의 사고가 좌파 쪽으로 기울어졌기 때문에 그런 겁니다. 실제로 이런 현상이 많은 국민들 사이에서 일어나고 있어요. 한 가지 예를 들면, 1969년 당시에 반전反戰 입장으로 이해되던 대부분의 운동가들은, 오늘날의 입장으로 본다면 전쟁에 찬성하는 인사로 보일 것입니다. 1969년에 '우리는 잘 싸우지 못하고 있다'고 말한 것은 반전 입장으로 이해되었습니다. 잘 싸우지 못하니 전쟁에 반대해야 하는 거 아니냐고 해석되었지요. 당신이 반정부 활동을 해본 적이 있는지 어쩐지 모르겠으나, 지난 25년 동안 당신의 관점 또한 바뀌었으리라 봅니다. 바로 그런 관점의 변화 때문에 이런 인상을 갖는 겁니다.

《뉴욕타임스》에 대해 말하자면, 에드 허먼과 나는 《여론조작》에서 1950년부터 현재까지 베트남전쟁을 다룬 이 신문의 기사를 분석하는 데만 거의 150쪽을 할애했습니다. 결론은 이 신문은 일반 대중의 매파, 그것도 강력한 매파였다는 것입니다. 이 신문은 베트남전을 비판해본 적이 없었습니다. 비판적인 칼럼을 써내는 칼럼니스트도 없었습니다. 그들은 미국 정부의 활동을 의식적으로 감추어왔습니다. 데이비드 헬버스탬이나 닐 시한 등

공격자는 미국인들 말고는 없었습니다.
소련, 중국, 북베트남 등의 군인들은 없고
오로지 미국 공격자들만 있었습니다.
하지만 언론은 이 점에 대해서는 언급도 하지 않았습니다.

비판적 기사를 써낸 기자들도 실은 월남전의 실패를 비판한 것이었습니다. 그들은 이렇게 말했습니다. '물론 우리의 대의는 고상하고 그래서 우리는 이기기를 원한다. 그런데 당신네들이 이 전쟁을 망쳐놓았다. 그러니 좀 더 열심히 싸워라.' 뭐, 이런 식의 비판이었습니다.[73]

이러한 태도는 닐 시한의 새 책《찬란히 빛나는 거짓말*A Bright Shining Lie*》에 잘 드러나 있습니다. 이 책은 베스트셀러가 되었고 그는 퓰리처상을 받았습니다.[74] 베트남전의 실상을 폭로했다며 널리 칭찬받았습니다. 하지만 면밀히 읽어보면, 미국 첩보원들이 현장에서 수집한 정보가 워싱턴 고위직에게 잘 전달되지 않았다는 사실을 폭로한 것에 지나지 않습니다. 시한이 실제 비판한 것은 바로 그것이었습니다. 그런데도 오늘날까지 주류에서는 그것이 아주 극단적인 반전 입장으로 인식됩니다. '너희들이 전쟁을 망쳐놓았다. 훨씬 더 잘 싸울 수 있었는데 아쉽다.' 시한의 책은 존 폴 밴(베트남에서 '민간 선무' 프로그램을 감독했던 매파)의 전기 비슷합니다. 밴은 통찰력이 뛰어났습니다. 그는 베트남에서 일어나는 일을 잘 알고 있었고, 현장에 나온 젊은 기자들에게 상황이 워싱턴의 의도대로 되어가지 않는다고 말해주었습니다 (이렇게 말하는 것은 당시만 해도 아주 비애국적인 일이었습니다. 어떻게 워싱턴의 생각대로 되어가지 않는다고 말할 수 있습니까?). 아무튼 밴은 시한이 베트남전의 영웅으로 떠받들던 인물입니다.

그러면 밴을 한번 봅시다. 그는 1965년 메모 몇 개를 유출시켰는데 그것이 평화운동 같은 데 이용되었습니다. 내가 그에 관한 글을 썼고, 에드 허먼도 썼습니다. 하지만 주류 언론은 그런 글을 실은 적이 없었고 시한도 자신의 책에서 언급조차 하지 않았습니다. 메모의 골자는 이런 것이었습니다. '남베트남에서는 NLF가 일반 대중의 마음을 사로잡았는데 그 이유는 그들이 좋은 정강정책을 내세웠기 때문이다. 농민들은 그들이 지지할 만한 세력으로 보였기 때문에 지지한 것이다. 그래서 농민들은 그들 정책도 지지한다. 남베트남에서는 사회혁명이 진행 중인데 그것은 오랫동안 사람들이 바라왔던 것이다. NLF가 그 혁명을 조직하고 있고 그 때문에 농민들은 그들을 지지한다.'

그러곤 결론이 나옵니다. 결론은 이렇습니다. '전쟁을 확대하여 NLF를 싹 쓸어내는 것.'[75] 그 이유는 월터 리프먼과 서구 '민주적' 사상가들이 내세운 이유들과 유사합니다. 즉, "민주주의는 엘리트 계급이 정책을 결정하고 일반 대중의 여론을 '조성'해야 한다. 왜냐하면 일반 대중은 스스로 의견을 내고 결정을 내리지 못하기 때문이다."[76]

그래서 밴의 생각은 이렇게 흘러갔습니다. '이 어리석은 베트남 농민들은 실수하고 있는 거다. 그들을 대신하여 혁명을 추진하는 일은 우리 똑똑한 사람이 맡아야 한다. 농민들은 NLF가 마을을 돌아다니면서 그런 혁명을 조직할 수 있다고 생각하는데 그보다는 우리가 더 적임자다. 이 세상의 가난한 사람들을 돌보아야 하는 의무가 우리에게 있기 때문에 우리는 그들이 마음대로 일을 주무르도록 내버려둘 수 없다. 그들은 틀림없이 실수를 저지를 것이기 때문이다. 따라서 우리가 해야 할 일은 NLF를 쓸어내고 전쟁에서 이기고 베트남을 파산시킨 다음 그들을 대신하여 혁명을 수행하는 것이다. 우리가 지난 역사에서 늘 그렇게 해왔듯이.' 이것이 밴의 기본 라인이었고 닐 시한이 쓴 책의 메시지이기도 합니다. 바로 이것이 밴을 영웅으로 만들었습니다.

또 《뉴욕타임스》에서 가장 비판적인 칼럼니스트인 앤서니 루이스의 경우를 한번 봅시다. 당신이 베트남전쟁 동안에 앤서니 루이스가 남긴 기록을 살펴본다면 당신은 평화운동과 우리 자신에 대하여 많은 것을 알게 될 겁니다. 왜냐하면 우리는 루이스를 우리의 동지라고 생각해왔으니까요. 실제로 어떤 일이 벌어졌는지 잘 기억해봅시다. 평화운동이 가장 어려움에 처했던 때는 1964년부터 1967년까지였습니다. 1968년 2월에 이르러 미국의 기업계는 베트남전에 반대하는 입장으로 돌아섰습니다. 그 이유는 그해 1월 말에 테트 대공세가 있었기 때문입니다. 그리하여 1968년 1월 말 베트남의 모든 도시에서 대규모 민중 봉기가 있었습니다. 남베트남 사람들 모두가 들고 일어났지요. 기억해보세요. 북베트남 사람은 전혀 없었습니다. 1968년 2월 초에 이르러 사리 판단력이 있는 사람들은 그게 대규모 민중운동이라는 걸 알아챘습니다. 사이공에 주둔한 미군은 NLF가 도시로 침투한다는 통보를 받지 못했습니다. 아무도 미군에게 알려주지 않았습니다. 그것은 동시다발적이고 잘 계획된 대규모 민중 봉기였습니다. 역사상 그처럼 대규모의 봉기는 아마 없을 겁니다.

자신의 돈과 부동산에 신경 쓰는 사람들은 베트남전쟁이 시간 낭비에 돈 낭비라는 것을 깨달았습니다. 그 혁명을 분쇄하려면 엄청난 힘과 노력이 필요하다는 걸 알았습니다. 그 시점에 미국 경제가 비틀거리기 시작했습니다. 사실 그건 평화운동이 이룬 커다란 성취였습니다. 그것은 미국 경제에 피해를 주었습니다. 장난이 아니었습니다. 평화운동은 전쟁을 둘러싸고 국가 동원을 불가능하게 했습니다. 미국 내에 반정부 활동과 반대 의견이 너무나 활발했기 때문에 제2차 세계대전 때처럼 국민을 동원할 수 없었습니다. 제2차 세계대전 때는 온 국민이 전쟁에 동원됐지요. 만약 온 국민이 그때처럼 전쟁에 동원되었더라면 베트남전쟁이 경제에 도움이 되었을 겁니다. 그러면 1940년대에 벌어진 제2차 세계대전처럼, 베트남전도 원기를 북

돈우는 팔뚝 주사가 되었을 겁니다. 하지만 정부는 그렇게 할 수가 없었고 이른바 '대포와 버터(군사와 민생 양립의)' 전쟁이라고 불리는, 적자 나는 전쟁을 계속 끌고 가야 했습니다. 그 결과 미국 경제는 스태그플레이션(경제가 활성화되지 않은 채 인플레이션이 공존하는 상태) 조짐이 나타나기 시작했습니다. 달러는 약세로 나타났고 유럽과 일본 등 주요 경쟁 국가들은 전쟁 상품의 역외 생산으로 커다란 이익을 올렸습니다. 간단히 말해서 베트남전은 미국과 주요 공업 경쟁국들 사이의 경제적 세력 균형을 변화시킨 겁니다. 미국 기업계는 이 사태를 꿰뚫어보았습니다. 테트 대공세 이후 도저히 진압할 수 없는 민중혁명이 발생했다는 걸 알았고 그래서 반전 입장으로 돌아선 것입니다.

동시에 그들은 미국 내에서 벌어지는 일도 걱정하기 시작했습니다. 심각하게 걱정했습니다. 최근에 공개된 비밀 문서에 그 사정이 환히 밝혀져 있습니다. 〈펜타곤 문서〉의 맨 끝 부분, 테트 대공세 이후의 몇 주 동안을 다룬 부분을 보면, 미국 최고위급 군 장교가 더 이상 베트남에 군대를 보내서는 안 된다고 말했음을 알 수 있습니다. 더 병력을 유출하면 일단 유사시에 국내 '치안'에 필요한 병력이 모자라게 된다는 이유였습니다. 이게 무슨 소리냐 하면, 전쟁을 더 이상 확대했다가는 국내에서 혁명이 일어날지도 모른다고 우려했다는 것입니다. 그들은 문제점을 지적했습니다. 그것은 청년, 부인, 소수민족, 기타 집단 등이 반전운동에 이미 참여하고 있다는 것이었습니다."

여기서 나는 또 다른 요인을 지적해야 할 것 같습니다. 미국 군대의 사기가 와해되고 있었습니다. 베트남에 파견된 미군은 시민군이었는데 식민전쟁에 시민군이 투입된 것은 사상 처음이었습니다. 그리고 그것은 통하지 않았습니다. 무슨 소리냐 하면, 거리에서 청년을 데려와 두 달 만에 전문 킬러로 만들수는 없다는 것입니다. 그러려면 프랑스 외인부대〔프랑스 식민지에서 프랑스 정부를 위해 싸운 외국인 용병 부대〕 같은 나치 세력을 동원하거나 아니면 콘트라처럼 농민을 징집하여 냉혈 킬러로 만들어야 합니다. 바로 이것이 역사상 모든 제국이 제국을 운영해온 방식이었습니다. 하지만 미국은 제국전쟁을 시민군으로 치르려 했고 1968년에 이르러 미군의 사기는 땅에 떨어졌습니다. 마약 먹는 사람, 군기가 빠진 사람, 장교에게 총질을 하는 사병 등. 이 모두는 본국에서 활발하게 전개된 민중운동의 여파이기도 합니다. 한마디로 청년 문화인데 군에 입대한 젊은이나 국내에서 다양한 운동에 참가하는 젊은이나 별반 다르지 않았습니다. 그래서 미군의 사기는 무너지기 시작했고 펜타곤의 고위급들은 그걸 못마땅해 했습니다. 그들은 사실 베트남에서 미군을 빼오기를 원했습니다.[78]

자, 이제 다시 《뉴욕타임스》로 돌아갑시다. 이런 일이 벌어지는 동안 이 신문은 전쟁을 전혀 비판하지 않았습니다. 앤서니 루이스가 가장 극단적인 비판가였기 때문에 지금 그는 양떼를 이끄는 지도자가 되었습니다. 테트 대공세가 있고 1년이 조금 지난 1969년 중반, 루이스는 런던 지국장으로 있었습니다. 그때 그는 미국의 평화운동 인사들과는 얘기조차 하지 않으려 했습니다. 나는 개인적인 기억을 갖고 있습니다. 1969년 봄, 존 로크 강좌 때문에 옥스퍼드 대학에 가 있었는데 사방의 영국 언론에다 반전에 대해 피력했습니다. 영국 반전 그룹들이 루이스와 나의 대담을 주선하려고 시도했으나 실패했습니다. 그가 응하지 않았기 때문입니다. 그는 평화운동과 관련된 인사는 그 누구도 만나지 않는다고 말했습니다. 그곳은 미국도 아니고 정치적 압력과 풍토가 전혀 다른 영국인데도 그런 태도를 보였습니다. 드디어 1969년 후반부터 그는 전쟁에 대하여 가볍게 비판적인 기사를 쓰기 시작했습니다. 그리고 북베트남을 방문한 그는 폭탄 대공세가 정말 엄청난 상처를 남겼다는 걸 발견했습니다. 하이퐁 시내를 걸어다니면서 건물이 마구 파괴되고 사람들이 크게 다친 것을 직접 보았겠지요. 그는 경악했을 겁니다. 그 순간부터 앤서니 루이스는 전쟁을 비판하는 기사를 쓰기 시작했습니다. 하지만 그가 반전 입장으로 돌아선 것은 미국 기업계가 반전 입장으로 돌아서고 1년 반이 지난 시점이라는 걸 기억하십시오.

또 밀라이 대학살[1968년 3월 미군이 비무장 상태의 베트남 민간인 504명을 무차별 학살한 사건]을 보십시오. 이 사건은 미국 내에서 큰 문제가 되었습니다. 그 시점이 언제였지요? 밀라이가 빅 이슈로 떠오른 것은 1969년 11월이었습니다. 학살이 벌어지고 1년 반이 지난 시점으로, 미국 재계가 반전으로 돌아선 지 1년 반이 지난 때입니다. 물론 밀라이는 사소한 사건입니다. 평화운동 입장에서는 사건이 일어나자마자 알아도 거론조차 하지 않을 사소한 사건이었던 것입니다. 또 이 사건이 벌어진 꽝응아이 주 퀘이커 교도들〔'미국 퀘이커 봉사 위원회'에서 일하는 미국인들)은 그걸 보고조차 하지 않았습니다. 왜냐하면 그런 일이 베트남 전역에서 다반사로 벌어지고 있었기 때문입니다.[79]

청중 1 《라이프*Life*》지는 밀라이를 유명한 사건으로 만들었는데요.[80]

---

79 밀라이 유형의 학살에 대해서는 다음 자료를 볼 것. Krista Maeots, "Vietnam has many My Lais-Canadian M.D.", *Ottawa Citizen*, January 12, 1970.

80 "미국 언론의 자기 검열로 인해 리든아우어는 미라이 학살의 진상을 1년 동안이나 폭로할 수가 없었다." Richard L. Strout, "Tragic human cost of war", *Chrisitian Science Monitor*, November 24, 1969.

― 그래요. 《라이프》가 그 사건을 크게 다루었지요. 하지만 그 시점을 주목하십시오. 사건이 발생한 지 1년 반이 지난 시점이었는데, 그건 미국 재계가 반전으로 돌아선 지 1년 반이 지난 시점과 일치합니다. 게다가 보도 내용도 왜곡되어 있습니다. 밀라이 사건은 미치광이 캘리 중위가 지휘한 역시 미쳐 있는 보병들이 우발적으로 저지른 사건처럼 보도되었습니다. 정말 소수의 미쳐 있는 병사들이 우연히 저지른 사건이었다면 얼마든지 통제가 가능했습니다. 하지만 그게 밀라이의 본질이 아닙니다. 밀라이는 각주^{脚註}에 지나지 않습니다. 휠러 왈라와라 불린 군사작전의 불유쾌한 각주 정도에 불과합니다. 이 작전은 대규모 학살 작전이었고 B-52 폭격기가 여러 마을을 무차별 폭격했습니다. 그 책임자는 캘리 중위가 아니라 워싱턴에 앉아서 공격 좌표를 결정한 사람입니다. B-52 폭격이 무엇인지 아십니까? 전부 다 쓸어버린다는 뜻입니다. 그런 폭격을 여러 마을에 무차별로 퍼부었던 것입니다. 이에 비하면 밀라이는 아무것도 아닙니다.

사실 밀라이를 조사한 피어스 커미션이라는 군사위원회가 있었습니다. 여기서 찾아낸 것 중 가장 극적인 것은 밀라이 같은 학살 사건이 베트남 전역에서 벌어졌다는 것입니다. 예를 들어 그들은 길가에서 약 4킬로미터 떨어진 미캐라는 마을에서도 학살 사건을 발견했습니다. 어디를 보든 유사한 학살 사건을 찾았습니다.[81] 이것은 무엇을 의미합니까, 어디를 봐도 밀라이와 같은 학살이 있다는 사실은? 엄청난 일이었지만 전혀 언론에 보도되지 않았습니다.

^{청중2} 선생님은 베트남에 시민군을 보냈다고 말씀하셨습니다. 그럼 지금도

시민군을 유지하고 있습니까?

— 아닙니다. 지금은 직업 군인들로만 구성되어 있습니다.

청중2 나는 그게 더 무서운 일이라고 보는데요.

— 그렇지요.

청중2 아이러니하게도 징병제가 없어지는 바람에…….

— 그건 아이러니가 아닙니다. 평화운동은 거기서 실수를 했습니다. 나는 반전운동에는 적극 참여했지만 징병제 철폐에는 반대했습니다. 평화운동이 징병제 철폐로 돌아서자 나는 거기서 빠졌습니다.

청중2 저도 그랬습니다.

— 말이 좋아 '지원군'이지 지원군이라는 건 없습니다. 지원군은 가난한 사람들로 구성된 용병 부대입니다. 해병대를 한번 보십시오. 빈민촌 출신의 검은 얼굴들밖에 없지 않습니까.

청중2 물론 장교는 백인이고요.

— 그렇습니다. 물론 장교는 백인이지요. 남아프리카와 똑같습니다. 거기도 장교는 백인이고 나미비아 같은 데서 잔학 행위를 저지르는 병사는 흑

인입니다.[82] 제국의 운영 방식은 늘 이랬습니다. 1970년대 들어 미군은 가난한 사람들로 구성된 전통적인 용병 부대가 되었는데, 그들은 이걸 '지원군'이라고 부릅니다. 권력을 가진 사람들은 잘 배우지요. 그들은 세련되고 잘 조직되어 있고 연속성이 있습니다. 그들은 베트남에서 실수했다는 것을 깨달았습니다. 그들은 같은 실수는 되풀이하고 싶지 않을 겁니다.

당시 《뉴욕타임스》를 반전 신문이라고 생각했던 것은, 우리의 기준이 너무 낮았기 때문이었습니다. 지금 같으면 그 정도의 '비판'은 오히려 전쟁을 지지하는 태도로 비칠 것입니다. 이것은 지난 20년 동안 일반 국민들의 정치의식이 크게 높아졌다는 반증이지요. 당신이 그 당시의 《뉴욕타임스》를 면밀히 살펴본다면 내 생각에 동의할 겁니다.

2

'점점 더 가난해지는 세계'를 말하다

※ 1989년 4월 15, 16일 매사추세츠 로우에서 진행된 공개 토론회 가운데 커피 간담회를 바탕으로 엮었다.

1 미국은 '봉쇄하기 위해' 먼저 공격한다

나는 공격적 행위를 하고 있다고 시인하는 국가를
단 한 번도 본 적이 없습니다. 늘 국가 방어를 하고 있다고 합니다.
심지어 '선제공격에 의한 방어'라는 말까지 있습니다.

냉전 기간 동안 소련을 '봉쇄한 것'

철준2 촘스키 박사님, 정치적 담론의 용어들도 따지고 보면 일반 국민들에게 프로파간다를 널리 퍼트리기 위한 도구인 것 같습니다. 어떻게 언어를 조작하여 우리가 이해할 수 없도록 막고 또 우리를 무력하게 만드는 것입니까?

— 우리가 사용하는 용어에는 이데올로기의 그늘이 짙게 드리워져 있습니다. 언제나 그렇습니다. 구체적으로 한 번 봅시다. 어떤 것이든 의미를 가진 용어는 언제나 사전적 의미와 이데올로기적 논쟁에 사용되는 의미, 이렇게 두 가지 의미를 모두 갖습니다. 물론 '그리고'나 '또는' 같은 건 빼고요. 그래서 '테러리즘'은 사전적 의미 말고도 내가 아닌 다른 사람들이나 하는 짓이라는 의미가 있습니다. '공산주의'는 '극좌파'를 의미합니다. 내가 볼 때 극우는 근본적으로 파시즘과 별반 다를 것이 없습니다. 요즘에는 '보수파'라는 말을 많이 쓰는데 이미 세상을 떠난 보수파가 오늘날의 보수를 본다면 무덤에서도 돌아누울 것입니다. 오늘날의 보수는 극단적인 국가주의자일 뿐 전통적 의미의 보수가 결코 아닙니다. '특수 이익'은 노동계, 여성계, 흑인, 가난한 사람, 노인, 젊은이 등을 가리키는 말로서 곧 일반 대중

을 지칭합니다. 특수 이익이라는 말로 지칭되지 않는 인구 부문이 하나 있는데 그건 기업계를 말합니다. 왜냐하면 기업은 보통 '국가적 이익'이기 때문입니다. 가령 '방어'라는 말을 한 번 봅시다. 나는 공격적 행위를 하고 있다고 시인하는 국가를 단 한 번도 본 적이 없습니다. 늘 국가 방어를 하고 있다고 합니다. 심지어 '선제 공격에 의한 방어'라는 말까지 있습니다.

미국 현대사의 중요 화두인 '봉쇄'를 살펴봅시다. '미국은 소련의 팽창주의를 억제하고 있다'고 하지요. 이런 논의의 틀을 받아들이지 않는다면 당신은 기존 담론의 일부가 되지 못합니다. 미국이 지난 반세기 동안 소련을 '봉쇄'해왔다는 것을 당연한 전제조건으로 받아들여야 합니다.

'봉쇄'의 수사학은 의문점이 한두 가지가 아닙니다. 일단 '봉쇄'의 수사학을 받아들이면 당신이 무슨 말을 하는지는 그리 중요하지 않습니다. 당신은 이미 모든 것을 포기한 겁니다. 왜냐하면 근본적인 문제는 그 수사학이 진실이냐 하는 것이기 때문입니다. 미국은 과연 소련을 '봉쇄'해온 것입니까? 얼핏 보기에 이런 질문은 좀 기이해 보일지도 모릅니다. 당신이 소련을 역사상 가장 나쁜 나라라고 생각할지도 모르니까요. 하지만 소련은 보수적인 국가입니다. 그들이 무슨 나쁜 짓을 했건, 그들의 영토 내에서 또는 그들의 국경 가까운 동유럽, 아프가니스탄 등에서 한 겁니다. 다른 지역에서는 그런 짓을 한 적이 없습니다. 그들은 미국처럼 전 세계 여러 지역에 군대가 주둔하고 있지 않습니다.' 그런데 미국이 그들을 '봉쇄'한다는 것은 무슨 뜻입니까?

우리는 지금까지 언론에 집중적으로 비난의 화살을 퍼부었는데, 그 방향을 학계 쪽으로 돌려보면 어떻겠습니까? 외교사는 커다란 학문 분야이고 커다란 상도 많고 일류 교수도 많은 분야입니다. 그러나 외교사 분야를 자세히 들여다보면 이 또한 지나치게 '봉쇄'의 틀 안에 갇혀 있습니다. 심지어 반정부적 태도를 가진 외교사 교수들도요. 그러니까 한 명도 빠짐없이 전부 다 '봉쇄'라는 전제조건을 받아들여야만 합니다. 그렇지 않으면 이 분야에서 출세할 기회는 없습니다. 그런데 봉쇄를 다룬 전문 서적의 각주에서는 때때로 무언가를 폭로하고 있습니다.

예를 들어 존 루이스 개디스의 《봉쇄 전략 *Strategies of Containment*》은 냉전을 다룬 주요 학술서의 하나입니다. 최고 외교 역사가의 최고의 학술 연구이므로 자세히 살펴볼 가치가 충분합니다. 개디스는 '봉쇄 전략'이라는 커다란 주제를 다루면서 용어에 대한 이야기로 시작합니다. '봉쇄'라는 용어가 여러 의문을 불러일으키고, 몇 가지 전제조건을 갖고 있으며, 사실적으로 정확한지 논의의 대상이 되어 있다고 말한 뒤, 그래도 그것을 논의의 틀로 받아들이는 것이 타당하다고 주장합니다. 왜 타당하냐면 소련에 대해 방어적 입장을 취할 때 미국 지도자들의 인식이 바로 그렇기 때문이란 겁니다. 그러니까 개디스의 결론은, 미국 지도자들이 그렇게 인식하고 또 외교사 학자들이 미국 역사를 연구하므로 그 틀을 유지하는 게 적절하다는 겁니다.[2]

그럼, 어떤 외교사 학자가 나치를 상대로 그런 입장을 취했다고 가정해봅시다. 어떤 사람이 독일 역사에 대해 쓰면서 이렇게 말했다고 해봅시다. '히틀러와 그의 보좌관들은 자신들의 입장이 방어적이라고 인식했다.' 그건 전적으로 옳습니다. 독일은 유대인의 '공격'을 받고 있었으니까요. 나치 문헌을 살펴보면, 그들은 현대 문명의 핵심을 좀먹는 이 바이러스, 이 세균 들로부터 그들 자신을 보호해야 했습니다. 게다가 그들은 체코, 폴란드

---

2 개디스의 '봉쇄' 개념은 다음을 참조할 것. John Lewis Gaddis, *Strategies of Containment: A Critical Appraisal of Postwar American National Security Policy*, Oxford University Press, 1982.

등 인근 유럽 국가들에 포위되어 '공격'당하고 있었습니다. 농담이 아니었습니다. 그들은 미국이 소련에게 한 것보다 훨씬 타당한 주장을 폈습니다. 그들은 포위되었고 '봉쇄'당하고 있었습니다. 게다가 독일은 제1차 세계대전 이후 조인된 베르사유 조약에 따라 말도 되지 않는 엄청난 부채를 떠안고 있었습니다. 그래서 누군가가 이렇게 주장하는 책을 썼다고 해봅시다. '나치 지도부는 자신들이 안팎의 공격에 대해 방어적 입장을 취하고 있다고 인식했다. 물론 이런 인식에는 의문이 들지만 우리는 그 인식에 입각하여 논의를 진행하겠다. 아우슈비츠 수용소를 건설한 것은 스스로를 방어하기 위한 것이었고, 체코를 침공한 것은 체코로부터 스스로를 보호하기 위한 것이었고, 폴란드를 침공한 것도 폴란드로부터 스스로를 수호하기 위한 것이었다.'

누군가가 이렇게 주장한다면 여러분은 웃음도 나오지 않을 겁니다. 하지만 미국의 '봉쇄'와 관련해서는 이것이 유일한 주장입니다. 그냥 받아들일 만한 주장인 게 아니라, 그 밖에 다른 주장은 받아들일 수 없는 것입니다.

이 문제를 더 깊이 파고들면 더욱 흥미로워집니다. 가령 개디스는 같은 책에서 이렇게 지적합니다. 물론 각주에서 지나치듯이 다룰 뿐 상세히 다루지는 않았지만 말입니다. 제2차 세계대전 이후 미국의 외교 기록을 살펴보면, 군비 증강, 데탕트로의 회귀, 기타 등등처럼 소련을 봉쇄하는 문제는 대체적으로 국내의 경제적 고려와 연관되어 있었다는 것입니다. 그 뒤로 개디스는 이 문제를 더 이상 다루지 않습니다.[3] 이게 도대체 무슨 소리입니까? 개디스는 무슨 뜻으로 이런 얘기를 했을까요? 바로 여기서 그는 진리의 영역으로 들어가기 시작했습니다. 이 문제의 진실은 비밀해제된 문서와 기타 증거로 밝혀졌는데, 그 요점은 이렇습니다. 군사비 지출은 미국 정부가 산업을 관리하는 하나의 방식이다. 다시 말해 기업의 경제 이익을 유지하는 방법이라는 겁니다. 비밀해제된 군사비 지출 문서들을 살펴보면 더 분명해집니다. 가령 NSC 68〔국가안전보장회의 비망록 68〕은 냉전 시대의 중요한 자료인데, 모두들 동의할 테지만 군사비 지출이 없으면 미국과 세계 둘 다 경제적 불황을 겪게 될 거라는 점을 분명히 밝히고 있습니다. 그래서 소련을 해체시키는 작업에 박차를 가하면서 미국의 국방비를 크게 증가시켜야 한다고 요구합니다.⁴

우리는 이러한 결정이 내려진 맥락을 잘 기억해야 합니다. 마셜 플랜이 실패한 직후, 전후 원조 프로그램이 실패한 직후에는 이것이 맞는 말이었습니다. 일본과 서유럽 경제를 재건하는 데 아직 구체적 성과가 나오지 않았습니다. 미국 기업들에게는 일본과 유럽 경제 재건이 필요했습니다. 미국 제조업체들은 이러한 수출 시장을 간절히 바라고 있었습니다. 사실 마셜 플랜이라는 것도 역사적으로 고상한 임무를 수행하기 위해 시작된 것이라기보다 미국 기업들의 수출 촉진책으로 도입된 측면이 더 큽니다. 하지만 그 플랜은 실패했습니다. 미국은 동맹국들을 공업 국가로 재건시키지도 못했고 수출 기반이 되는 시장을 조성하지도 못했습니다. 바로 그 시점에서 군사비 지출은 그 일을 해낼 수 있는 유일한 힘이었고 전시 호황 이후의 경제성장을 추진하고, 나아가 미국 경제가 불황으로 빠져들지 않게 하는 강력한 엔진이었습니다.⁵ 그리고 이것은 성공했습니다. 군사비 지출은 미국 경제에 커다란 자극이 되었고 일본 산업의 재건과 유럽 산업의 부흥을 이끌어냈습니다. 그리고 그것은 지금 이 순간까지도 산업 관리 방식이 되고 있습니다. 따라서 개디스는 지나치듯이 쓴 각주에서 사태의 핵심을 짚은 겁니다. 그는 군비 증강과 데탕트 등의 전후 미국 정책은 대체적으로 국내의 경제적 고려와 연관이 있다고 말한 다음 다른 얘기로 넘어갔습니다. 자, 그러면 다시 '봉쇄'로 화제를 돌려봅시다.

'봉쇄'에 대한 학자들의 연구를 자세히 살펴보면 더욱 흥미로운 풍경이 펼쳐집니다. 가령 개디스는 그의 다른 책에서 볼셰비키 혁명 직후 미국이 소련에 군사개입한 것 —미국이 무력으로 신생 볼셰비키 정부를 전복하려고 한 것 —을 방어적 조치 또는 봉쇄책이었다고 말합니다. 우리가 러시아 땅에 쳐들어갔는데도 말입니다. 지금 내가 우익 역사학자 얘기를 하고 있는 게 아닙니다. 개디스는 외교사 분야에서 태두로 손꼽히는 존경받는 진보 학자입니다. 그는 1918년 13개의 서방 국가들이 소련에 군사개입한 것이 '방어적' 행위였다고 말합니다. 왜 방어적이라고 하는 것일까요? 그의 말에도 일리는 있습니다. 볼셰비키가 기존의 서구 질서에 도전해왔고 서구 자본주의를 파괴하겠다고 주장했기 때문이라는 겁니다. 따라서 유일한 방어책은 러시아에 군대를 보내 볼셰비키를 물리치는 것이고 그래서 군사개입은 방어적 '침입'이고 그리하여 '방어'가 된다는 겁니다.[6]

이 당시의 역사를 좀 더 자세히 들여다보면 더욱 놀라운 사실을 알게 됩니다. 가령 볼셰비키 혁명 직후 미국 국무장관 로버트 랜싱은 윌슨 대통령에게 이렇게 경고했습니다. "볼셰비키는 모든 나라의 프롤레타리아, 문맹, 저능아에게 호소하고 있습니다. 그 수가 엄청나게 많기 때문에 정부를 접수하려 들지도 모릅니다." 볼셰비키가 다른 나라의 민중을 상대로 정부를 접수하라고 호소하고 있기 때문에, 또 민중은 '저능아'에다 '문맹' —이런 불쌍한 게으름뱅이들은 격리되는 게 자신들을 위해서도 좋다고 생각했습

---

6 1918년의 소련 침공을 방어라고 보는 개디스의 설명에 대해서는 다음을 참조할 것. John Lewis Gaddis, *The Long Peace: Inquiries into the History of the Cold War*, Oxford University Press, 1987.

니다 ―이기 때문에, 이것은 우리에 대한 공격이고 따라서 우리는 우리 스스로를 방어해야 한다는 것입니다.'

그래서 윌슨은 실제로 두 가지 확실한 방식으로 '우리 자신을 지키는' 일에 나섰습니다. 첫째는 러시아를 침공하여 그런 선전을 미연에 방지하는 것이고, 둘째는 미국 내에서 적색 공포Red Scare를 가동시키는 것이었습니다. 적색 공포〔'공산주의자들'을 탄압하고 제거하려고 1919년 미국 정부가 진행한 캠페인〕는 그들의 호소에 반응하는 국내 세력을 사전에 분쇄하려는 것이었지요. 이런 것들은 군사개입, '방어적' 개입의 연장선상에 있습니다.

이런 태도는 오늘날까지도 존속됩니다. 왜 우리가 니카라과의 산디니스타 정권을 제거해야 합니까? 그 속사정은 무엇일까요? 산디니스타 정권이 서반구를 정복하려는 공산 정권이기 때문이 아니라 그들이 시행하는 사회 프로그램이 성공하기 시작했고 그것이 라틴아메리카의 다른 국민들에게도 호소력을 가질까 봐 우려되어서입니다. 1980년 세계은행은 니카라과가 1977년의 경제 수준으로 돌아가는 데만 꼬박 10년이 걸릴 것이라고 내다보았습니다. 소모사 정권〔1979년 산디니스타 혁명에 의해 권좌에서 쫓겨난, 40년간의 족벌 독재 정권〕 말기에 엄청난 파괴가 자행되었던 까닭이지요. 그러나 산디니스타 정권 아래에서 니카라과는 착실히 경제 발전을 이루어갔습니다. 보건 계획과 후생 계획이 확립되어 일반 대중의 삶이 나아지기 시작했습니다.[8] 그런데 이것이 뉴욕과 워싱턴에 경계경보를 울렸고 미국은 그걸 중단시켜야겠다고 결정했습니다. 산디니스타 정권의 프로그램은 온두라스나 과테말라 등 못사는 나라의 '문맹과 저능아'인 사람들에게 호소하여 따라하고 싶다는 열망을 심어주었기 때문입니다. 그것은 미국의 정책 입안자들이 '도미노 이론' 또는 '좋은 사례의 위협'이라고 부르는 것이었습니다. 곧

니카라과에서는 미국이 지배하는 시스템이 붕괴하기 시작했습니다.'

오웰의 세계와 우리의 세계

이 모든 것은 공산주의를 '봉쇄해야' 한다는 수사학 속에 들어 있습니다. 그리고 한 가지 사항이 더 있습니다. 다른 어떤 정치적 담론의 용어를 찾아보아도 똑같은 것을 발견할 겁니다. 그건 뭐냐 하면 정치적 담론이란 생각을 막기 위해 디자인되었다는 겁니다. 그중 대표적인 것이 '방어'라는 개념입니다. 가령 나치 독일, 소련, 리비아 등 그 나라의 외교 기록을 한번 살펴보십시오. 그러면 그들이 한 모든 일이 '방어용'이었다는 것을 발견하게 될 겁니다. 칭기즈칸 때의 자료가 아직까지 남아 있는 것이 있다면 분명 그들의 침략을 '방어용'이라고 했을 겁니다. 그리고 여기 미국에서는 아무리 황당무계해도 방어 개념에 대해서는 누구도 도전하지 못합니다.

　이런 이유로 미국은 남베트남에서 '방어'를 한 것이었습니다. 지난 30년 동안 내가 면밀히 살펴본 언론 중에서 미국이 남베트남을 방어한 것이 아니라고 말한 언론은 단 하나도 없었습니다. 그러나 실제로 미국은 남베트남을 방어한 것이 아니라 공격한 것입니다. 역사상 다른 침략이 그러하듯이 미국은 남베트남을 공격한 겁니다. 별로 중요하지 않은 간행물 말고 제대로 된 미국 신문에서는 이 공격이라는 단어를 눈 씻고 봐도 찾을 수 없습니다. 그것이 보도 불가^{不可}인 까닭입니다.[10]

9　'좋은 사례의 위협'은 이 책 제2권 5장을 참조할 것.

보도 불가이기는 학계의 문헌도 마찬가지입니다. 개디스는 프랑스가 인 도차이나의 통제권을 지키기 위해 마지막으로 벌인 지엔비엔푸 전투 역시 방어용이라고 말했습니다.[11] 맥조지 번디는 군사 제도의 역사를 다룬 자신 의 책에서 미국이 1954년 지엔비엔푸 전투에서 프랑스를 돕기 위해 핵무 기를 사용하는 방안을 검토했다고 말했습니다. "우리는 인도차이나를 '방 어'하기 위해 프랑스를 돕는 차원에서 그것을 고려했다."[12] 그러나 인도차 이나를 누구로부터 방어한다는 것인지는 언급하지 않았습니다. 그런 말을 하는 것 자체가 어리석기 때문이지요. 인도차이나를 러시아나 다른 나라로 부터 방어하는 것이 아니라 인도차이나 사람들로부터 방어하려는 것이었 습니다.[13] 이처럼 황당무계한데도 미국 내에서 그 누구도 이의를 제기하지 않았습니다. 이것은 이념적 광신주의의 극단적 사례였습니다. 다른 나라 같으면 약간이라도 의문을 제기할 수 있었을 겁니다. 가령 당신이 기자인 데 미국이 남베트남을 '공격'했다고 말한다면, 당신의 상급자인 편집자는 당신에게 화성에서 온 사람이냐고 되물으며 역사상 그런 사건은 전혀 없었 다고 대꾸할 겁니다. 하지만 진짜 역사에서는 있었습니다.

자, 얘기를 약간 바꾸어서 미국이 세계 전역에서 '민주주의'를 지원한다 는 주장을 한번 살펴봅시다. 물론 이 주장은 일리가 있습니다. 하지만 그게 정확하게 무슨 뜻입니까? 우리가 '민주주의'를 지원한다고 할 때, 구체적으 로 무엇을 지원한다는 겁니까? 그러니까 여기서 '민주주의'라는 것은 민중 이 국가 운영에 참여하는 그런 제도를 말하는 겁니까? 분명 아닐 겁니다. 예를 들어 왜 엘살바도르와 과테말라는 '민주적'이고, 니카라과(산디니스타 정권 아래의 니카라과)는 '민주적'이 아닙니까? 앞의 두 나라는 선거를 치렀고 뒤의 나라는 선거를 안 치렀기 때문입니까? 사실 니카라과의 선거(1984년)

도 엘살바도르 못지않게 훌륭했습니다.[14]

그렇다면 니카라과에 대중의 정치 참여가 없기 때문에 그런 것입니까? 그건 아닙니다. 그럼 그곳에 야당이 없기 때문입니까? 아닙니다. 니카라과에서는 야당을 괴롭히는 일이 거의 없습니다. 반면에 엘살바도르와 과테말라에서는 야당 인사 암살이 밥 먹듯 벌어지고 있습니다.[15] 그럼 니카라과에 독립 언론이 없기 때문입니까? 아닙니다. 니카라과 언론은 미국의 언론 못지않게 자유롭습니다. 미국은 니카라과의 《라프렌사^{La Prensa}》[콘트라 전쟁 동안 미국의 지원을 받은 야당지] 비슷한 신문을 허용한 적이 단 한 번도 없었습니다. 미국 정부는 국가 위기라고 생각되면, 적대적인 외국 정부의 자금으로 설립되어 정부 전복을 주장하는 그런 대규모 신문은커녕, 소규모 반정부 신문도 마음대로 폐간해왔기 때문입니다.[16] 니카라과 같은 그런 언론 자유는 미국에서 생각조차 할 수 없습니다. 엘살바도르에도 한때 독립 언론이 있었습니다. 이것은 미국이 지원하는 보안군에 의해 파괴되었습니다. 한 신문의 편집자는 보안군의 손에 암살되었고, 다른 신문의 건물은 폭탄 세례를 맞았습니다.[17] 그렇게 해서 독립 언론은 완전히 날아가버렸습니다.

그렇다면 무슨 기준으로 엘살바도르와 과테말라는 '민주적'인데 니카라과는 아니라고 하는 것입니까? 물론 기준이 있습니다. 니카라과[산디니스타 정권]에서는 기업계가 국가 이상으로 영향력을 행사하는 법이 없기 때문에, '민주주의'가 아니라는 것입니다. 엘살바도르와 과테말라는 현지 과두들 —지주, 부유한 사업가, 신흥 전문직 인사—의 이익을 대변하는 군부가 정부를 운영하고, 그 과두들은 미국과 연계를 맺고 있기 때문에 '민주주의'

---

15 '니카라과에서는 야당을 괴롭히지 않은 사태'에 대해서는 다음 자료 참조. Americas Watch, *Human Rights in Nicaragua: 1986*, America Watch Committee, 1987.

누군가가 미국에 반대하면 그는 평화 과정을 반대하는 자가 됩니다.
일은 늘 이런 식으로 돌아갔어요.
아주 간편하지요, 결론을 내기도 좋고요.

라는 것입니다. 그들이 독립 언론을 파괴하고, 야당 인사를 암살하고, 자유 선거를 기피하는 것은 전혀 문제되지 않습니다. 아니 그런 것들은 전혀 상관없는 문제일 뿐입니다. 적당한 사람들이 정부를 운영하지 않으면, 그 나라는 '민주주의'가 아닌 겁니다.

이런 주장은 미국 언론 내에서 일사불란하게 통용되어왔습니다. 중앙아메리카에는 4개의 민주국가와 1개의 독재국가(선거를 치르지 않은 니카라과의 산디니스타 정권)가 있다는 주장에서 이탈하는 미국 기자를 단 한 명만이라도 찾아내보십시오. 아니 그 주장을 반박하는 신문 기사 단 한 줄이라도 찾아내보십시오. 엘살바도르나 과테말라의 암살 사건이 신문에 보도되는 경우 미국 기자들은 늘 그것을 '통제를 벗어난 암살단의 소행'이나 '통제를 벗어난 극단주의자들의 소행' 등으로 가볍게 치부해버립니다. 그런데 극단주의자들? 그런 자들은 실제로는 워싱턴에 앉아 있습니다. 그들은 엘살바도르와 과테말라의 군부를 사실상 통제합니다. 하지만 이런 사실은 전혀 미국 신문에 나오지 않는 것입니다.

우리가 늘 듣는 '평화 과정peace process'이란 말도 한번 생각해봅시다. 이 말의 사전적 의미는 '평화에 이르는 과정'이라는 뜻입니다. 하지만 언론에서는 이 용어를 그런 뜻으로 사용하지 않습니다. 그럼 어떤 뜻인가? 지금 현재, 미국 정부가 취한 모든 조치를 가리키는 말로 사용되고 있습니다. 예외가 없습니다. 따라서 의미상으로 미국 정부는 언제나 평화 과정만 지원하는 것으로 되어 있습니다. 미국 정부가 평화 과정에 반대한다고 주장하는 신문 기사를 한번 찾아보십시오. 그 어디에서도 찾지 못할 겁니다.

나는 몇 달 전 시애틀에서 연설하면서 이 얘기를 한 적이 있었습니다. 그런데 청중 가운데 한 사람이 한 주 전쯤 내게 편지를 보내왔습니다. 그는 평화 과정이라는 용어에 흥미를 느껴서 그에 대해 조사를 해보았답니다. 그는 1980년(데이터베이스가 사용된 시점)부터 현재까지 《뉴욕타임스》의 데이터베이스에서 '평화 과정'이라는 단어가 들어간 모든 기사를 뽑아냈다고 합니다. 약 900건의 기사를 찾았는데 그 가운데 미국 정부가 평화 과정에 반대한 경우가 있는지 살펴보았더니 단 한 건도 없더라는 겁니다. 역사상 그 어떤 거룩한 국가라도 평화 과정에 한두 차례쯤 반대한 적이 있었을 겁니다. 그런데 미국은 그런 경우가 단 한 번도 없었습니다. 이것은 아주 주목할 만한 사례입니다. 왜냐하면 1980년대에 미국은 국제 평화 과정을 두 번이나 봉쇄했기 때문입니다. 한 번은 중앙아메리카에서였고 다른 한 번은 서남아시아에서였습니다.[18] 하지만 주류 언론에서는 이 사실을 단 한 번도 언급하지 않았습니다. 언급할 수가 없었지요. 그건 하나의 논리적 모순이니까. 이 모순을 증명하겠다고 데이터나 문서를 가지고 힘들게 작업할 필요도 없습니다. 용어 자체의 의미로도 증명이 되니까요. 마치 기혼인 독신남을 찾는 것 같은 일입니다. 그런 남자가 없다는 걸 증명하려고 조사할 필요는 없으니까요. 의미상 평화 과정은 미국이 하는 일 전부를 가리키는 것이므로 미국은 평화 과정에 반대할 수가 없습니다. 그리고 누군가가 미국에 반대하면 그는 평화 과정을 반대하는 자가 됩니다. 일은 늘 이런 식으로 돌아갔어요. 아주 간편하지요. 결론을 내기도 좋고요.

청중1 또 다른 용어를 하나 들어볼까요? 헌법도 없고 의회도 없고 절대왕정 비슷하면서도 민주주의 국가라고 주장하는 나라를 가리키는 용어로 '온건한moderate'이라는 것이 있습니다.

— 그래요. '온건한'은 '미국의 명령을 잘 따르는'이라는 뜻이지요. '미국의 명령을 잘 따르지 않는' 경우는 '과격한radical'이라고 하고요. '과격한'은 좌파나 우파와는 아무 상관도 없습니다. 극우 인사도 미국의 명령을 잘 따르지 않으면 '과격한' 사람이 되는 겁니다.

청중1 나는 '절대왕정'의 사례로 모로코의 하산 왕을 지목하고 싶습니다. 고문拷問이 만연하는 등, 하산은 아랍 세계에서 가장 심각하게 인권을 침해한 왕입니다. 그는 서부 사하라를 침략했고, 국제사법재판소의 판결에 불복했으며, 이 세상에서 가장 지저분한 지도자 가운데 한 명으로 알려져 있습니다. 그런데도 미국 신문은 기사마다 그를 '온건한' 인사라고 묘사했습니다.[19]

— 맞아요. 그건 모로코에 미국 공군기지가 있기 때문이죠. 거기서 광물도 많이 수입해오는 걸로 알고 있습니다. 또 사우디아라비아도 이제 '온건한' 국가로 묘사되고 있습니다.[20] 심지어 이라크도 이제 '온건함 쪽으로 움직여간다'고 보도됩니다. 사실 이라크는 세계에서 가장 악질적인 테러 국가입니다.[21]

청중1 수하르토(인도네시아의 독재자)는 어떻습니까. 이 사람 역시 '온건한' 인사로 불리는데요.

— 그래요, 수하르토. 그 사람도 아주 극단적인 독재자지요. 지적해줘서 감사합니다. 이 나라는 아주 놀라운 경우이기도 합니다. 예를 들어 2년 전에 《크리스천사이언스모니터The Cthistian Science Monitor》에 인도네시아에서의 커다란

사업 기회에 대한 기사가 났는데 그 내용은 이렇습니다. '인도네시아 정부
가 1965년 공산당의 반란을 저지한 직후, 서방은 인도네시아의 '새로운 온
건한 지도자' 수하르토와 열렬히 사업을 해보고 싶어 한다.'[22] 그런데 인도
네시아의 새로운 온건한 지도자 수하르토란 어떤 사람입니까? 그는 1965
년 미국의 지지를 등에 업고 군사 쿠데타를 일으켜 정권을 잡은 지 넉 달 만
에 약 50만 명의 국민을 학살한 자입니다. 학살된 사람의 정확한 수치는 아
무도 모릅니다. 50만 명이라는 건 그들이 내놓은 숫자이고 그 이상일 가능
성이 많습니다. 학살된 사람들은 대부분 땅을 갖지 못한 농민들이었지요.[23]

그런데 이 사실이 서방에서는 크게 환영받았습니다. 아니 미국 언론은
그 뉴스를 사랑했습니다. 예를 들어 《뉴욕타임스》의 진보적 칼럼니스트인
제임스 레스턴은, '아시아에 한 줄기 빛'이라는 제목의 기사에서 그곳 사
정이 나아지고 있다고 썼습니다. 《유에스뉴스앤드월드리포트*U.S. News and World
Report*》는 '희망이 전혀 없던 곳에 희망이'라는 기사를 내보냈습니다.[24] 뭐 이
런 식의 헤드라인이 미국 전역의 언론을 뒤덮었습니다. 그 이유는 수하르
토가 당시 유일하게 민중의 지지를 받은 인도네시아의 정당인 공산당을 싹
쓸어냈기 때문입니다. 《뉴욕타임스》의 논조는 이랬습니다. "아주 잘된 일이
다. 하지만 미국은 너무 노골적으로 인도네시아에 개입하지 않는 게 좋겠
다. 50만 명을 학살한 것은 그리 좋은 일이라고 볼 수 없기 때문이다. 하지
만 그 나라는 이제 제대로 굴러가고 있다. 그들이 잘 굴러가도록 지원해야
한다." 인도네시아에서 학살이 진행되던 와중에 이런 논설이 나왔습니다.[25]
바로 이런 짓을 벌인 자를 '새로운 온건한 지도자'라고 추어올린 것입니다.
이것은 내가 본 것 중에서 가장 처참한 사건이었습니다. 이자는 아돌프 히
틀러 이래 최대의 살인마일 것입니다.

2

권력은 더 많은
'나쁜 친구들'을 만들어낸다

만약 미국 내에 위기 상황이 발생하면
이 거대한 인구 — 현재 성인 인구의 3분의 1 — 는
즉각 파시스트적 운동의 지지 기반이 될 수도 있습니다.
가령 미국이 깊은 경제적 수렁에 빠진다면 이들 탈정치화된 인구는
누군가 다른 사람의 잘못이라고 생각하도록 쉽게 조종당할 겁니다.
'왜 우리 생활이 붕괴하고 있는가?
우리가 잘못되도록 공작하는 나쁜 친구들이 있는 게 틀림없다.'

현대의 가난

청중 2 노엄, 여기서 얘기의 방향을 약간 바꾸어보고 싶습니다. 당신은 이미 1930년대 어린 시절에도 정치의식이 있었다고 말했습니다. 그때와 오늘날의 차이에 대해서 어떤 인상을 갖고 계시는지요? 특히 사람들의 일반적인 전망 및 태도와 관련해서 말입니다. 그 두 시대를 어떻게 비교하시는지요?

— 1930년대는 홍분이 가득한 시기였습니다. 경제공황기여서 모두들 직업을 잃었었지요. 하지만 그 시대의 기이한 점은 희망이 넘쳐흘렀다는 겁니다. 오늘날과는 매우 달랐습니다. 오늘날 빈민가를 방문해보면 그런 것이 없습니다. 황량하고 아무 희망도 없습니다. 내 나이이거나 나보다 더 나이든 분들은 그 당시에 희망이 있었다는 걸 기억할 겁니다. 물론 음식은 충분하지 못했지만 가능성이 있었고 뭔가 해낼 수 있다는 느낌이 있었습니다. 오늘날 이스트 할렘을 한번 걸어가보십시오. 1930년대 대공황에서 최고로 나쁜 시기에도 그런 절망감은 없었습니다. 할렘에는 사람들이 할 수 있는 게 아무것도 없습니다. 희망은 전혀 없고 할머니는 쥐들이 어린아이를 뜯어 먹지 못하게 밤새 지키고 있어야 합니다. 이런 비참한 일은 대공황에서 최고 나쁜 시기에도 없었습니다. 심지어 농촌 지대에도 이런 일이 있었다

고 생각하지 않습니다. 밥을 먹지 못하고 학교에 오는 아이도 없었습니다. 교사들은 학교 복도를 걸어갈 때 마약에 취한 학생들에게 살해되지 않을까 두려워할 필요도 없었습니다. 아무튼 당시는 지금처럼 열악하지는 않았습니다.

내 생각에 오늘날의 가난에는 질적으로 다른 무엇인가가 있는 것 같습니다. 여러분 중 일부는 아마도 내 경험을 이미 체험했을지도 모릅니다. 1930년대에 나는 어린아이였으므로 지금과는 관점이 달랐을지 모릅니다. 하지만 내 사촌네를 찾아간 일이 기억납니다. 부모님은 이혼하고, 직업이 없고, 스무 명의 가족이 비좁은 집에 함께 사는 그런 가정이었습니다. 그런 환경이었는데도 희망이 있었습니다. 지적으로 활기에 넘쳤고 흥분이 있었고, 아무튼 오늘날과는 아주 달랐습니다.

청중2 그게 그 당시의 정치의식이 오늘날보다 높았기 때문이라고 생각하십니까?

— 그럴 수도 있습니다. 당시에는 노동조합이 많이 조직되었고 투쟁이 아주 치열했습니다. 나는 그것을 잘 기억하고 있습니다. 아주 어릴 적 기억은 어머니와 함께 전차를 타고 가다가 여성 노동자들이 시위하는 장면을 본 것입니다. 그들은 필라델피아 직물공장 앞에서 시위를 했는데 경찰들이 달려들어 경찰봉으로 사정없이 그들을 두들겨 팼습니다. 정말 잊히지 않는 기억입니다. 그리고 가난은 극심했습니다. 넝마주이가 집집마다 돌아다니며 구걸하던 것도 기억납니다. 그런 일이 많았습니다. 아무튼 보기 좋은 광경은 아니었습니다. 하지만 영 희망이 없었던 것도 아니었습니다. 아무튼

지금과는 커다란 차이가 있었습니다. 오늘날의 빈민가에는 희망이 없습니다. 빈민가 사람들끼리 서로 뜯어 먹는 것 이외에는 할 일이 없습니다.

사실 오늘날의 생활은 상당 부분 희망이 없습니다. 중산층 아이라고 해도 마찬가지입니다. 중산층 아이들이 자신은 부모만큼 잘살지 못하리라고 생각하게 되었습니다. 이건 정말 새로운 일이고 전에는 없던 일입니다.[26] 예를 들어 내 아이들은 우리 세대처럼 살지 못하리라고 생각하고 있습니다. 한번 생각해보십시오. 역사상 없었던 일입니다. 어쩌면 아이들의 말이 맞을지 모릅니다. 우연히 일부는 잘살겠지만 평균적으로는 그렇게 잘살지 못할 것입니다.

청중1 미국 도시에서 무슨 일이 벌어졌는지 좀 설명해주시겠습니까?

— 솔직히 나는 그 전모를 알지 못합니다.[27] 1940년대 후반부터 시작된 것 같습니다. 예를 들어 뉴욕 시는 그 무렵부터 살벌한 도시로 변하기 시작했습니다. 어릴 때 뉴욕에 놀러 가면 밤에 나 혼자 센트럴파크나 강변을 끼고 리버사이드 드라이브를 걷는 것은 전혀 위험한 일이 아니었습니다. 오늘날에는 해병 1개 소대를 이끌고 가지 않고서는 생각도 못할 일입니다. 하지만 당시에는 그처럼 도시가 안전했습니다. 그런 만큼 안전 문제는 전혀 신경 쓰지 않았습니다. 할렘을 걸어서 통과하는 것도 아무렇지 않았습니다. 하지만 제2차 세계대전이 끝나면서 모든 것이 바뀌기 시작했습니다. 미국 전역에 변화가 찾아왔습니다. 도시는 살벌해졌습니다.

뉴욕은 원래 그 이전에도 살벌한 도시라는 평판이 있었습니다. 가령 어떤 사람이 거리에 쓰러져 있으면 누구나 그를 넘어 걸어간다는 농담까지 있었지요. 하지만 뉴욕의 밤거리는 목숨을 내놓고 걸어가야 하고 재수가 없으면 낯선 자의 칼에 맞아 죽을지도 모른다는 그런 느낌은 없었습니다. 하지만 오늘날 뉴욕 거리를 걷다 보면 그런 느낌을 받습니다. 과거에는 찢어지게 가난한 사람이 있고 바로 옆에 아주 부자인 사람이 있다는 느낌은 없었습니다. 하지만 오늘날 고급 레스토랑에 편안히 앉아 와인을 마시는 사람이 있는가 하면, 그 앞 도로에는 노숙자가 신문지를 이불 삼아 누워 있습니다. 아무튼 과거에는 이런 극심한 빈부 차이는 없었습니다.

청중2 그 변화는 경제가 국제화하고 미국의 초호화 부자들이 증가했기 때문입니까?

— 그럴 수도 있죠. 하지만 사실 나는 잘 모르겠고 이유에 대해 아는 척하고 싶지도 않습니다. 하지만 내 느낌으로 그건 경제학을 넘어선 문제인 것 같습니다. 당시의 부자들은 지금과는 아주 달랐던 것 같아요. 또 빈민가의 사람들이라고 해도 극도로 가난하지는 않았습니다. 그들은 결코 황량한 상태로 주저앉지는 않았습니다.

청중2 그 당시는 지금처럼 소비문화가 만연하지는 않았지요?

— 그렇습니다. 확실히 지금처럼 소비문화가 널리 퍼지지는 않았어요. 가령, 모든 사람이 텔레비전 수상기를 갖고 있지는 않아서 그들 눈앞에서 불가능한 생활이 펼쳐지는 것을 지켜볼 필요도 없었지요. 혹시 모를까 봐 하는 말인데, 그 당시에는 영화가 오늘날의 텔레비전이 하는 역할을 했습니

다. 10센트를 내고 영화관에 들어가서 환상의 세계로 빠져들었습니다. 영화는 상류층 사람들이 등장하는 화려한 가짜 쇼였지요. 하지만 당시의 영화는 지금의 텔레비전처럼 영향이 압도적이지는 않았습니다. 그 이유는 잘 모르겠지만. 오늘날의 생활에는 정말로 희망이 없는 것 같습니다.

청중1 핵폭탄이 상당히 관계가 있지 않을까요.

— 그럴지도 모르지요. 하지만 그게 빈민가에서 발생한 일을 정말로 설명해줄까요? 나는 빈민가를 많이 둘러보지는 못했습니다. 1960년대 후반에 나는 주로 백인들로 구성된 RESIST[전국 징병 반대 운동]와 함께 활동하면서 블랙팬서와 자주 접촉하게 되어 그들과 함께 여러 차례 할렘과 기타 빈민가를 둘러보았습니다. 1930년대에도 그처럼 황량한 지역이 있었나 자문해보았습니다만 그런 빈민 지역은 없었다고 생각합니다. 브라운스빌[브루클린의 저소득층 지역]에서 가장 못사는 지역에도 그 비슷한 지역은 없었습니다. 1920년대부터 뉴욕에서 교사 생활을 한, 나보다 나이 많은 내 친구들도 오늘날과 당시는 아주 다르다고 말했습니다. 물론 아이들은 1930년대에도 가난했지만 쥐에 물리는 일은 없었다는 겁니다.

청중2 내가 속한 공동체에서 정치적 활동을 많이 하는 과격파인 내가 볼 때에도 절망은 거의 믿어지지 않는 수준이에요. 사회의 사다리에서 맨 밑에 있는 사람들이 맞서 싸워야 할 대상은 너무나 엄청나요. 그러니 아예 포기해버리는 심정을 이해합니다. 우리가 어떻게 이 지경에까지 오게 되었는지 좀 설명해주시겠어요?

— 미국 역사를 살펴보면 그 뒤에 어른거리는 몇 가지 요소를 발견할 수 있습니다. 미국은 이민자 사회입니다. 대공황 이전만 해도 이곳에 정착한 이민자들은 대부분 사회 속으로 흡수되었습니다. 적어도 여기 계속 머물고자 하는 사람들은 받아주었습니다. 하지만 상당수의 이민자들이 자기 나라로 되돌아갔습니다. 이민의 전성시대에도 복귀율이 굉장히 높았습니다.[28] 하지만 남기로 결정한 이민자들에게 미국은 기회의 땅이었습니다. 우리 아버지도 러시아에서 이민 와서 막노동 공장에서 일했지만 마침내 대학 교수가 되었고 아들도 교수가 되도록 돌보아주었습니다. 이런 상황은 보편적이었습니다. 이민자들을 많이 받아들이는 바람에 육체노동자가 많아졌습니다. 그래서 사람들은 하루 열여섯 시간씩 노동력을 착취당했고, 먹고살기 충분할 만큼 벌고, 또 약간의 저축도 하여 생활 형편이 조금씩 나아졌습니다. 하지만 1930년대에 들어오면서 이런 시스템에 큰 균열이 생겼습니다. 대공황이 그런 기회들을 끝장내버린 겁니다. 미국은 그때 이래 진정으로 대공황에서 벗어나지 못했습니다.

제2차 세계대전 후의 경제 호황은 그 전에 있었던 어떤 것들과도 다른 경제적 성장이었습니다. 우선 기본적으로 정부가 지원했고 첨단 기술을 기반으로 한 산업에 집중되었으며 그 산업은 다시 군사 시스템과 연계되었습니다. 그런 경제성장은 새로운 이민자들의 물결을 흡수할 수 없었습니다. 노동력이 부족하던 제2차 세계대전 동안에는 이민자들의 물결을 잠시 흡수했고, 또 미국 남부 농업 지역에서 노동력이 대거 이탈하여 전쟁 산업에 참

---

28 "1870년부터 1900년 사이 이민자의 25퍼센트 이상이 자기 나라로 되돌아갔다. 이 비율은 1890년대에 들어서 근 40퍼센트까지 상승했고 1921~1924년 법률적으로 제한되기 전까지 계속 그 수준에 머물렀다." Richard B. Duboff, *Accumulation of Power: An Economic History of the United States*, M. E. Shape, 1989.

여했을 때도 그랬습니다. 그러나 제2차 세계대전 이후 사정이 달라졌습니다. 일자리는 첨단 기술 분야와 서비스 부문에만 집중되었습니다. 이러다 보니 노동력은 갈 데가 없어졌습니다. 계층 또는 신분 상승을 이룰 가능성이 없어졌습니다. 첨단 기술 산업에 진출할 수 있는 사람들은 이미 그 안에 있고, 길거리 청소 같은 일을 하는 사람들은 영원히 그 일을 해야만 할 판입니다.

그렇지만 새로운 이민자들의 물결이 없었더라면 그런 상황이 그런대로 견딜 만했을 겁니다. 엄청난 이민자가 몰려왔습니다. 이번에는 내부적 이주의 물결이었지만 사회 전체 관점에서 보자면 해외 이민자 물결을 연상시켰습니다. 미국 남부 농업 지대가 급속히 기계화되면서 노예였던 흑인 인구는 그 땅에서 밀려나게 되었습니다. 게다가 히스패닉 이민자들이 대거 몰려왔습니다.

이런 두 개의 커다란 이민자 물결이 북부 도시들로 몰렸지만, 그들이 할 일은 별로 없었습니다. 그들은 우리 아버지가 하던 일을 할 수가 없었습니다. 수백만 명의 노동자를 고용할 만큼의 노동집약적인 산업이 없었기 때문입니다. 그래서 이 두 줄기 이민자 물결은 강제수용소에 갇히는 꼴이 되어 버렸는데 그 수용소의 이름을 좀 부드럽게 표현하면 '도시'입니다. 그들 중 상당수는 그 수용소 밖으로 나오지 못합니다. 할 일이 없기 때문입니다. 경제는 좀처럼 성장하지 않았습니다. 물론 국민총생산이 올라가기는 했지만 그것은 가난한 도시 인구에게 도움이 되는 방식은 아니었습니다.

근년 들어 전통적인 제조업이 쇠퇴하면서, 사정은 더 나빠졌습니다. 자본 흐름이 좀 더 유동적이 되었고 기업의 생산 기지를 제3세계로 옮기기가 더 용이해지면서 노동자는 더 불리해졌습니다. 멕시코 북부나 필리핀에서

이민자 물결은 강제수용소에 갇히는 꼴이 되어버렸는데
그 수용소의 이름을 좀 부드럽게 표현하면 '도시'입니다.
그들 중 상당수는 그 수용소 밖으로 나오지 못합니다.
할 일이 없기 때문입니다.

는 더 낮은 임금을 주어도 되는데 무엇 때문에 디트로이트를 고집하면서 높은 임금을 주겠습니까? 그 결과 미국의 가난한 인구에게 압력이 더욱 가중되었습니다. 그리하여 그들은 도시 한복판의 빈민가로 강제 축출당한 꼴이 되었습니다. 이곳에 들어가면 마약, 주택 보수, 경찰 탄압, 사회복지 삭감 등 온갖 압력에 내몰립니다. 이 모든 것들이 그들을 절망 상태로 몰아넣고 반사회적 행동인 범죄로 나아가게 합니다. 이 범죄라는 것은 가난한 사람들끼리 피해를 주고받는 형태를 띱니다. 통계 수치가 이를 분명하게 보여줍니다. 부자들은 자신들의 높은 담장 뒤에서 안전하게 지내고 있으니까요.[29]

오늘날 차를 몰고 뉴욕 시내를 지나보면 이런 현실을 똑똑히 볼 수 있습니다. 뉴욕의 빈부 격차는 산살바도르와 별로 다르지 않습니다. 얼마 전에 그곳에서 연설했는데 걸으면서 한번 시내를 살펴보니 그 격차가 정말 확연하더군요. 도시 내에 성 같은 거대한 집들이 버티고 있는데 정문 앞에 보초가 서 있고 사람들은 리무진을 타고 출입하더군요. 그 성 안은 아마 우아하고 아름답겠지요. 중세 봉건제도 같았어요. 성 밖에 야만인들이 우글거리는 그런 중세. 하지만 여러분이 부자라면 그런 야만인들을 보지 못하겠지요. 리무진을 타고서 성에서 성으로 건너갈 테니까요. 그러나 여러분이 가난하다면 여러분을 보호해줄 성이 없는 겁니다.

청중1 선생님은 마약이 가난이라는 문제에 영향을 준다고 말했습니다. 그들의 사기를 꺾어놓고 그들이 단결하여 사회 변화를 요구하지 못하도록, 일부러 마약을 빈민가에 살포한다는 이론에 동의하십니까?

— 좋은 질문입니다. 게토나 빈민가에서 일하는 운동가들은 벌써 몇 년 동안 그런 주장을 해왔습니다. 1960년대에 도시 빈민촌에서 심각한 사회 저항운동이 벌어지려고 하자, 엄청난 마약이 빈민촌으로 흘러들어와 그 사회를 황폐화시켰습니다. 공동체들은 마약의 유입에 맞서서 자기 자신을 방어할 수 없었습니다. 부모도 교회도 할 수 없었습니다. 수상한 사람들이 거리에 들어와 열 살짜리 아이에게 공짜로 마약을 나누어주면 두 달도 안 되어 온 동네가 마약에 빠졌습니다. 마약 살포 시기는 진지한 정치적 저항운동이 결성되던 시기와 일치합니다. 그 이상은 나도 알지 못합니다. 계획적이었을 수도 있고 아니면 우발적이었을 수도 있습니다.[30] 하지만 사법 제도의 방식이 사회통제와 상당히 관련돼 있다는 주장은 할 수 있습니다.

가령 빈민가의 크랙과 교외 지역의 코카인에 대한 기소율과 선고宣告 규율에서 차이가 납니다. 또 음주 운전과 마약 사용자, 흑인과 백인 등도 처벌 기준이 다릅니다. 통계 수치가 확실합니다. 이것은 가난한 사람과 소수 인종에 대한 전쟁입니다.[31] 여러분 자신을 향해 이런 질문을 한번 던져보십시오. '왜 마리화나는 불법인데 담배는 합법이지?' 건강상의 이유 때문에 그렇다는 얘기는 말이 되지 않습니다. 사정이 전혀 반대이기 때문입니다. 미국 내에서 마리화나를 피웠다는 6천만 명 가운데 사망자는 단 한명도 없습니다. 반면에 담배는 매년 수십만 명을 죽게 합니다.[32] 증명할 길은 없지만 나는 이런 의심을 해봅니다. 마리화나는 잡초라서 누구나 자기 집 마당에서 키울 수 있습니다. 그래서 이걸 합법화하면 그 누구도 마리화나로는 돈을 벌지 못할 겁니다. 반면에 담배는 재배하는 데 상당한 투자와 기술이 필요합니다. 게다가 전매도 가능합니다. 따라서 담배로 돈을 엄청나게 벌어들이는 사람들이 있는 겁니다. 나는 솔직히 말해서 마리화나와 담배의 차이점을 모르겠습니다. 담배가 더 독성이 강하고 중독성이 심하다는 것 외에는 말입니다.

아무튼 도심 빈민촌들이 마약 때문에 황폐해졌다는 것은 사실입니다. 빈민들이 왜 그걸 원하는지 그 이유는 알 수 있습니다. 잠시 고통스러운 생활을 모면할 수 있기 때문이지요. 그리고 마약이 많이 나도는 이유는 그것으로 돈을 벌 수 있기 때문입니다. 따라서 인센티브를 없애서 비범죄화하지 않고서는 해결할 방법이 없다고 봅니다. 물론 이것이 산뜻한 해결안은 아니더라도 해결안의 일부분은 될 수 있다고 봅니다. 또 비범죄화가 모든 규제의 철폐를 의미하는 건 아닙니다. 가령 영국에서는 지난 수년 동안 세금으로 알코올 소비를 규제하려고 애써왔습니다. 독한 술에 세금을 많이 붙여서 맥주 따위를 즐겨 마시게 하려던 거지요. 이런 조치를 마리화나 문제에도 적용해볼 수 있다고 생각합니다. 아무튼 뭔가 조치를 취해야 할 시점에 와 있습니다.

종교적 광신주의

청중2 지난 10년 동안 근본주의 종교가 크게 늘어났습니다. 아마도 이런 절망으로부터 탈출구 노릇을 한 것 같습니다. 미국에서 이것의 성장에는 어떤 의미가 있다고 생각하십니까?

---

32 담배와 마리화나가 건강에 미친 영향을 다룬 책으로는 다음 자료 참조. Ethan A. Nadelmann, "Drug Prohibition in the United States: Costs, Consequences, and Alternatives", *Science*, September 1, 1989.

— 그런 일이 있다니 놀라울 뿐입니다. 사회과학자들이 '종교적 광신주의'라고 부르는 현상에 대하여 비교문화적인 연구가 있어왔습니다. 신을 믿고 교회에 다니는 사람들만이 대상은 아닙니다. 광신적인 종교 활동으로 이웃 사람들의 생활에까지 영향을 미치는 그런 광신적인 사람들도 연구 대상으로 삼았습니다. 이 연구들이 밝혀낸 바는 이렇습니다. '그것은 산업사회 이전의 전형적인 특징이고, 산업화와 긴밀한 관계가 있다.' 그러니까 산업화 수준이 높아질수록 종교적 광신주의는 없어진다는 겁니다. 하지만 여기에 예외가 되는 두 나라가 있습니다. 하나는 캐나다인데, 산업화 수준을 놓고 볼 때 지나치게 근본주의적인 신앙을 갖고 있습니다. 나머지 하나는 미국인데 일탈의 정도가 아주 심각합니다. 미국 사회는 동요하는 농촌 사회와 비슷합니다. 내가 참고한 최근의 연구 자료는 1980년의 것인데, 이 자료에 따르면 미국은 방글라데시와 같은 수준이고 이란과 아주 비슷하다고 합니다.[33] 미국 국민의 80퍼센트가 글자 그대로 종교적 기적을 믿고 있습니다. 미국 국민의 절반 정도가 이 세상은 2,000년 전에 창조되었고 화석은 사람들을 오도하기 위한 술수라고 믿고 있습니다. 인구의 절반이 말입니다. 다른 산업사회에서는 이런 수치를 발견하지 못합니다.[34]

많은 정치학자와 사회학자 들은 왜 이런 일탈이 발생했는지 알아내려 했습니다. 이것은 미국의 아주 기이한 측면 중 하나여서 다른 기이한 측면들과 연계되어 있는 것이 아닌가 하는 생각도 했습니다. 가령 미국은 노동운동이 아주 허약하고, 정치제도도 아주 빈약합니다. 생각해보십시오. 서구 선진 국가 중에 노동자를 기반으로 하는 정당이 없는 나라는 미국뿐입니다. 1890년대의 민중당 이후에 미국에는 노동자를 기반으로 하는 정당이 없습니다. 이처럼 국민이 정치 참여도가 낮아서 종교적 광신주의가 그 틈새를 비집고 들어오는 게 아닌가 하는 해석도 있습니다. 사회생활이나 정치 생활에서 공동체를 결성하고 의미 있는 사업에 참가하는 것을 막아버리면 사람들은 다른 분야로 눈을 돌리게 됩니다. 그리하여 종교가 그 대안으로 떠오릅니다. 이런 현상은 흑인 공동체에서 두드러집니다. 흑인 교회는 사람들의 생활을 서로 엮어주는 진정한 조직의 중심으로 기능하고 있습니다. 물론 그 사회는 압박이 심하고 많은 가정이 붕괴하고 있지만, 교회가 사람들을 서로 결속시켜주고 또 힘든 일을 함께해 나가도록 격려합니다. 백인 공동체도 별반 다르지 않습니다.

하지만 종교 생활로부터 매우 많은 포괄적인 결론을 이끌어낼 수 있다고는 생각지 않습니다. 일종의 테크놀로지로서, 그걸 어디에 사용하느냐가 중요한 겁니다. 근본주의자들 중에서도 소저너[정치적으로 진보적인 종교 단체]가 있고, 또 제리 폴웰[우익 텔레비전 복음 전도사]이 있는 겁니다. 하지만 다른 형태의 광신주의와 연합할 가능성은 언제든지 있지요. 미국에서는 커다란 운동이기 때문에 늘 큰 위험이 도사리고 있습니다. 그래서 미국의 주요 정치가들은 어떤 방식으로든 그것과 연계를 맺으려 해요. 가령 1980년 대통령 선거에서 세 후보[카터, 레이건, 무소속 존 앤더슨]는 모두 자기 자신을 다시 태어난 크리스천이라고 선전했습니다. 1984년 선거에서 한 후보는 자기 자신을 다시 태어난 크리스천이라 했고, 다른 후보는 감리교 목사인가 뭔가라고 했습니다.[35] 1988년 선거에서 듀카키스는 이례적이게도 종교를 믿지 않았고, 부시는 종교를 믿었습니다.

사실 부시는 엄밀히 보자면 대통령이 아닙니다. 왜냐하면 그가 취임 선서를 거부했기 때문입니다. 여러분 중 얼마나 많은 분이 눈치챘는지 모르지만, 취임 선서의 문장은 헌법에 명시되어 있어서 마음대로 못 건드립니다. 그러나 부시는 그대로 읽지 않았습니다. "나는 이런 것, 저런 것을 하겠다고 약속합니다"라고 되어 있는 것에다 부시는 "그러니 신이여 나를 도우소서"라고 추가했습니다. 이건 불법입니다. 그러니 그는 대통령이 아닙니다. 아주 전문적으로 보자면.[36]

일동 맞습니다! 맞습니다!

— 마음이 흡족하십니까? 좋아요. 그를 탄핵하도록 합시다.

하지만 부시가 독실해서 그 말을 추가한 것이 아닙니다. 아무튼 부시는 집 근처의 교회에 가끔 나타나 자신이 종교에도 신경 쓴다는 성의 표시를 했을 뿐입니다. 레이건을 한번 봅시다. 그가 자신을 가리켜 "다시 태어난 크리스천 a Born-Again Christian"이라고 말한 것은 도대체 무슨 의미일까요? 아무 의미도 없습니다. 부시의 경우, 내가 보기에 그는 내심 종교를 믿지 않았지만 단지 정치적으로 필요해서 이 거대한 근본주의자들의 선거구에 성의 표시를 해야 한다는 걸 알았을 뿐입니다. 하지만 그들(종교계)이 실제로 원하는 것을 줄 생각이 없었기 때문에 상징적인 것만 주었습니다. 그래서 "그러니 신이여 나를 도우소서"라는 해프닝이 벌어진 겁니다.

요점은 이런 겁니다. 만약 미국 내에 위기 상황이 발생하면 이 거대한 인구 — 현재 성인 인구의 3분의 1 — 는 즉각 파시스트적 운동의 지지 기반이 될 수도 있습니다. 가령 미국이 깊은 경제적 수렁에 빠진다면 이들 탈정치화된 인구는 누군가 다른 사람의 잘못이라고 생각하도록 쉽게 조종당할 겁니다. '왜 우리 생활이 붕괴하고 있는가? 우리가 잘못되도록 공작하는 나쁜 친구들이 있는 게 틀림없다.' 그 나쁜 친구는 그때그때 사정에 따라 유대인, 동성애자, 흑인, 공산주의자 등이 될 수 있는 것입니다. 사람들을 이런 비이성적인 광란 상태로 몰아넣는 것은 엄청나게 위험할 수 있습니다. 1930년대에 파시즘이 나온 배경도 바로 이건데 그와 비슷한 일이 여기 미국에서도 얼마든지 벌어질 수 있는 겁니다.

"'진짜' 반反유대주의"

^{청중1} 몇 달 전에 정체가 드러난 '신나치^{neo-Nazis}'와 미국 공화당 사이의 관계를 알고 계십니까? 그렇다면 조금 전 말씀하신 파시즘이라는 맥락에서는 어떤 의미가 있는 것인지요?

— 그건 좀 흥미로운 현상이었지요. 얼마큼 진지하게 받아들여야 할지 현재로서는 정확히 알기 어렵지만 아무튼 실제로 있는 일인 것은 틀림없어요. 지난 8월 부시 선거 캠페인 때 신나치들에게 무슨 일이 있었는지 여러분은 알고 계십니까?

부시 선거본부에는 '민족지원위원회^{Ethnic Outreach Committee}'라는 것이 있었는데 소수민족 집단을 조직하려는 부서였습니다. 흑인이나 히스패닉은 상대하지 않고, 우크라이나와 폴란드 그리고 기타 인근 지역에서 온 소수민족을 대상으로 삼았습니다. 그런데 이 위원회가 동유럽 출신의 나치, 우크라이나인 나치, 신경질적인 반유대주의자, 아이언 가드^{Iron Guard}(루마니아의 나치당-옮긴이)를 그만둔 루마니아인 등을 통해 운영되고 있다는 게 폭로되었습니다. 그래서 조직의 몇몇 인사는 해임되고 일부는 공화당의 다른 보직으로 옮겨갔습니다. 모든 일이 아주 조용하게 지나갔지요. 민주당은 선거전 동안에 이 문제를 거론조차 하지 않았습니다.[37]

여러분은 왜 그랬을까 하고 질문하고 싶을 겁니다. 왜 민주당이 그걸 거론조차 하지 않았을까요? 나는 거기에는 아주 훌륭한 이유가 있다고 생각합니다. 반反중상모략연맹(이하 ADL) 같은 유대인 조직은 기본적으로 그것을 문제 삼지 않았습니다. 요점은, 이런 조직들이 궁극적으로 반유대주의에 대해서는 신경 쓰지 않고, 이스라엘의 정책, 보다 구체적으로 매파 이스라엘 정책에 반대하는가 하지 않는가 그것만 신경 쓴다는 것입니다. 그들은 본질적으로 이스라엘 정부의 로비 조직이고 부시 선거 본부의 나치들이 친이스라엘 세력입니다. 그러니 무얼 신경 쓰겠습니까? 이들의 기관지라고 할 수 있는 《뉴리퍼블릭*The New Republic*》에서 이에 대해 아주 흥미로운 논설을 실었습니다. 이 위원회가 반유대주의자, 인종학살을 인정하지 않는 사람, 나치 등에 의해 운영되고 있다는 사실을 지적한 후 이렇게 말했습니다. "모두 사실이기는 하나 그건 단지 '한물간 병약한' 반유대주의에 지나지 않는다." 이걸 풀이해보면, 나치주의는 단지 '한물간 병약한' 반유대주의에 지나지 않으니 너무 놀랄 필요 없다, 뭐 이런 뜻입니다.

이어 논설은 이렇게 말했습니다. "우리가 진정으로 우려해야 할 진짜 반유대주의자는 '유대인 증오자'로 가득한 민주당 안에 있다." 바로 이렇게 말했습니다. 그 증거로 민주당이 전당대회에서 팔레스타인의 자치를 요청하는 결의안을 논의하려 한다는 사실을 들었습니다. 따라서 그들은 진짜 '유대인 증오자'이고 '진짜' 반유대주의자라는 겁니다(ADL의 위원장인 '네이던 펄머터는 실제로 자기 책에 '진짜 반유대주의자'라는 제목을 붙였습니다).[38] 한편 민주당은 이 문제로 논쟁해봐야 이로울 것이 없다고 판단하여 입도 벙긋하지 않았던 겁니다.

사실 이것은 그 당시 벌어진 여러 사건 중 하나일 뿐입니다. 비록 여론을 이끌어내지는 못했지만 훨씬 폭로성이 강한 또 다른 사건이 있었습니다. 미국 교육부는 지역 교육청이 주도하는 프로젝트에 자금을 지원해주는 프로그램을 운영하고 있습니다. 그런데 지난 4, 5년 동안 매사추세츠 주 브루클라인의 교육청은 홀로코스트(제2차 세계대전 가운데 일어난 유대인 학살)를 널리 가르치는 프로젝트를 추진하기 위해 신청을 했습니다. 그런데 매번 호의적으로 검토하고 있다는 말만 들었을 뿐 막상 자금은 지원받지 못했습니다. 다시 1988년, 그러니까 선거 직전에 연방 검토위원회는 브루클라인 교육청의 제안서를 검토하게 되었습니다. 전과 마찬가지로 호의적이긴 했는데 이번에는 기금 수여가 거부된 것이 아니라, 한 걸음 더 나아가 정부는 신청 창구인 프로그램 전체를 아예 없애버렸습니다. 그 무렵 왜 그 프로젝트가 거부당했는지 자세한 정보가 흘러나오기 시작했습니다. 필리스 슐래플리(우익 사회운동가)가 교육부에 진정서를 넣어서 그 기금 수여가 부당하다고 이의를 제기했기 때문에 해마다 거절당한 것이었습니다. 나치나 쿠클럭스클랜 회원에게는 아무런 혜택도 주지 않으면서 친이스라엘 단체만 지원하는 것은 안 된다는 것이 이유였지요. 게다가 그런 프로젝트는 어린아이들을 세뇌시켜 홀로코스트 같은 것에 반대하게 함으로써, 사람들의 생각을 더욱 진보 쪽으로 돌려놓는 수작에 다름없다고 맹비난을 퍼부었답니다. 이 진정서의 일부분이 《워싱턴포스트》와 《보스턴글로브》에 실리기도 했습니다.[39]

여러분은 상황이 이렇게 돌아가자 엄청난 소동이 벌어졌으리라 생각하실 겁니다. 홀로코스트를 다룬 프로그램이 정부, 그것도 레이건 정부에게 거부당해? 그것도 나치나 클랜 회원들에게 충분한 여지를 주지 않는다는 이유로? 하지만 아무런 소동도 없었습니다. 왜 그랬을까요? 요점은 슐래플리나 그 동료들이 모두 친이스라엘 인사였기 때문입니다. 따라서 그들이 무슨 생각을 하든 상관없었던 겁니다. 그들이 클랜을 지지해도 좋고, 나치를 지지해도 좋고, 홀로코스트를 가르치는 교육 프로그램을 반대해도 좋습니다. 그건 문제가 되지 않습니다. 다만 매파적인(호전적인) 이스라엘 정책을 지지하기만 한다면. 이 자격 요건만 충족하면 하고 싶은 말을 마음껏 해도 아무 문제가 없었습니다.

로널드 레이건과 민주주의의 미래

청중2 선생님은 레이건에 대해 말씀하셨습니다. 레이건 행정부 때 미국 역사상 처음으로 실제적인 대통령이 없었다고 전에 말씀하신 것을 들었습니다. 좀 더 상세히 설명해주시겠습니까? 그리고 그런 정부의 미래에 대해서는 어떻게 생각하시는지도 말씀해주십시오.

ㅡ 나는 정부는 커다란 미래를 갖고 있다고 생각합니다. 사실 레이건 행정부는 미래를 내다보는 창문 같은 것이었습니다. 그건 아주 자연스러운 움직임이었습니다. 가령 당신이 공보청에서 일하는데, 당신의 임무가 일반 대중이 정책 입안에 간섭하지 못하도록 하여 기업을 돕는 것이라고 해봅시다. 내가 볼 때, 전에 그 누구도 생각해내지 못한 아주 멋진 생각을 품을 수 있습니다. 뭐냐 하면 선거를 완전히 상징적인 행위로 만들어버리는 겁니

다. 일반 대중은 계속 투표를 할 수 있고 관련 활동도 할 수 있습니다. 선거운동도 하고, 유세도 하고, 두 명이 되었든 여덟 명이 되었든 후보도 낼 수 있습니다. 하지만 대중이 뽑는 사람은 텔레프롬프터^{teleprompter}(출연자에게 대본을 확대해서 보여주는 장치-옮긴이)를 그대로 읽기만 하고, 남이 얘기해주기 전에는 아는 것이 거의 없고, 얘기해줘도 잘 모르는 그런 사람이어야 합니다.

텔레프롬프터를 읽는다는 것은 — 나는 그것을 실제로 읽은 경험이 있습니다 — 아주 기이한 경험입니다. 단어가 눈으로 들어와서 입으로 빠져나갈 뿐, 머릿속에 머물지 않습니다. 레이건이 연설할 때는 텔레프롬프터를 두세 군데에다 설치했습니다. 그래서 그는 고개를 자연스럽게 돌리면서 청중을 둘러보는 듯한 시늉을 했습니다. 하지만 실제로는 한 텔레프롬프터에서 다른 텔레프롬프터로 시선을 옮긴 것에 지나지 않았습니다. 만약 이런 후보에게 투표한다면 — 그들은 실제로 그렇게 했습니다 — 국민들은 아예 정책 결정에서 배제되겠지요. 이 후보에게 깜빡 넘어갈 언론이 없고서는 되지 않는 일입니다. 아주 멋지고 카리스마 넘치는 인물이라고 계속 그를 치켜세워야 하는 겁니다. 그래서 여러분도 알다시피, "역사상 가장 인기 있는 대통령, 그는 혁명을 창조하고 있다. 아이스크림 발명 이래 가장 놀라운 존재, 누구나 다 그를 사랑하는데 그를 어찌 비판하리오?" 따위의 카피가 돌아다니는 것입니다. 하지만 정말로 이렇게 할 수 있다면 대중을 주변화하는 데 크게 성공했다고 해야 할 것입니다.

레이건 행정부에 몸담았던 사람들이 내놓은 책들을 면밀히 살펴보면, 레이건이 국내외에서 벌어진 사건들에 대하여 조금도 알지 못했다는 사실을 금방 알 수 있습니다.[40] 미리 입력되어 있지 않을 때 그의 입에서 나온 얘기들은 거짓말이라고 할 수는 없지만 어린아이의 지저귐에 지나지 않았습니다. 거짓말은 아니지만 차원이 다른 거지요. 거짓말도 제대로 하려면 능력이 있어야 합니다. 뭐가 진실인지 파악하고 있어야 하니까. 그러나 레이건에게는 그런 능력조차도 없었습니다. 따라서 이란-콘트라 사건[국가안전보장회의가 이란과 니카라과의 콘트라를 상대로 불법 거래를 한 것]에 대하여 '레이건이 알고 있었느냐? 몰랐느냐?' 또는 '그가 기억하느냐? 못하느냐?'를 놓고 소동을 벌인 것은, 내가 볼 때, 은폐 전술에 지나지 않습니다. 도대체 그것이 무슨 차이가 있다는 겁니까? 아무도 그에게 얘기해주지 않았다면 그는 몰랐을 것이고, 아무도 기억시켜주지 않았다면 그는 기억하지 못했을 것입니다. 어차피 그는 국정의 자세한 부분을 알고 있는 사람이 아니었습니다. 레이건은 평생 부자들이 써준 대사를 그대로 읽은 것입니다. 처음에는 제너럴일렉트릭 사의 대변인으로, 그다음에는 누군가의 대변인으로, 그런 식으로 계속 올라가서 백악관까지 입성했던 것입니다. 그는 백악관에 있었던 8년 내내 부자들이 써준 대사를 읽어댔습니다. 부자들은 그에게 후하게 보수를 주었고 그는 분명 그것을 즐겼으며 백악관에서 쾌활한 생활을 하면서 좋은 시간을 보냈습니다. 늦잠을 잘 수도 있었습니다. 부자들도 그걸 반겼습니다. 돈을 댄 사람들은 그에 만족했고 그에게 멋진 집을 사주어 거기서 그를 방목^{放牧}했습니다.

그가 어떻게 사라졌는지는 볼 만합니다. 8년 동안 홍보 산업과 언론은 이 사람이 미국에 혁명을 가져왔다고 치켜세웠습니다. '레이건 혁명' 운운하면서, 이 환상적이고 카리스마 넘치는 인물, 누구나 사랑하는 이 인물이 우

---

40 레이건이 대통령 재직 시 정책들에 대해서 잘 알지 못했음을 보여주는 자료로는 다음을 참조. David A. Stockman, *The Triumph of Politics: How the Reagan Revolution Failed*, Harper and Row, 1986,; Mark Green and Gail MacColl, *There He Goes Again: Ronald Reagan's Reign of Error*, Pantheon, 1983,; Mark Hertsgaard, *On Bended Knee: The Press and the Reagan Presidency*, Schocken, 1988.

리 삶을 변화시켰다고 말했습니다. 오케이. 그는 그렇게 임기를 마쳤고 사람들은 그에게 집으로 돌아가라고 했습니다. 그리고 그게 끝이었습니다. 그 어떤 기자도 레이건을 찾아가 현재 상황에 대한 의견을 물어보려 하지 않았습니다. 왜냐하면 그가 의견이라고는 전혀 없는 사람임을 모두들 알고 있었기 때문입니다. 아니 그것을 오래전부터 알고 있었습니다. 올리버 노스 재판 때 레이건이 거짓말을 하고 있다는 얘기가 흘러나왔습니다. 그러나 나는 거짓말이라는 단어를 쓰고 싶지 않습니다. 아까도 말했지만 거짓말을 하려면 상당한 능력이 있어야 하기 때문입니다. 그러니 레이건이 의회에서 틀리게 설명했다고 해둡시다. 언론은 별로 개의치 않았습니다. 좋다. 레이건은 의회에 거짓말을 했다. 자, 이제 다음 단계로 넘어가자. 요점은, 이제 그의 일은 끝났고 더 이상 그는 필요한 존재가 아니라는 겁니다. 그래서 그다음 공화당 전당대회에서 그의 명예로운 퇴진이 준비되었고 그걸로 이야기는 끝났습니다.

어떻게 보면 왕족 같은 것입니다. 영국에서 왕실은 나라를 탈정치화하는 데 실제적 역할을 합니다. 레이건은 내게 영국 왕족을 떠올리게 합니다.[41] 예를 들어 영국에서는 의회가 개회할 때 여왕이 의회에 나와 집권당이 써준 메시지를 읽는데, 모두들 짐짓 그것을 경청합니다. 사람들은 이렇게 묻지 않습니다. "여왕은 자신이 하는 말을 액면 그대로 믿고 있는가?" "여왕은 자신이 하는 말을 과연 이해하고 있을까?" "여왕은 의회에 거짓말을 하는 게 아닐까?" 이런 질문은 무의미합니다. 왜냐하면 여왕의 임무는 왕족답게 행동하는 것이기 때문입니다. 여왕은 존경받고 숭배받으며 모든 사람들이 되고 싶어 하는 모범이면 되는 것입니다. 그것은 정치제도 안에서 일종의 게임을 벌이는 것인데, 그 안에 있는 사람들은 그것을 진지하게 받아들입니다. 가령 다이애너 비가 이런저런 인사들과 대담을 나누면 사람들이 그 얘기를 화제로 삼는 것과 비슷합니다. 그렇지만 사람들은 마음속으로는 그게 실제 생활과는 무관하다는 것을 잘 알고 있습니다.

그런데 영국인들은 그것을 제도화했고 여왕을 투표로 뽑지도 않습니다. 하지만 이렇게 한번 가정해봅시다. 영국의 선거가 총리와 의원을 뽑는 게 아니고 대신 여왕을 뽑는 것이라고 말입니다. 그리고 영국의 정치는 미국의 방식대로 흘러간다고 해봅시다. 단, 은행과 기업이 총리를 지명한다는 예외를 둡시다. 그러고 나서 선거 캠페인에서 이렇게 묻는 겁니다. "누가 가장 멋진 헤어스타일을 하고 있는가?" "누가 더 멋지게 말하는가?" "누가 가장 미소를 잘 짓는가?" 만약 이렇게 된다면 정치제도의 형식적 기능을 그대로 유지한 채, 실질은 완전 제거해버리는 일에 성공했다고 할 수 있습니다. 바로 이것이 레이건 행정부의 모습과 아주 유사하다고 나는 생각합니다.

나는 레이건이 처음부터 이런 목적에 맞게 디자인되었는지, 아니면 정치를 해나가다 보니 이렇게 되었는지는 모르겠습니다. 하지만 일단 이런 시스템이 작동하는 것을 보았기 때문에 사람들은 그로부터 뭔가 배웠을 것이라고 생각합니다. 사실 1988년 대통령 선거에서도 그런 조짐을 볼 수 있었습니다. 모든 사람들이 ─언론과 그 밖의 관계자들이─ 선거에 이슈가 없다는 데 동의했습니다. 유일한 이슈는 듀카키스가 자신에게 퍼부어진 진흙더미를 얼마나 잘 피해갈까 예측하는 것이었습니다. 그게 사람들이 투표하는 이유의 하나가 되었습니다. 그는 진흙더미를 피했느냐, 피하지 못했느냐? 이는 '투표 따위는 신경 쓰지 마' 하고 말하는 것이나 다름없었습니다.

청중1 하지만 대통령 선거에서 누가 이기는가에 따라 뭔가 차이가 있지 않을까요? 가령 올리버 노스(이란-콘트라 사건을 주관한 현역 중령-옮긴이)를 대통령으로 뽑는다면 어떻게 될까요?

— 나는 어떤 후보가 대통령이 되든 상관없다고 말하지는 않았습니다. 실제로 대통령이 되는 인물은 어떤 차이를 만들어낼 겁니다. 하지만 그 차이가 적으면 적을수록 일반 대중은 주변으로 밀려난다는 겁니다.

청중2 당신은 투표를 하십니까?

— 투표요? 어떤 선거냐에 따라 다릅니다. 가령 학교위원회 대표 같은 하급 직책 선거 때는 거의 언제나 투표에 참여합니다. 왜냐하면 내 한 표가 차이를 만들어내기 때문입니다. 그러나 대중으로부터 점점 멀어지는 선거일수록 차이를 만들어내기가 더욱 어렵습니다. 가령 내가 사는 지역의 하원의원 선거의 경우, 좀 아카데믹한 케이스라고 할 수밖에 없습니다. 한 명만 뽑는 선거구인데 같은 친구가 언제나 당선되니, 내가 투표하고 말고는 상관이 없습니다. 상원의원 선거로 올라가면 꽤 상징적입니다. 대통령 선거의 경우, 투표하면 뭐하나 하는 마음이 늘 절반입니다. 아주 미묘한 판단의 문제라고 생각합니다. 닉슨과 험프리 중 누가 더 빨리 베트남전쟁을 종식시킬 수 있을까 판단하는 건(1968년의 대통령 선거) 아주 어려운 문제라는 거지요. 나는 실제로 그때는 투표하지 않았습니다. 왜냐하면 닉슨이 더 빨리 해결하리라고 예측했기 때문이지요. 나는 레이건도 찍지 않았습니다. 그의 주변 인물들이 아주 위험하다고 생각했기 때문입니다. 레이건 본인은 무관하지만 레이건 행정부에 몸담은 인물들은 정말 살인자요 고문 기술자

였습니다. 그들은 사람들을 너무 많이 고통받게 했습니다. 그래서 그들이 상당한 차이를 만들어냈다고 생각합니다. 하지만 정말 판단하기 어려운 문제입니다.

청중2 이란-콘트라 스캔들이 터진 후에 레이건을 탄핵해야 한다는 움직임이 있었는데 무엇이 그것을 막았다고 생각하십니까?

— 만약 실제로 탄핵 절차를 밟았다면 많은 사람들이 크게 당황했을 겁니다. 권력의 중심에 있던 사람들은 그와 같은 대혼란을 원하지 않았습니다. 여기서 각도를 다음과 같이 바꿔볼 수도 있습니다. 왜 모든 미국 대통령은 전쟁 범죄로 재판받지 않는 겁니까? 미국의 엘리트 문화 내에서 완전히 합의한 사항들이 있습니다. 가령 미국은 전쟁 범죄를 수행하도록 허가를 받았고, 다른 나라를 침략하도록 허가를 받았으며, 국제법을 무시하도록 허가를 받았다는 것입니다. 이런 점에 관하여 완전한 합의가 이루어져 있습니다. 그런데 대통령이 하기로 되어 있는 일을 했다고 해서 그를 탄핵할 이유가 어디에 있겠습니까?

사실 이런 질문을 던져야 하는 곳이 한두 군데가 아닙니다. 가령 뉘른베르크 재판[제2차 세계대전 후의 나치 전범 재판] 때 서방측 검사들은 그것이 결코 '승자의 정의'가 아니라고 아주 거창하게 허세를 늘어놓았습니다. "우리가 이겼고 너희가 졌기 때문에 이런 재판을 하는 것이 아니다. 우리 자신에게도 적용되는 원칙을 수립할 계획이다." 그런데 뉘른베르크 재판의 원칙대로라면 그때 이후 모든 미국 대통령은 교수형을 당해야 마땅합니다. 그런데 대통령 가운데 재판을 받은 사람이 있습니까? 이것을 지적한 경우가

있기나 합니까? 이걸 증명하는 것은 그리 어렵지 않습니다.[42]

사실 뉘른베르크 재판은 깊이 생각해볼 가치가 있습니다. 나치는 아주 독특한 존재입니다. 그건 인정합니다. 하지만 재판 기록을 자세히 살펴보면 그들은 아주 냉소적이었어요. 뉘른베르크에서 전범을 판단하는 실제 기준은 서방이 저지르지 않은 범죄 행위였습니다. 달리 말해서 미국이나 영국이 똑같은 짓을 했다는 걸 증명할 수 있으면 그건 합법적인 방어로 간주되었습니다. 정말 그랬습니다. 그래서 독일의 잠수함 사령관 되니츠 제독은 미국 잠수함 사령관 니미츠 제독을 불러내어 미 해군도 똑같은 행위를 했다고 증언하게 하는 것이 방어 전략이었습니다. 도심 지역을 폭격한 것은 뉘른베르크에서 범죄로 여겨지지 않았습니다. 그 이유는 서방이 독일보다 더 심하게 도심 폭격을 했기 때문입니다. 뉘른베르크 재판에서 검사로 활동한 텔포드 테일러의 책을 읽어보면 이것을 분명하게 알 수 있습니다. 그는 이 모든 것에 대하여 확신에 찬 어조로 기술했습니다.[43] 서방이 했으면 범죄가 아니었습니다. 우리가 하지 않은 짓을 독일이 저질렀으면 그건 범죄가 되었습니다. 물론 독일은 잔학 행위를 많이 저질렀습니다. 하지만 여전히 냉소적인 구석이 있었습니다.

사실 뉘른베르크 재판보다 더 한심한 것은 도쿄 재판입니다. 도쿄 재판의 기준에 따르면 미국 대통령은 물론이고 모든 사람이 교수형에 처해질 판이었습니다(도쿄 재판에서는 전쟁 범죄를 막기 위해 적극적인 조치를 취하지 않은 사람, 정부의 조치를 적극적으로 거부하지 않은 사람도 처형당했다). 야마시타 장군의 경우는 극단적인 사례였습니다. 미국이 필리핀을 정복하는 동안 야마시타 휘하의 부대(엄밀히는 휘하 부대지만 그는 관동군으로 전보되어 이 부대를 실제로 지휘하지는 않았다.-옮긴이)가 범죄를 저질렀다는 이유로 교수형을 당했습니

미국은 전쟁 범죄를 수행하도록 허가를 받았고,
다른 나라를 침략하도록 허가를 받았으며,
국제법을 무시하도록 허가를 받았다는 것입니다.
이런 점에 관하여 완전한 합의가 이루어져 있습니다.

다. 이처럼 가혹한 기준을 들이댄다면 누가 살아남을 수 있겠습니까? 실제로 지휘하지 않았으나 단지 이론상 지휘 계통에 있는 부대가 저지른 잔학 행위 때문에 교수형을 당했습니다. 이런 기준을 우리에게 적용한다면 누가 살아남겠습니까? 이건 한 가지 사례에 불과합니다. 우리는 이런 식으로 도쿄 재판에서 약 1,000명의 사람을 죽였습니다. 정말 괴기한 일이 아닐 수 없습니다."

청중 2 잠시 대통령 선거로 되돌아가서 한 마디 여쭙겠습니다. 1984년 선거나 1988년 선거나 그게 그거, 아무런 알맹이가 없다는 얘기입니까?

— 1984년 선거에는 그래도 이슈가 있었습니다. 그 선거에서 공화당은 케인스 식 성장[경제학자 케인스는 정부가 경제를 부양시켜야 한다고 보았다]을 지지했습니다. 그들은 말했습니다. "계속 지출, 지출, 지출을 하자. 그러면 결손은 더욱 늘어나겠지만 그래도 성장이 따라올 것이다." 반면에 민주당은 재정적 보수주의를 들고 나왔습니다. 그들은 이 슬픈 얼굴의 목사 아들[월터 먼데일]을 내세워서 이렇게 말했습니다. "아니, 아니 그건 좋지 않아. 계속 지출할 수는 없어. 그러면 반드시 문제가 발생하게 되어 있어. 우리는 통화공급을 계속 감시해야 해."

이것을 흥미롭게 지켜본 사람들에게는, 공화당과 민주당의 전통적인 입장이 180도 바뀐 것이었습니다. 역사적으로 볼 때, 민주당은 케인스 식 성장의 지지자였고 공화당은 재정적 보수주의의 지지자였습니다. 하지만 두 당은 입장을 완전히 바꾸었습니다. 더욱 흥미로운 것은 아무도 이것을 눈치채지 못했다는 겁니다. 나는 언론에서 이에 대하여 논평하는 것을 단 한

건도 보지 못했습니다. 이것은 뭔가 중대한 사실을 말해줍니다. 그건 이 나라의 기업계에는 서로 다른 섹터들이 있다는 겁니다. 그래서 그들은 시사적인 문제를 다루는 방법에서 약간 다르게 전략적 판단을 합니다. 이처럼 서로 다른 의견을 갖고 있을 때는 그게 선거 때 튀어나옵니다. 하지만 아무런 의견 차이가 없을 때에는 이슈 없는 선거가 되는 겁니다.

3

자본의 폭력 아래서
민주주의는 허울일 뿐이다

|

우리 사회에서 진짜 권력은 정치제도에 있는 것이 아니라,
민간경제에 있습니다. 무엇을 생산하고, 얼마나 생산하고,
무엇을 소비하고, 투자를 어디에 하고, 누가 일자리를 가져가고, 누가 자원을
통제하는지 등등의 중요한 결정을 민간경제가 하고 있는 겁니다.
이런 구조가 그대로 남아 있는 한, 정치제도 내부의 변화는 약간의 변화는
만들어낼 수 있겠지만 그 변화라는 것은 미미한 수준에 그치고 말 것입니다.

|

세계적 이슈에 새롭게 등장한 두 가지 요소

촘스키 교수님, 이제 좀 더 광범위한 화제로 넘어가보겠습니다. 지난 몇십 년 동안 국제 무대에 새롭게 등장한 사항들로 어떤 것이 있다고 생각하시는지요. 우리가 세상에서 벌어지는 일을 분석할 때 반드시 감안해야 할 그런 사항들 말입니다.

— 내가 볼 때 적어도 두 가지가 중요한 문제로 새롭게 떠올랐습니다. 하나는 국제경제의 변화이고[45] 다른 하나는 환경에 대한 위협입니다. 특히 환경 문제는 더 오래 방치해둘 수 없는 문제로 부상했습니다. 더 오래 방치했다가는 인류 역사가 더 오래 지속되지 못할 것입니다.

먼저 환경 얘기를 해보겠습니다. 단기 이익을 극대화해야 하는 자본주의적인 상황에서는 궁극적으로 환경을 파괴하게 될 것입니다. 그게 언제일까 하는 물음만 남습니다. 오랫동안 환경은 무한정한 자원이자 보고라고 생각되었습니다. 하지만 그것은 사실이 아니었고 우리는 이제 더 이상 무한정한 게임을 펼칠 수 없는 단계에 다가가고 있습니다. 아니, 이미 그 단계에 도달했는지도 모릅니다. 이 문제를 다루려면 거의 상상할 수 없을 만큼의 대규모 사회 변화가 필요할 겁니다. 우선 대규모 사회계획이 필요합니다.

그러니까 의미 있는 변화를 이루어내려면 참여적인 사회계획이 되어야 한다는 말입니다. 사람들 사이에서 탐욕에 의해 움직이는 경제체제는 자멸할 수밖에 없다는 일반적인 인식이 널리 퍼져야 합니다. 오존층 파괴와 기타 환경 파괴 행위로 인해, 지구를 더 이상 살 수 없는 곳으로 만드는 일은 이제 시간문제가 되었습니다.[46] 인류가 지구에서 오래오래 살려면 엄청난 사회·심리적 변화가 일어나야만 합니다. 그 때문에 환경은 중요하고 새로운 요소입니다.

이와는 별개로 국제경제에 커다란 변화가 있었습니다. 세계는 크게 보아 세 개의 주요 경제블록으로 움직여가고 있습니다. 미국은 이제 제2차 세계대전 때처럼 세계 유일의 경제 대국이 아닙니다. 싱가포르와 타이완 등 예전에 일본 제국 지배하에 있던 주변 국가들을 아우르는 일본 경제블록이 있고, 유럽공동시장으로 뭉쳐진 유럽 경제블록이 있습니다. 유럽 블록도 강력한 경제단위가 될 겁니다. 유럽이 단합하여 행동에 나선다면 미국을 압도할 수도 있을 것입니다. 유럽은 더 큰 경제, 더 많은 인구, 더 잘 교육된 사람들이 있습니다. 게다가 유럽은 전통적인 식민지로부터 이익을 취했는데, 그것이 복구되는 중입니다. 한편 미국은 이른바 '자유무역' 협정을 통하여 북아메리카를 하나의 경제 권역으로 묶음으로써 대항마를 찾았지요. 캐나다를 경제 식민지로 만들고 멕시코 북부를 미국의 값싼 노동력 시장으로 흡수해서 경제블록을 완성했습니다. 이 세 경제 권역이 가장 주목할 만한데 그중에서 아시아 지역은 자본준비금이 가장 앞서 있습니다. 1970년대 중반부터 세계경제에 큰 피해를 입히고 있는 금융 자유화가 이러한 경제블

---

46 인류의 생존을 위협하는 두 가지는 오염물질에 의한 오존층 파괴와 온실효과로 인한 지구온난화다.

록에 영향을 줄 텐데 아무도 그것을 깊이 이해하지 못한 듯합니다.

다른 흥미로운 이슈들도 있습니다. 예를 들어 유럽 국가, 특히 독일은 냉전 이전에 중유럽과 동유럽 사이에 존재했던 전통적 식민 관계를 재건하고자 애쓰고 있습니다. 중유럽은 산업, 테크놀로지, 투자 자본이 있는 반면, 동유럽과 러시아는 값싼 노동력과 자원을 제공할 수 있습니다. 한편 일본은 러시아를 상대로 아시아 쪽 시베리아를 두고 식민 관계를 복원하고자 애쓰고 있습니다. 일본은 여유 자본이 많은 반면 시베리아는 자본과 기술이 없어서 개발을 못하는 천연자원이 많습니다. 그러니 서로 협력하려는 것은 자연스러운 결합입니다. 이런 노력이 성사된다면 미국의 경제 적수는 일본과 유럽이 될 것입니다. 소련은 이 두 권역의 일종의 준식민지 비슷하게 되는 거지요. 바로 이것이 미국 정책 입안자들에게는 가장 심한 악몽입니다.

미국 내에는 미국을 유럽 대륙으로부터 떨어져 있는 섬나라로 인식하는 지정학적 전통이 있습니다. 이것은 영국을 유럽 대륙으로부터 떨어져 있다고 생각하는 영국식 지정학의 확대 버전이지요. 영국은 근대사를 통틀어 유럽이 통일되는 것을 막으려고 애써왔습니다. 이게 영국 역사에서 핵심 주제였습니다. '우리 영국은 유럽에서 뚝 떨어진 섬나라이기 때문에 저들이 통합되면 우리만 불리해' 하고 생각해왔던 것입니다. 그리고 미국도 유라시아에 대하여 동일한 생각을 하고 있습니다. '우린 그들이 통합하는 것을 막아야 해. 안 그러면 우리는 2류 국가로 전락하고 말 거야. 우리의 시스템을 유지한다고 하더라도 2등이 되면 무슨 소용이 있어?' 이런 생각을 하는 거지요.[47] 미국은 어느 지역에서도 자기의 권익을 내세울 수 있는 일등 국가를 원하고, 또 미국 주도의 자본을 운용하고 싶어 합니다.

청중2 선생님 말씀대로라면 미국은 미래 언젠가는 초강대국이 아닐 수도 있다는 얘기입니까?

ㅡ 글쎄요. 미국의 힘이 상대적으로 쇠퇴하기는 했지만, 그래도 미국은 역사상 선례를 찾아보기 어려울 만큼 힘센 나라입니다.

청중2 군사적으로만 그렇다고 생각하는데요.

ㅡ 아니요. 경제적으로도 그렇습니다. 미국의 전반적인 경제 수준이 너무나 낮다는 것은 미국 경제체제의 수치가 아닐 수 없습니다. 영아 치사율이나 생존율, 기타 다른 척도를 세계 수준과 비교해봤을 때, 미국 사람들의 생활은 그리 유복하다고 할 수 없습니다. 미국은 그 리스트에서 한참 하위를 차지하고 있습니다. 가령 영아 치사율에서 미국은 20개 공업국가 가운데 20등입니다. 건강 수준은 가난한 제3세계 국가인 쿠바와 같은 수준입니다.[48] 정말로 창피한 일입니다. 미국의 일반 대중은 여러 기준을 놓고 볼 때 다른 나라보다 훨씬 더 나은 삶을 살아야 마땅합니다. 선진국 가운데 미국처럼 자원이 많은 나라도 드뭅니다. 기본 문자 해독률도 높은 편이어서 잘 교육받은 인구를 갖고 있습니다. 미국은 비교적 균일한 인구를 갖고 있어서 전 지역에서 영어를 사용합니다. 세계의 다른 나라들은 그렇지 못합니다. 미국은 엄청난 군사력을 갖고 있고 국경 주위에 이렇다 할 적성국이 있지도 않습니다. 역사상 강대국치고 이런 조건을 가진 나라가 그리 많지 않았습니다. 이런 것들은 아주 유리한 점인데도 불구하고 미국의 경제체제는 국민 복지와 연결시키지 못했습니다. 하지만 그런 유리한 점은 어디로 가지 않는

것이므로 앞으로 어떻게 활용할 것인가 하는 문제만 남아 있습니다.

자, 이제 일본을 살펴봅시다. 일본의 기업과 투자가 들은 많은 자본을 동원할 수 있습니다만, 그들에게는 천연자원이 없습니다. 일본에서 생산되는 에너지자원도 없고, 원자재도 없고, 농업 자원도 없습니다. 하지만 미국은 그런 것들을 가지고 있고, 이게 커다란 차이를 만들어냅니다. 사실 1940년 대 후반의 미국 정책 입안자들은 전후 세계를 조직할 때 이 차이를 잘 의식하고 있었습니다. 일본의 산업 회복을 돕는 한편, 일본의 에너지자원을 통제했습니다. 일본은 고유의 석유화학 산업을 개발하는 것이 금지되었고 석유 자원에 독자적으로 접근하는 것도 허용되지 않았습니다. 그 이유는 현재 비밀해제가 된 미국 내부 문서에 밝혀져 있습니다. 전후 세계의 주요 정책 입안자 중 하나였던 조지 케넌[국무부 관리 겸 외교관]은 다음과 같이 지적했습니다. "만약 우리가 일본의 에너지자원을 통제할 수 있다면 우리는 일본에게 거부권을 행사할 수 있다. 만약 일본이 통제에서 벗어나는 행동을 하면 에너지 공급을 차단해버리면 된다."⁴⁹ 세계가 예측 불가능한 방향으로 움직이고 있기 때문에 이런 플랜이 아직도 통하는지는 알 수 없습니다. 하지만 지금 현재 미국은 세계의 일에 있어서 압도적인 영향력을 발휘하는 국가입니다. 그 때문에 미국은 숱한 만행을 저지르고도 아무 일이 없는 것입니다.

자본주의 아래의 민주주의

청중1 선생님은 환경을 보존하기 위하여 참여적인 사회계획이 필요하다고 말씀하셨습니다. 그런데 분권화는 환경 보존의 노력과 배치되는 것이 아닙니까? 어떤 중심되는 합의가 있어야만 환경 보존을 더 잘할 수 있는 게 아닐까요?

— 합의에는 중앙 집중된 권력이 필요하지 않습니다. 물론 어떤 종류의 합의에는 그런 게 필요하지만 말입니다. '분권화는 전체 인구의 이익을 반영하는 결정을 지향한다'는 게 일반적인 합의입니다. 어떤 의사결정 단체에서 나온 정책은 그 단체의 이익을 반영하는 경향이 있습니다. 이건 당연한 거지요. 만약 어떤 결정이 중앙 집중된 기관에 의해서 내려진다면 권력을 잡고 있는 그 특정 기관의 이익을 반영하게 됩니다. 하지만 권력이 보다 많은 인구 기반에 뿌리박고 있다면 —사람들이 사회계획에 실제로 참여할 수 있다면— 많은 사람들의 이익을 대변하는 쪽으로 결정하게 될 것이고, 또 그것을 기대해도 좋을 것입니다. 그런데 일반 대중의 관심(이익)은 인간의 생명을 보존해야 한다는 것입니다. 반면에 기업의 관심은 이익을 올리자는 것입니다. 이처럼 근본적으로 관심이 다릅니다.

청중1 하지만 산업사회에서 사람들은 일자리가 필요하다고 할 텐데요.

— 그것은 사실입니다. 하지만 일자리를 마련한다고 해서 반드시 생명을 유지시켜주는 환경을 훼손할 필요는 없습니다. 명실상부한 참여적 사회계획을 실시하고 사람들이 그들의 이익을 반영하는 방향으로 일을 해나간다면, 취업의 기회와 일의 질, 취업의 기회와 에너지의 유형, 취업의 기회와 개인적 상호작용, 취업의 기회와 후손들에게 물려줄 좋은 환경 따위를 잘

절충할 수 있을 겁니다. 하지만 이런 것들은 기업 중역들의 뇌리에는 전혀 떠오르지 않고, 그들의 어젠다가 되지 못합니다. 만약 제너럴일렉트릭의 CEO가 환경 보존의 바탕 위에서 사업 결정을 내리려 한다면 그는 3초 만에 그 자리에서 쫓겨날 것입니다. 아니면 그 기업을 다른 기업이 합병해버리거나 무슨 수가 날 겁니다. 왜냐하면 그런 사항은 그의 임무에 들어 있지 않기 때문입니다. 그의 일은 이익을 올리고 시장점유율을 높이는 것이지, 환경 보존이나 근로자의 복지에 신경 쓰는 것이 아닙니다. 이런 목표들은 분명 갈등 상황에 놓여 있습니다.

청중1 선생님이 말씀하신 사회계획의 구체적 사례를 말씀해주십시오.

─ 무엇보다도 에너지를 어떻게 생산할 것인지에 대하여 중대한 결정을 내려야 합니다. 우리가 기존의 연소 방식으로 에너지를 계속 생산한다면 인류는 오래 버티지 못할 것입니다.[50] 이런 문제만 해도 사회계획을 필요로 합니다. 개인 혼자 결정한다고 해서 해결되는 문제가 아닙니다. 가령 개인이 자기 집에다 태양열 에너지나 뭐, 그 비슷한 것을 들여놓을 수 있습니다. 하지만 그건 큰 도움이 되지 않습니다. 이것은 대규모로 어떤 합의를 이끌어내야 할 문제입니다.

청중1 인구 조절에도 그런 것이 필요할 것 같은데요.

─ 그래요. 인구 조절도 개인 혼자 해서는 성과가 안 나고 모든 사람이 함께해야만 효과를 거둘 수 있는 문제지요. 이것은 운전 문화와 비슷합니다.

당신 혼자서 열심히 준법 운전을 한다고 해서 운전 문화가 갑자기 좋아지는 것은 아니지요. 여기에는 일종의 사회계약 같은 것이 있어야 합니다. 그래야 효과를 볼 수 있지요. 가령 운전에 관한 사회계약이 없다면 모두들 과속하고 교통신호 따위는 무시함으로써 달리는 살인 무기가 되어버리지요. 그런데 문제는 말입니다, 자본주의가 운영되는 방식이 난폭한 운전 문화와 비슷하다는 겁니다. 이 체제는 탐욕으로부터 추진력을 얻는 구조입니다. 아무도 다른 사람을 신경 쓰지 않고 아무도 공공선을 걱정하지 않습니다. 남에 대한 관심 따위는 동기 유발 요소가 될 수 없습니다. 이것은 자본주의의 근본 원칙입니다. 대학의 경제학과에서는 개인의 악덕이 공공에게 혜택을 준다고 가르치는데, 그것은 정말 헛소리입니다. 아마 여러분도 그렇게 배웠을 겁니다. 자본주의 시스템이 이런 식으로 계속 작동된다면 그것은 인류의 자멸을 가져올 뿐입니다.

더욱이 자본가들은 이미 오래전에 이런 사실을 알고 있었습니다. 그래서 대부분의 정부 규제 시스템은 기업들이 강력하게 로비해서 만들어졌던 겁니다. 기업들은 규제당하기를 원했습니다. 그렇게 하지 않으면 무한 경쟁 속에서 결국 자기 자신을 파괴하게 된다는 걸 알았기 때문입니다.[51]

청중1 그렇다면 선생님은 사회계획의 어떤 메커니즘이 제대로 작동되리라 보십니까? 선생님은 현재의 정부 형태에 대해서는 그리 낙관적이지 않은 것 같은데.

— 정부 형태에는 아무런 문제도 없습니다. 물론 약간 잘못된 것이 있기는 하지만 정말 잘못된 것은 실질이 빠져 있다는 것입니다. 어떤 개인이 경제

를 지배할 수 있다면 그 경제가 어떤 형태를 취하고 있는가 하는 것은 별로 차이가 없습니다. 그 형태가 어떤 걸 할 수 있는 건 아니니까요. 당신은 모든 사람이 참여하고, 프로그램을 만들고, 가장 참여적인 형태로 운영을 해나가는 정당을 만들 수 있습니다. 그런데 그 정당이 중요 정책에 주변적인 영향밖에 못 미칠 수도 있습니다. 그건 왜 그런가 하면 권력이 다른 데 있기 때문입니다.

가령 이런 상황을 한번 가정해봅시다. 국민 전원이 투표에 참가하여 98퍼센트의 지지로 대통령과 상하원 의원을 뽑았다고 해봅시다. 그렇게 하여 정부와 의회로 하여금 우리 일반 대중이 절실히 원하는 사회개혁을 하도록 합니다. 자, 이 다음 상황은 어떻게 될까요? 잘 상상이 되지 않는다면 실제 사례들을 한번 보기로 합시다. 세계의 다른 지역에는 미국보다 국민 참여의 폭이 넓은 정당들이 있습니다. 가령 라틴아메리카 국가들이 그러한데 우리보다 훨씬 민주적입니다. 라틴아메리카에서 민중의 지지를 받는 개혁 후보가 선거에서 당선되어 개혁을 실시하려고 하면 전형적으로 두 가지 사태가 발생합니다. 첫 번째 사태는 미국의 지지를 등에 업은 군사 쿠데타입니다. 하지만 이런 일이 없었다고 해봅시다. 그러면 두 번째 사태로 자본 이탈이 옵니다. 투자 자본이 국외로 빠져나가 투자 수준이 낮아지면서 경제는 멈춰서게 됩니다.

바로 이것이 니카라과가 1980년대에 직면했던 문제입니다. 니카라과는 이를 해결할 능력이 없었는데 내가 볼 때 그건 아주 절망적이었습니다. 산디니스타 정권은 혼합경제를 실시하려 했습니다. 일반 대중에게 혜택이 돌아가게 하는 개혁을 실시하는 한편, 자본 이탈로 국가 경제가 망가지는 것을 막기 위해 기업계에도 호소했습니다. 그래서 얼마 되지도 않는 공적 자

자본주의가 운영되는 방식은 난폭한 운전 문화와 비슷합니다.
이 체제는 탐욕으로부터 추진력을 얻는 구조입니다.
아무도 다른 사람을 신경 쓰지 않고
아무도 공공선을 걱정하지 않습니다.

금을 부자들에게 뇌물로 주었습니다. 그들이 계속 국내에 투자하도록 하기 위해서였지요. 그런데 유일한 문제는, 부자들은 정치적 권력을 갖지 않는 한 투자하려 하지 않았다는 겁니다. 그들은 투자를 하느니 차라리 사회가 파괴되기를 바랐어요. 그래서 부자들은 뇌물을 받아 스위스 은행과 마이애미 은행에 보냈습니다. 그들의 관점에서 보자면 산디니스타 정부는 우선순위를 잘못 정한 것이었지요. 이들은 미 의회만큼이나 민주주의를 싫어했습니다. 그들은 부유한 엘리트가 정치제도를 마음대로 주물러야 한다고 생각했어요. 그런 식으로 그들이 정치를 장악할 때 비로소 '민주주의'가 실현됐다고 말할 것이고, 투자도 재개할 것이고, 경제가 마침내 본 궤도에 올라갈 것이니까요.

이와 똑같은 일이 미국에서도 벌어질 수 있습니다. 가령 민중의 지지를 받는 개혁 후보가 실제로 정권을 잡게 되면 투자 이탈, 자본 이탈, 경제의 갑작스러운 멈춤 따위가 발생하게 될 겁니다. 이렇게 되는 이유는 간단합니다. 우리 사회에서 진짜 권력은 정치제도에 있는 것이 아니라, 민간경제에 있기 때문입니다. 무엇을 생산하고, 얼마나 생산하고, 무엇을 소비하고, 투자를 어디에 하고, 누가 일자리를 가져가고, 누가 자원을 통제하는지 등등의 중요한 결정을 민간경제가 하고 있는 겁니다. 이런 구조가 그대로 남아 있는 한, 정치제도 내부의 변화는 약간의 변화는 만들어낼 수 있겠지만 —나는 제로라고는 말하지 않겠습니다— 그 변화라는 것은 미미한 수준에 그치고 말 것입니다.

이러한 논리를 분명하게 꿰뚫어본 사람이라면, 이처럼 권력이 개인 부문에 집중되어 있는 상황에서는 모두가 단 하나의 목표에 봉사해야 한다는 것을 알아챌 것입니다. 그 목표란 부자들을 행복하게 만들어주는 겁니다. 그들이 행복하지 않으면 아무도 얻는 게 없기 때문입니다. 그래서 가령 여러분이 맨해튼 거리의 노숙자라면 여러분의 첫 번째 관심사는 맨션에 사는 사람들을 행복하게 해주는 것입니다. 그들이 행복해야 투자를 하고 그래서 경제가 돌아가고 일이 잘 풀려서 국물이 아래로 흘러내려 당신에게까지 전해지기 때문입니다. 그래서 여러분이 거리의 노숙자라면 여러분의 첫 번째 관심사는 맨션에 살고 호화 레스토랑에 출입하는 부자들의 행복을 신경 쓰는 것입니다. 바로 이것이 우리 사회의 현실을 보여주는 메타포(은유)입니다.

가령 매사추세츠 주가 영업세를 높인다고 해봅시다. 주민 대부분은 그걸 찬성하겠지만 여러분은 그다음이 어떻게 될지 예측할 수 있습니다. 기업들은 이런 홍보전을 펼칠 겁니다(홍보 내용이 거짓말이라고는 할 수 없습니다). '기업에 세금을 매기고, 부자들의 돈을 빼앗아가면 자본이 다른 데로 유출되고 그러면 일자리는 줄어들고 결국 주민들은 아무것도 얻지 못하게 된다.' 물론 그들은 영리하여 이렇게 노골적으로 말하지는 않을 겁니다. 그러나 그들의 속셈을 쉽게 풀이하면 이것이 됩니다. '당신들이 우리를 행복하게 해주지 않으면 당신들에게 돌아갈 것은 아무것도 없다. 왜냐하면 우리가 이곳을 소유하고 있기 때문이다. 당신은 여기 살기만 할 뿐 이곳의 소유권은 우리에게 있다.' 물론 이런 표현을 사용하지는 않겠지만, 개혁 정책을 도입하려고 할 때마다 그 비슷한 메시지가 들려오는 것입니다. 그들은 엄청난 프로파간다 캠페인에 돌입합니다. 일자리를 위협한다, 투자를 방해한다, 기업의 자신감이 없어진다 등등. 이 모두가 기업을 행복하게 해주지 않으면 일반 대중은 국물도 없다는 메시지를 아주 복잡하게 돌려서 말한 것에 지나지 않습니다.

그런 대규모 사회계획을 위한 방편으로 기업을 국유화하는 것에 대해서는 어떻게 생각하십니까?

— 글쎄요. 어떻게 실시하느냐에 달렸겠지요. 만약 기업의 국유화가 국가 관료제나 레닌 식 전위당의 손에 들어가게 된다면 그것은 또 다른 착취제도가 되고 말 겁니다. 반면에 기업의 국유화가 진정한 일반 대중의 기업 통제에 바탕을 둔 것이라면 —노동자들이 공장을 통제하고, 공동체가 통제에 참여하고, 관련 집단이 서로 연합하는 형태라면 —이야기는 달라질 것입니다. 사실 그렇게 되면 얘기가 아주 달라지지요. 그것은 민주제도를 경제 권력에까지 확대하는 것이 될 테니까. 그런 일이 벌어지지 않는다면, 정치권력은 제한적인 힘으로 남을 수밖에 없습니다.

'제국'을 유지하는 이유

청중2 미국이 제3세계 국가에 개입하여 좌파 정부를 파괴하려는 목적은 결국 그들이 정권을 잡지 못하게 하자는 것입니까?

— 아닙니다. 첫 번째 목적은 이데올로기와 관계없이 그들의 독립을 방해하려는 것입니다. 미국은 글로벌 권력입니다. 따라서 세계 각 지역의 국가들이 미국의 글로벌 시스템 내에서 부여받은 기능을 수행하도록 감시해야 합니다. 제3세계 국가들에게 부여된 기능은 미국 기업에게 시장과 자원과 값싼 노동력을 제공하는 것입니다. 이건 그렇게 큰 비밀도 아닙니다. 미국

언론들도 미국 학자들도 여러분에게 이런 사실을 말해주지 않겠지만 비밀 해제된 정부 문서들을 살펴보면 이 모든 것이 솔직하고 상세하게 설명되어 있습니다.

미국의 내부 문서 기록은 아주 오래되었는데 같은 얘기가 줄곧 반복되고 있습니다. 다음은 사실상 인용이나 다름없는 내용입니다. "제3세계에 대한 미국의 주안점은 민족주의적 정부의 등장을 막는 것이다. 이런 정부는 낮은 생활수준의 개선과 생산의 다변화를 요구하는 민중의 요구를 적극적으로 수용한다. 이는 곤란한데 그 까닭은 미국 기업의 투자에 유리한 환경을 조성해야 하고 실현된 수익을 서방으로 보내는 것을 허용하는 사업 환경을 조성해야 하기 때문이다." 이러한 내용이 미국 고위층의 문서에서 해마다 반복되고 있는데, 라틴아메리카에 대한 국가안전보장회의의 보고서 등이 대표적인 것입니다. 미국은 이런 행위를 전 세계에서 일삼아왔습니다.[52]

그런데 민족주의가 반드시 좌파인 것도 아닙니다. 미국은 우파 민족주의도 그에 못지않게 반대했습니다. 가령 제3세계 국가에서 우파 군사 쿠데타가 일어나서 독립적인 발전의 길로 국가를 운영하려고 하면, 미국은 그 정부를 파괴하려고 했습니다. 예를 들어 미국은 아르헨티나의 페론에 반대했습니다.[53] 따라서 널리 알려진 이야기와는 달리, 미국의 개입은 '공산주의'의 확산과는 무관하여, 각 국가들의 독립에 철저히 반대해왔습니다. 만약 어떤 나라가 그 나라 민중의 요구에 신경 쓰기 시작한다면, 미국 투자가의 절대적 필요에 대해서는 등한시하게 될 것입니다. 그런 우선순위는 미국으로서는 받아들일 수 없고 그래서 그 정부는 사라져야 하는 것입니다.

---

53 촘스키는 미국이 우파에 반대한 또 다른 사례를 들었다. 미국 CIA는 1930년 군사 쿠데타로 정권을 잡은 도미니카공화국의 독재자 라파엘 레오니다스 트루히요 몰리나를 제거하려고 했는데 그는 결국 1961년에 암살되었다.

이런 식으로 제3세계에 개입한 효과는 아주 분명합니다. 잠깐만 생각해 보면 미국의 통제 아래 있던 나라 대부분이 세계에서 가장 처참한 지역이라는 사실을 알 수 있습니다. 예를 들어 중앙아메리카는 왜 그토록 끔찍한 공포의 지역입니까? 만약 과테말라의 농부가 어느 날 아침 느닷없이 폴란드(즉 소련 통치 아래의 동유럽)의 농가에서 눈을 뜬다면, 그는 자신이 천국에 와 있다고 생각할 겁니다. 과테말라는 미국이 100년 동안 영향력을 행사해 온 지역입니다. 이것은 우리에게 많은 것을 시사합니다. 또 다른 사례로 브라질을 한번 보십시오. 엄청난 자원을 가진 잠재적 부국인 이 나라는 서방의 지배 시스템이라는 저주 아래 놓여 있습니다. 가령 비옥한 땅이 많은 브라질의 북동부 지역은 대부분 농장plantations이 소유하고 있습니다. 이 지역에서 실시된 의료 조사 연구는 이 지역의 인구에서 정상적인 인간 두뇌 크기의 40퍼센트밖에 되지 않는 새로운 종을 발견했습니다. 이것은 여러 세대에 걸친 영양 결핍과 방치에 따른 결과이고, 여러 세대에 걸친 시정 조치로만 바로잡을 수 있는데 그 까닭은 영양 결핍이 여러 세대에 걸쳐 후손들에게 영향을 미치기 때문입니다.[54] 이것은 미국 지배가 남긴 유산을 생생하게 보여주는 사례인데, 이와 동일한 패턴이 예전의 서방 식민지 국가들에서도 나타나고 있습니다.

사실 세계의 선진국들을 살펴보면 아주 명백한 사실이 하나 있습니다. 5분만 관찰해도 알 수 있는데, 미국에서는 그것을 말해주는 사람이 거의 없습니다. 무엇이냐 하면 경제 선진국들은 서방의 식민지 경험이 없는 나라들입니다. 이에 비해 서방 식민지였던 나라들은 완전히 만신창이가 되었습니다. 서방의 식민지화에 저항한 나라는 일본인데, 경제 발전을 이룩한 전통적 제3세계에서 유일합니다. 그러니까 유럽은 일본을 제외한 모든 지역을 정복했고 일본은 경제적으로 발전했습니다. 이것은 무엇을 의미합니까? 아프리카의 역사를 연구하는 학자들에 따르면, 일본이 산업화 과정을 시작했을 때(1870년대), 서아프리카의 아샨티 왕국은 가용 천연자원, 국가 형성의 수준, 기술 발전의 단계 등에서 일본과 대등한 수준이었습니다.[55] 그런데 오늘날 이 두 지역을 비교해보십시오. 물론 역사적으로 볼 때 두 나라에는 많은 차이점이 있습니다. 하지만 가장 근본적인 차이점은 일본은 서방에게 정복되지 않았던 데 비해, 아샨티 왕국은 영국에게 정복되었다는 사실입니다. 그래서 오늘날 서아프리카는 경제적으로 낙후된 서아프리카 그대로이고 일본은 경제 선진국이 된 것입니다.

물론 일본도 그들 나름의 식민제도를 운영했습니다. 하지만 일본의 식민지들 역시 발전했습니다. 일본의 식민지 운영 방식은, 식민지에서 일방적으로 빼앗기만 한 서방과는 달랐기 때문입니다. 물론 일본도 잔인한 식민지 수탈 국가였지만 식민지들을 경제적으로 발전시켰습니다. 식민지들은 산업화되고, 사회 기반 시설을 확충하고, 교육 수준을 높이고, 농업 생산을 증대했던 겁니다. 한국과 타이완의 성장률은 20세기 초반 내내 일본과 비슷했습니다. 사실 1930년대에 포모사(현재의 타이완)는 아시아의 상업 중심지의 하나였습니다.[56] 타이완과 그 바로 옆, 미국 식민지 필리핀을 한번 비교해보십시오. 필리핀은 라틴아메리카 스타일의 무인지경無人之境의 나라가 되어 있습니다. 이 또한 시사하는 바가 많습니다.〔서구 열강의 식민 지배를 받았던 아프리카, 중남미 지역의 열악한 현실을 강조하려다 보니, 한국과 타이완의 경우를 '단정 지어' 비교 사례로 제시한 오류를 범한 것으로 보인다. 사실, 한국과 타이완의 경제 발전 근거를 '서구 열강과는 다른 일본의 식민 지배 방식'에서 찾는 것은 무리다. 일제강점기 식민지 한반도의 '경제성장'은 주로 일제의 전쟁 물자 보급기지로서의 역할에 기인

한 것이지 국민경제 발전과는 거리가 멀었다. 또한 존 페퍼의 책 《남한 북한North Korea South Korea: U.S. Policy at a Time of Crisis》 56~60쪽에 따르면 "남한은 1960년 사하라 경제보다 뒤떨어진 수준으로부터 …… 눈부신 도약을 거듭하는 혁명적 성과를 이루었다. …… 이 거대한 경제성장을 달성하기 위하여 남쪽의 한국인들은 엄청난 희생의 대가를 지불해야 했다." 그러니까 일제 식민 지배를 거친 한국의 경제는 적어도 광복 후 20년이 지난 1960년대 중반까지는 아프리카나 중남미 지역 국가들보다 더 나을 게 없었으며, 오늘날의 성장은 순전히 한국민들이 엄청나게 희생한 대가라는 얘기다. 한편 촘스키는 여기서 필리핀의 '실패'를 타이완과 비교하고 있는데, 사실 필리핀은 1960년대까지 한국보다 훨씬 잘사는 나라였다. 이런저런 사실로 볼 때 오늘날의 결과에 '식민 지배 방식'을 원인으로 대입하는 것은 무리가 있어 보인다.

그러나 촘스키의 의도가, 어떤 방식이든, '식민 지배'를 정당화하려는 데에 있는 것은 전혀 아니므로, 이 대목은 '자유시장'의 폐해와 그에 따른 제3세계의 참담한 희생을 주장하기 위한 하나의 비교 예시로 보아 넘겨도 무방할 듯싶다. 그런 면에서는 한국과 타이완의 예시가 일면 타당성이 있는 것으로 보인다.-한국어판 편집자]

제2차 세계대전 종전과 함께 일본의 식민 시스템은 분쇄되었습니다. 하지만 1960년대에 이르러 한국과 타이완은 예전의 성장률을 기록하며 발전하기 시작했습니다. 전후 시대에 이들 두 나라가 일본식 발전 모델을 따랐기 때문이었습니다. 이들은 외국의 착취에 노출되지 않았고, 국제적 수준으로 볼 때 상당히 평등주의적이었고, 교육과 보건에 상당한 자원을 투자했습니다. 아무튼 이들은 성공적인 발전 모델이 되었습니다. 물론 이들 아시아 국가들은 무자비합니다. 지독히 권위주의적이고 여성의 역할은 이렇다 할 게 없습니다. 이 밖에도 불쾌한 사항들이 많습니다. 하지만 이들은 성공적인 경제 발전 정책을 수행해왔습니다. 국가는 산업 정책을 조정했고, 자본의 해외 유출은 엄격하게 통제되었으며, 수입 물량은 아주 적었습니다. 이러한 정책들은 라틴아메리카에서는 원천적으로 불가능합니다. 왜냐하면 미국이 이 국가들에게 경제를 국제시장에 개방하라고 압력을 넣었기 때문입니다. 그리하여 라틴아메리카의 자본이 서방으로 끊임없이 흘러들었습니다. 하지만 한국에서는 그런 문제가 없었습니다. 이 나라는 자본 유출을 사형으로 다스렸습니다. 그래서 어려움을 깨끗이 해결한 겁니다.[57]

아무튼 중요한 것은, 일본 스타일의 경제개발 모델이 성공했다는 겁니다. 실제로 그것은 전 세계의 성공한 나라들이 채택한 방식이었습니다. 높은 수준의 보호주의를 채택하고 자유시장의 원칙으로부터 자국 경제를 보호했기 때문에 성공한 겁니다. 그런데 지금 이 순간까지도 서방 국가들은 나머지 제3세계 국가들이 이렇게 하는 것을 방해하고 있습니다.

청중 2 그렇다면 미국의 제국주의를 해체할 수 있는 방법이나 희망은 없는 걸까요?

— 그 상황에 대해서는 환경의 재앙이라는 문제로부터 두 가지 결론을 이끌어낼 수 있다고 봅니다. 첫째는, 그 문제(환경)에 대한 통제권을 기존의 권력층에 맡겨놓고 나머지 사람들은 해변으로 철수하여 그저 후손들이 살아남을 수 있기만을 비는 것입니다. 둘째는, 시민들이 단결하여 현재의 (환경) 착취 시스템을 쳐부수고 마침내 그 시스템을 참여적 통제 아래 두는 것입니다. 첫째는 완전 실패작이고, 둘째는 다양한 사태를 예상하게 합니다. 가령 수익성조차도 더 이상 최고 중요한 문제가 되지 못할 것입니다. 이제 제일 중요한 문제는 사람답게 사는 것, 바로 그것이 될 겁니다.

"왜 제국을 유지하는가?"
제국은 다른 사회정책과 너무나 유사합니다.
그것은 가난한 사람들의 돈으로
부자들에게 뒷돈을 대주는 형태입니다.

자, 보십시오. 일반 대중은 이런 제국주의적 체제를 고수한다고 해도 얻을 것이 별반 없습니다. 사실 얻는 게 전혀 없습니다. 역사상의 제국주의적 제도를 잘 살펴보면 과연 그 제도가 최종적으로 수지맞는 장사였는지 불분명합니다. 대영제국의 경우가 그것을 증명합니다. 구체적 수치를 제시하지는 못하지만, 대영제국은 식민지를 운영하는 데서 얻는 수익 못지않게 제국을 유지하느라 많은 비용을 지불했습니다. 미국이 지배하는 시스템도 대영제국의 경우와 별반 다르지 않을 겁니다. 가령 중앙아메리카를 한번 보십시오. 미국이 중앙아메리카를 통제함으로써 얻는 이익도 있을 겁니다. 하지만 그 지역에서 미국의 패권을 유지하기 위해 그 나라 국민들이 해마다 100억 달러의 세금을 내야 하는 일이 과연 수지맞는 일인지 의문이 듭니다.[58]

청중2 비용은 국민이 지불하면서 수익은 부자들이 가져가는군요.

— 바로 그겁니다. 그 말씀은 '왜 제국을 유지하는가?'에 대한 정확한 대답입니다. 제국은 다른 사회정책과 너무나 유사합니다. 그것은 가난한 사람들의 돈으로 부자들에게 뒷돈을 대주는 형태입니다. 제국이 가난한 사람들의 돈으로 부자를 지원하는 사회 방식의 한 형태임을 똑똑히 인식한다면, 민주적 사회계획이라는 환경에서는 제국이 발붙일 구석이 없습니다. 그런

---

58 대영제국을 유지하는 것의 이해타산에 대해서는 다음을 참조할 것. John Strachey, *The End of Empire*, Random House, 1959. 미국이 1980년대에 중앙아메리카에 개입한 데 든 비용에 대해서는 다음 자료 참조. Joshua Cohen and Joel Rogers, *Inequity and Intervention: The Federal Budget and Central America*, South End, 1986. 촘스키 자신도 그의 저서 《507년, 정복은 계속된다》에서 애덤 스미스가 대영제국의 예를 들면서 독점과 식민지 사업에 의문을 표시했다는 설명을 하고 있다.

민주사회에서는 제국의 도덕성 문제도 명백하게 지적이 되겠지요. 아무튼 그런 사회에서는 온갖 종류의 문제가 급격히 바뀌게 될 것입니다.

변화와 미래

청중1 촘스키 선생님, 선생님께서는 자본주의의 문제를 아주 예리하게 지적해주었고 저는 그 의견에 완전히 동의합니다. 하지만 선생님께서 미국 민중의 반정부 운동과 대규모 변화의 가능성에 대해 언급했을 때, 저는 약간 이해하는 데 어려움을 겪었습니다. 저는 선생님이 말씀하신 자본주의 체제에 대한 전면적인 환멸을 발견하지 못했습니다. 사람들은 어떤 분야에서 잘못되었다는 것을 발견하고 또 자신들이 무력하다는 것을 깨닫지만, 전체적으로는 그 체제를 받아들이고 있는 것 같습니다. 사람들은 레이건이 위임을 잘하는 대통령이라고 생각하지, 선생님이 말씀하신 것처럼 홍보 산업이 만들어낸 허수아비 대통령이라고 보는 것 같지 않습니다.

— 그래요. 사람들이 거리에 나서서 폭동을 일으키지는 않지요. 창밖을 내다보면 그 사실을 금방 알 수 있습니다. 하지만 내가 알고 있는 지표를 감안할 때 시민들은 점점 더 반정부적이고 회의적이 되어갑니다. 가령 미국 인구의 절반가량이 미국 정부는 '그들의 이익만 챙기는 몇몇 거대 이익 단체들'에 의해 운영되고 있다고 생각합니다.[59] 레이건이 위임을 잘하는 대통령인지 아니면 허수아비인지 그것은 중요한 문제가 아닙니다. 중요한 문제는, 사람들은 자신들이 정책 결정에 참여하지 못할 뿐 아니라 자신들과 별

상관없는 강력한 이익 단체가 정책을 주무른다는 것을 알고 있다는 겁니다. 내가 보기에, 시민들은 때때로 힘 있는 단체들을 잘못 이해하고 있습니다. 가령 노조를 그런 단체로 인식하는데 그것은 프로파간다일 뿐입니다. 하지만 기업, 거대 언론, 은행, 투자회사, 법률 회사 등을 힘 있는 이익 단체로 거론한다면 그것은 제대로 짚은 것입니다.

다시 아까 한 말로 되돌아가서 사람들이 거리에 나서서 폭동을 일으키지 않는 것은 사실입니다. 하지만 시민들에게는 상당한 잠재력이 있다고 생각합니다. 환경운동도 지금 거창하게 진행되고 있는데 이것은 1960년대가 아니라 1970년대의 운동임을 기억하기 바랍니다. 제3세계 연대운동이나 반핵운동도 1980년대의 운동입니다. 페미니스트 운동은 1970년대와 1980년대의 운동입니다. 운동에 참가한 사람은 다양합니다. 냉소적인 사람도 있고, 제도라고 하면 전혀 믿지 않는 사람도 있습니다. 남을 전혀 믿지 않는 사람도 있고 정부를 증오하는 사람도 있고 자신이 통제당하고 조종당하여 실제로 진행되고 있는 일은 전혀 모른다고 생각하는 사람도 있습니다. 운동이 반드시 좌파로 기울 필요는 없습니다. 그것이 파시즘의 기초가 될 수도 있습니다. 사람들이 운동을 어떻게 꾸려나가느냐에 따라 달라지는 것입니다. 이런 탈정치화하고 냉소적인 사람들은 지미 스워가트[텔레비전 복음 전도사] 같은 사람에 의해 손쉽게 동원될 수 있고 환경운동가들에 의해서도 대규모로 조직될 수 있습니다. 따라서 누가 어떤 의도로 운동을 주도하느냐가 중요한 것입니다.

철준2 당신은 그런 긍정적인 변화가 결국 일어나리라고 생각하나요?

— 모르겠습니다. 전혀 감이 잡히지 않아요. 하지만 그 어떤 혁명적 투쟁이든 결과를 미리 예측한 사람은 없었습니다. 예측 가능한 것이 아니지요. 그러니까 1775년 당시에는 미국 독립전쟁이 벌어지리라고 예측할 수 없습니다. 아니 예측이 불가능했지요. 1954년에는 민권운동이, 1987년에는 서안 지구에서 민중봉기가 일어나리라고 예측할 수 없었지요. 역사의 어느 단계에서든 미래를 비관적으로 또는 낙관적으로 고정시키는 것은 불가능하지요. 그것은 알 수 없습니다. 변화가 구체적으로 어떻게 오는지 아무도 알지 못합니다. 그러니 어떻게 추측할 수 있겠습니까?

좀 더 구체적인 사례를 하나 들겠습니다. 1968년에 MIT는 세계에서 가장 조용한 곳이었습니다. 반전운동이라는 것도 없었고 그 어떤 시위도 벌어지지 않았습니다. 그 시점은 테트 대공세 이후였습니다. 월스트리트가 이미 월남전 반대로 돌아섰는데도 대학은 아무런 소식도 듣지 못했습니다. 그런데 그때 대학에서 소규모 서클 활동을 하던 학생들이 탈주한 군인들을 위한 대피소를 운영하기로 결정했습니다. 당시 반전운동가들이 그 비슷한 일을 했었지요. 노동자계급 출신의 해병대원이 있었는데 그는 반전의 제스처로 탈주를 하려고 했어요. 학생들은 그 해병대원과 함께 경찰이 오기를 기다리면서 그걸 공식적인 이슈로 만들려 했지요. 한 무리의 학생들과 지도 교수가 이 문제를 의논했습니다. 당시 나는 그 운동의 전망을 비관적으로 보았기 때문에 반대했습니다. 아무리 봐도 괜히 망신살만 뻗칠 것 같았습니다. 하지만 학생들은 계획을 밀고 나갔습니다.

그런데 결과적으로 그것은 엄청난 성공을 거두었습니다. 이틀 사이에 MIT 전체가 폐쇄되었습니다. 수업은 전혀 없었고 어떤 학사 일정도 진행되지 않았고 전교생이 학생회관에 모였습니다. 회관은 24시간 내내 세미나와 시끄러운 음악 소리로 요란했습니다. 아주 흥분된 분위기였습니다. 그 행사 하나가 학교의 성격을 완전히 바꾸어놓았습니다. 그때 이래 MIT는 예전의 MIT가 아니었습니다. 물론 그것 하나로 대학이 유토피아가 되었다는 얘기는 아닙니다. 하지만 엄청난 관심과 폭발적인 활동에 발동이 걸렸고, 전에 사람들이 생각조차 하지 않으려 했던 이슈에까지 그런 분위기가 전파되었습니다. MIT를 잘 알고 있는 사람으로서, 이렇게 되리라고 추측이나 할 수 있었겠습니까? 나는 잘못 추측했고, 그들은 옳게 추측했습니다. 하지만 내가 볼 때 그것은 근본적으로 '동전 던지기'와 별반 다를 바가 없었습니다.

3

미국의 신新제국주의를 말하다

※ 1989년 4월 15, 16일 매사추세츠 로우에서 진행된 공개 토론회 가운데 저녁 세미나를
바탕으로 엮었다.

1 제국은 날마다 '전쟁'을 먹고산다

|

레이건은 '악의 제국'을 입으로만 떠벌렸지,
악의 제국과 대결할 수는 없었습니다. 위험했기 때문이지요.
소련은 반격해올 수도 있고 미사일 같은 무기도 갖고 있었습니다.
그래서 대안으로 미국인들을 위협하여 군사비 증강을 받아들이게 할 만큼
위협적인 상대를 찾았지요. 하지만 공격해도 반격하지 못할 만큼
약한 상태를 찾았지요. 그 답이 바로 카다피와 국제 테러리즘이었습니다.

|

군산복합체

청중2 촘스키 박사님, 무기 경쟁의 핵심은 무엇이었습니까?

— 여러 가지가 있는데 다양한 중요 기능에 봉사해왔습니다. 그 어떤 국가든 1차적인 적이 있는데 그것은 다름 아니라 그 나라의 민중입니다. 만약 어떤 나라의 내부에서 정치 논의가 활발해져 민중이 행동주의로 나서게 되면 온갖 끔찍한 일이 벌어질 수 있습니다. 그래서 위정자는 민중을 유순하고, 순종적이고, 수동적인 존재로 묶어놓아야 할 필요가 있습니다. 국제적 분쟁은 그렇게 하는 가장 좋은 방법 중 하나이지요. 국외에 적이 있으면 민중은 그들의 권리를 포기하게 됩니다, 우선 살아남아야 하니까. 이런 점에서 무기 경쟁은 그 나름대로 기능을 발휘합니다, 그것은 국제 긴장을 야기하고 공포 분위기를 조성하니까요.

무기 경쟁은 제국을 관리하는 데도 유익합니다. 가령 미국이 남베트남을 침공하고자 한다면 미국이 러시아로부터 스스로를 지키려는 것처럼 보여야 할 필요가 있습니다. 만약 그런 외양을 꾸며내지 못한다면 미국이 남베트남을 침공하기가 훨씬 더 어려워집니다. 국내 여론이 그것을 허용하지 않을 테니까. 이처럼 하는 데는 비용이 많이 듭니다. 특히 엄청난 도덕적 비용을 지불해야 하지요.

무기 경쟁은 경제 활성화에도 중요한 역할을 합니다. 이것은 정말 중요한 문제입니다. 가령 무기 경쟁이 서서히 사라져버린다고 해봅시다. 그러면 어떻게 지난 50년 동안 해왔던 것처럼, 납세자를 압박하여 첨단산업에 보조금을 지불하도록 하는 관행을 유지할 수 있겠습니까? 또 어떤 정치가가 이렇게 말할 수 있겠습니까? "내년에 당신들은 생활수준을 낮춰야 할 것입니다. 당신들이 IBM을 보조해주어야 제5세대 컴퓨터를 생산할 수 있기 때문입니다." 아무도 이런 식으로는 설득할 수 없을 것입니다. 이렇게 말하는 정치가가 있다면 사람들은 이렇게 대꾸할 것입니다. "좋아, 그렇다면 우리는 사회적·경제적 정책 수립 과정에 직접 개입해야겠어."

사실 이런 위험은 지난 40~50년 동안 미국의 기업계 자료에서 매우 공개적으로 토의되어왔습니다.[1] 기업계 지도자들은 경제학자들이 알고 있는 바를 소상하게 알고 있습니다. 민간 목적으로 지출하면 군사 목적으로 지출한 것보다 더 효율적이고 더 이익이 많이 난다는 것 말입니다. 펜타곤 시스템 외에도 일반 대중이 첨단산업을 보조하도록 하는 많은 방법이 있음을 알고 있습니다. 기업은 이것을 잘 알고 있고 왜 사람들이 반대하는지도 알고 있습니다. 그래서 무기 경쟁은 예전 그대로의 모습으로 지금까지 남아 있는 겁니다.

경제학 과목을 수강해보면 이렇게 가르칩니다. '정부가 경제를 활성화하기 위하여 일정 규모의 달러를 지출하면 그것이 어디에 사용되었는지는 별로 중요하지 않다. 제트 비행기를 만드는 데 쓸 수도 있고, 모래밭 속에 묻어놓고서는 사람들에게 파내라고 할 수도 있고, 도로나 집을 지을 수도 있고, 다른 많은 일을 할 수 있다. 경제를 활성화한다는 측면에서 볼 때, 그 경

제적 효과는 서로 다르지 않다.'²

사실은 여러 이유로 군사비 지출이 사회적 지출보다 덜 효율적인 자극책입니다. 그런데 민간 목적을 위한 지출에는 부작용이 있습니다. 우선 그것은 관리의 특권을 침해하는 것입니다. 펜타곤 시스템을 통해 흘러간 돈은 기업 사장들에게는 직접적인 선물입니다. 이렇게 말하는 것과 비슷합니다. "나는 당신 제품을 사겠소. 당신의 연구 발전기금을 내주겠소. 그리고 당신이 이익을 낼 수 있다면 좋겠소." 기업의 사장 입장에서 볼 때 최적입니다. 하지만 기업이 상업 시장에 직접 내다 팔 수 있는 물건을 정부가 생산하기 시작한다면 기업의 수익성을 침해하게 될 겁니다. 하지만 쓰레기, 가령 아주 값비싼 쓸모없는 기계류의 생산은 전혀 그렇지 않습니다. 그 누구도 B-2폭격기를 생산하지는 않으니까. 이게 요점의 하나입니다.

다른 한 가지 요점은 개인 권력이라는 관점에서 보면 더 심각한 것인데, 그것은 사회적 지출이 민주주의의 가능성(개인 권력의 입장에서 보면 위험스러운 것)을 높인다는 겁니다. 즉 정책 결정에 민중이 참여할 가능성이 높아지게 된다는 거지요. 예를 들어 정부가 병원, 학교, 도로 등을 짓는 데 참여한다면 시민들은 그 일에 관심을 갖게 되고 뭔가 한두 마디 하고 싶어질 겁니다. 왜냐하면 그것이 자신들의 생활과 관련이 있고 자신들에게 영향을 미치기 때문입니다. 반면에 정부가 "우린 스텔스 폭격기를 제작할 거야"라고 말하면 아무도 의견을 내놓지 못합니다. 시민들은 학교나 병원이 지어질 부지에 대해서는 관심이 있지만 정부가 어떤 종류의 제트기를 제작할지에 대해서는 관심이 없기 때문입니다. 도대체 제트기가 어떻게 생겼는지 감조차 없는 겁니다. 사회정책의 주된 목적 가운데 하나는 민중을 수동적인 채로 두는 것이므로, 권력을 쥔 자들은 민중이 계획 단계에 참여하는 것을 차단하고 싶어 합니다. 그 까닭은 민중의 참여가 기업계에 의한 권력 독점을 위협하고, 시민단체의 조직을 격려하고, 시민들을 움직이게 만들고, 나아가 이익의 분배를 유도할 것이기 때문입니다.

청중1 그 많은 돈을 군산복합체에 주지 말고 세금을 깎는 것은 어떻습니까?

— 세금을 많이는 깎지 못합니다. 경제를 돌아가게 할 수단이 그것 외에는 마땅치 않기 때문입니다. 대공황 이후로 자유시장 자본주의라는 것은 총체적 실패작임이 알려져왔습니다. 그것이 통하지 않는다는 겁니다. 따라서 성공적인 경제체제를 갖고 있는 전 세계의 모든 나라는 파시즘 비슷한 형태를 취하고 있습니다. 다시 말해 정부가 경제에 직접 개입하여 극심한 경쟁 같은 적대적인 힘으로부터 경제를 보호하고 조정해왔던 겁니다. 이것 말고는 다른 방법이 없습니다. 만약 민간기업으로부터 지원의 손길을 완전히 거두어버린다면 경제는 곧바로 대공황 상태로 들어가버립니다. 이 때문에 모든 산업 경제에 엄청난 공공 부문state sector이 있는 겁니다. 그리고 미국의 대규모 공공 부문은 주로 군사비 지출을 통하여 유지되고 있습니다.

가령 IBM은 연구 개발 비용을 자기 주머니에서 지불하지 않습니다. 왜 그렇겠습니까? 그들은 납세자가 대신 내주기를 바랍니다. 그러니까 국민 세금으로 운영되는 NASA 프로그램이나 차세대 전투기 모델을 IBM이 일부 맡아 연구하다 보면 회사의 연구 개발은 저절로 되는 겁니다. 그들은 제품을 상업 시장에서 모두 팔지 못하면 납세자들이 사주기를 바랍니다, 미사일 발사 시스템이나 그 비슷한 물건의 형태로. 제품을 팔아서 이익을 남길 수 있다면 그들은 기쁜 마음으로 수익을 올릴 겁니다. 하지만 늘 공공보

SDI 이른바 '별들의 전쟁'이라는 군사정책은 근본적으로
첨단산업을 보조하기 위한 것이었습니다.
제정신이 박힌 사람치고 아무도 이걸 방위 시스템이라고
생각하지 않습니다.

조금이 지원되기를 바랍니다. 바로 이것이 지난 50년 동안 미국에서 일반적으로 벌어진 일이었습니다.

예를 들어 1950년대에는 컴퓨터가 시장에 내놓을 만한 물건이 되지 못했습니다. 시장에 내다 팔 정도로 성능이 좋지 못했어요. 그래서 미국 납세자들은 컴퓨터 개발비를 100퍼센트 부담했습니다, 군사비 지출의 형태로요(전자제품에 대한 연구 개발비 85퍼센트 부담과 함께). 1960년대에 이르러 컴퓨터는 시장 판매가 가능해졌습니다. 컴퓨터 제작은 개인 기업들에게 이양되었고 그들은 컴퓨터를 팔아서 이익을 챙겼습니다. 그렇지만 1960년대에도 컴퓨터 개발 비용의 50퍼센트를 미국 납세자에게 떠넘겼습니다.[3] 1980년대에 들어와 대규모 '제5세대' 컴퓨터 프로젝트가 새롭게 시작되었습니다. 새로운 소프트웨어와 새로운 타입의 컴퓨터를 만들게 된 겁니다. 하지만 개발 비용이 엄청났습니다. 그러자 비용 부담은 또 납세자의 몫으로 돌아갔습니다. 이 때문에 SDI Strategic Defense Initiative (전략방위구상) 이른바 '별들의 전쟁'이라는 군사정책이 생겨난 겁니다. 이 정책은 근본적으로 첨단산업을 보조하기 위한 것이었습니다. 아무도 방위 시스템이라고 생각하지 않았습니다. 레이건은 믿었을지 모르지만, 제정신이 박힌 사람치고 SDI를 군사 시스템이라고 생각한 사람은 없었습니다. 그것은 최신 소프트웨어, 복잡한 컴퓨터 시스템, 5세대 컴퓨터, 레이저 등 차세대 첨단 기술의 개발을 보조하기 위한 방편이었습니다.[4] 만약 이 사업으로부터 뭔가 시장에 내놓을 수 있는 제품이 나온다면 오케이. 이때 납세자는 잠시 옆으로 밀려나게 됩니다. 그리고 거기서 수익을 챙기는 것은 기업들이고요.

---

3 컴퓨터와 기타 선진 산업을 육성하기 위하여 공적자금을 투자한 것ー보다 구체적으로 미국 경제에서 펜타곤이 한 역할ー은 아주 중요한 토픽이다. 이것은 이 책의 제2권 7장과 제3권 10장에서 다시 다루어진다.

자, 국제적으로 경쟁력을 갖춘 미국의 경제 분야들을 한번 살펴보십시오. 농업 분야는 엄청난 정부 보조금을 받고 있고, 첨단산업의 경쟁력은 펜타곤의 지원으로 얻어진 것이고, 제약업은 공공 과학기금에 의해 엄청난 보조를 받고 있습니다. 이처럼 보조금을 받는 분야가 국제적으로 경쟁력을 발휘하는 겁니다. 이런 사정은 전 세계의 다른 나라도 마찬가지입니다. 성공적인 경제 분야는 대규모 정부 섹터를 갖고 있는 분야인 겁니다. 자본주의? 제3세계가 그걸 운영하는 것은 오케이입니다. 미국은 그들이 그런 체제를 운영하면서 비효율의 늪에 빠지는 것을 반깁니다. 하지만 미국 자신은 그걸 받아들이지 않습니다. 더욱이, 이것은 산업혁명 초창기부터 그랬습니다. 보호관세나 보조금 등의 대규모 정부 개입 없이 발전해온 경제는 역사상 있었던 적이 없습니다. 미국이 제3세계들에게 하지 못하게 했던 것들이 실은 다른 지역에서는 경제 발전의 필수조건이었습니다. 이것은 어디에서나 예외가 없었습니다. 다시 당신의 질문으로 되돌아가서, 정부가 세금을 깎아줄 길은 없습니다. 그렇게 하면 전체 경제가 무너지니까요.

영구적인 전쟁 경제

청중1 펜타곤이 미국 경제에 그토록 중요하다는 선생님의 말씀에 약간 놀랐습니다.

— 미국의 첨단산업치고 펜타곤 시스템과 연결되지 않은 분야는 거의 없습니다. 그 시스템은 NASA와 에너지국〔핵무기 생산〕을 포함하지요. 아무튼 펜

타곤의 주된 임무는 그것입니다. 그처럼 엄청난 지원을 하다 보니 예산이 엄청난데도 매해 깎이지 않습니다. 펜타곤은 예산의 실질 가치가 닉슨 시대보다 훨씬 큽니다. 근년에 들어와 펜타곤 예산이 줄어들면서 '경제에 피해를 주는' 효과가 나타나고 있습니다. 예를 들어, 펜타곤 예산은 1986년부터 줄기 시작했고, 1987년에 숙련 근로자(다른 말로 대학을 졸업한 근로자)의 실질임금이 떨어지기 시작했습니다. 그보다 앞서서는 미숙련 근로자의 임금이 꾸준히 낮아져왔는데, 펜타곤 예산이 삭감되고 1년 후 대졸 근로자의 임금이 떨어지기 시작했습니다. 그 까닭은 엔지니어, 숙련 근로자, 관리자 등으로 일하는 대졸자들의 취업은 펜타곤 시스템에 크게 의존하기 때문입니다. 따라서 군사비 지출이 조금이라도 줄어들면 이들 인구의 실질 임금이 즉각 영향을 받게 됩니다.[5]

펜타곤 시스템이 처음 도입된 1940년대 후반에 진행된 논의들을 살펴보면 참으로 시사하는 바가 많습니다. 펜타곤 시스템의 발전 과정을 살피려면 우선 그 배경을 소상히 알아야 합니다. 1930년대에 전 세계적으로 대공황이 있었고 그때 사람들은 자본주의가 죽었다는 것을 알았습니다. 대공황 전에는 사람들이 자본주의를 믿는 마음이 약간 있었는데 대공황과 함께 그 믿음이 남김없이 사라져버렸습니다. 왜냐하면 자본주의 제도 전체가 일종의 회오리바람에 말려들어갔기 때문입니다. 그 상태로 놔두어서는 구제할 길이 전혀 없었습니다. 그래서 부자 나라들은 위기를 탈출하기 위해 하나같이 똑같은 방법을 썼습니다. 물론 독자적으로 진행됐으나 결과적으로는 같은 방법론에 도달했던 겁니다. 국가의 지출과 공공 지출을 대폭 확대하는 것이 그것인데, 이른바 '케인스 식 부양Keynesian stimulation'이라는 것입니다. 부자 나라들은 마침내 대공황에서 벗어났습니다. 이 방법은 파시스트 국가

일수록 빠르게 통했습니다. 사실 모든 나라가 일종의 파시스트 국가가 되었습니다. 이때의 파시즘이란 독가스실(나치의 대규모 인종 학살-옮긴이)을 의미하는 것이 아니라 국가가 노동조합과 기업을 조정하여 경제 분야에서 커다란 역할을 맡는 경제체제를 말합니다. 모든 국가가 파시스트가 되었다는 이 주장은 베블렌 유형의 주류 경제학자들[미국의 경제학자 베블렌 이후]이 그 당시에 내놓았던 것입니다. 그들은 이렇게 말했습니다. "모두가 파시스트이다. 단지 다른 게 있다면 파시즘이 어떤 형태를 취했는가 하는 것이다. 그 나라의 문화 패턴에 따라 다른 형태를 취했던 것이다."[6]

미국에서 최초로 그 파시즘이 취했던 형태는 뉴딜[대공황을 물리치기 위해 1930년대에 제정된 입법 프로그램]이었습니다. 하지만 뉴딜은 너무 소규모였고 큰 효과를 발휘하지 못했습니다. 1939년, 대공황은 1932년과 거의 비슷한 상태였습니다. 이어 제2차 세계대전이 발발했고 미국은 실제적으로 파시스트 국가가 되었습니다. 전체주의적인 사회였고, 통제 경제를 시행했고, 임금과 가격을 통제했으며, 물자를 배분하는 등 이 모든 일을 워싱턴이 주관했습니다. 이렇게 경제를 운영한 사람들은 대부분 기업의 중역들이었는데, 그들은 능력을 발휘했고 경제가 돌아가기 시작했습니다. 그래서 미국 경제는 전쟁 중에 번성했고, 산업 생산은 거의 네 배로 늘어났으며, 마침내 대공황에서 벗어났습니다.[7]

그리고 전쟁은 끝났습니다. 이제 어떻게 되었을까요? 모두들 다시 대공황 시기로 되돌아갈 것이라고 생각했습니다. 근본적인 것은 바뀐 게 없고, 전쟁 중에 정부가 엄청난 규모의 경기 부양책을 썼을 뿐이었습니다. 그래서 이제 어떻게 해야 하지? 하는 문제가 대두했습니다. 물론, 그동안 감춰두었던 소비자의 수요가 있기는 했습니다. 많은 사람들이 돈을 벌었고 냉

장고나 기타 물건들을 사들이고 싶어 했습니다. 그러나 1947년과 1948년에 이르러 그런 수요도 꺼져가기 시작했습니다. 미국은 또 다른 불경기로 빠져드는 듯했습니다. 당시 폴 새뮤얼슨이나 기업계의 경제학자들이 내놓은 글을 읽어보면 첨단산업은 "무한 경쟁의, 보조금 없는 자유기업 경제에서는 살아남을 수 없다"고 되어 있습니다. 그처럼 희망이 없었습니다.[8] 경제학자들은 미국 경제가 대공황 상태로 되돌아가고 있다고 추측했고, 이제 그들은 정부의 부양책이 답이라는 것을 알고 있었습니다. 게다가 그것을 뒷받침해주는 케인스 학설까지 갖추어졌습니다. 그 전에는 본능적으로 그런 조치를 취해야 한다는 걸 알았고요.

그 순간, 기업과 정부 관료 사이에 의견이 합치되었습니다. '공공 기금을 대규모로 쏟아부어 경제를 부양해야 한다.' 문제는 어떻게 그 돈을 쓸 것이냐 하는 것이었습니다. 그러다가 아주 흥미로운 얘깃거리가 나왔는데, 논의라고 할 수도 없는 것이었습니다. 왜냐하면 얘기를 하기도 전에 방침이 정해져 있었기 때문입니다. 하지만 이런 질문은 제기되었습니다. 정부가 공공기금을 집행한다면 군사 부문의 지출로 갈 것이냐 아니면 민간 부문의 지출로 갈 것이냐를 논의하는 과정에서 정부 지출은 군사 부문이 되어야 한다는 게 점점 분명해졌습니다. 하지만 경제적 효율성 때문만은 아니었습니다. 앞에서 말한 것처럼 순전히 권력의 편의를 위해서였습니다. 군사비 지출은 부를 재분배하지 않고, 민주화시키지도 않고, 시민들의 세력권을 형성시키지도 않고, 사람들이 정책 결정에 참가하도록 격려하지도 않았습니다.[9] 그것은 기업 사장들에게 주는 직접적인 선물, 그 이상도 이하도 아니었습니다. 기업 사장들이 결정을 내리는 데 하나의 쿠션 같은 것이었습니다. '당신이 무슨 일을 하든 거기에는 받쳐주는 쿠션이 있어.' 물론 그것이 전체 매출의 커다란 부분을 차지하지는 않았지만 그래도 몇 퍼센트는 차지하기 때문에 아주 중요한 쿠션이었습니다.[10]

일반 대중에게는 이런 사실을 알려주면 안 되었습니다. 공군 장관 스튜어트 사이밍턴은 1948년 다음과 같이 분명하게 말했습니다. "보조금이라는 단어를 사용하면 안 돼. 안보라는 단어를 사용해야 돼."[11] 다르게 말하면 이렇습니다. 정부가 전자 산업, 항공기 산업, 컴퓨터, 야금술, 공작기계, 화학제품 등을 재정적으로 보조하는 한편, 일반 대중의 정책 간섭을 배제하기 위해서 안보 위협을 지속적으로 유지하는 것입니다. 위협은 러시아나 리비아도 될 수 있고, 상황에 따라 누구나 될 수 있습니다.

바로 이게 펜타곤 시스템입니다. 즉 특정 형태의 지배와 통제를 확보하기 위한 시스템입니다. 그리고 이 시스템은 당초에 기획된 목적을 훌륭하게 달성해냈습니다. 바로 민중의 삶을 향상시키는 것이 아니라 '경제를 건강하게 유지하는 것'입니다. 다시 말하자면 기업의 이익을 확보해주는 것입니다. 이 시스템은 이 일을 매우 효과적으로 잘해냈지요. 그 결과 미국은 무기 경쟁에서 커다란 이해관계를 갖게 되었습니다. 국내의 통제, 제국의 유지, 경제 활성화 등 다목적 포석이 필요했거든요. 이 모두를 해결하기는 대단히 어렵습니다. 시민운동에게도 가장 까다로운 과제입니다. 펜타곤 시스템을 바꾼다는 것은 경제 전반과 경제의 운용 방식에 영향을 미칠 것이기 때문입니다. 그것은, 가령, 베트남에서 철수하는 것보다 더 어렵습니다. 베트남은 권력 체제 면에서 보면 주변적인 문제일 뿐이지만 이것은 핵심적인 문제입니다.

사실 내 친구들 중에 군사적 지출에서 사회적 지출로 경제를 '전환'해야 한다면서 캠페인을 벌이는 사람들이 있는데 나는 몇 년째 그들에게 그런 주장은 씨도 먹히지 않는다고 말해왔습니다. 무슨 소리인가 하면, 기업들에게 '이렇게 많은 제트기를 제작하니 그 돈으로 많은 학교를 지을 수 있다'고 설득하려는 노력은 말짱 헛일이라는 겁니다. 제너럴모터스 사장을 설득할 필요가 없습니다. 그 시장은 사람들이 '전환' 주장을 내놓기 40년 전부터 제트기를 원했기 때문이지요. 권력을 가진 사람들에게 '전환'이 세상을 위해서 더 좋다고 설명하는 것은 아무 소용도 없습니다. 그건 뻔한 사실이니까. 그들은 오래전부터 그 사실을 알았고 바로 그 때문에 정반대 방향으로 간 것입니다. 한번 보십시오. 이 시스템은 여러 의식적·의도적 생각을 가지고 어떤 특정한 목적에 봉사하도록 고안된 것입니다. 따라서 어떤 종류가 되었건, 진정한 '전환'은 이런 중앙 집중화된 통제를 허물어뜨릴 수 있도록 고안된, 전면적인 사회개조 작업의 일환이 되어야 하는 것입니다.

이렇게 하자면 대안이 있어야 합니다. 펜타곤 예산을 삭감하는 것만으로는 충분하지 않습니다. 그것은 경제를 붕괴시킬 겁니다. 경제가 그 시스템에 의존하고 있으니까. 석기시대로 되돌아갈 생각이 아니라면 뭔가 획기적인 것이 있어야 합니다. 따라서 첫걸음은 공공기금이 사회적·인간적 필요에 사용될 수 있는 경제 문화와 제도적 구조를 창조하는 것입니다. 이런 관점에서 볼 때, '전환'을 주장하는 많은 사람들이 맥을 잘못 짚은 것입니다. 그들은 뻔한 문제만을 들춰낼 뿐, 대안의 기반을 창출하는 문제에 대해서는 집중하지 않는 겁니다.

청중2 그런 군사적 제도를 완전 해체할 수 있는 희망은 있는 걸까요?

— 먼저 대규모 제도의 변화가 있어야 합니다. 사회를 진정으로 민주화시

켜야 합니다. 기업들이 계속 경제와 정치제도를 지배하게 내버려둔다면 그들이 알아서 스스로 변할 가능성은 거의 없다고 봅니다. 기업에 몸담고 있는 사람들이 나쁘다는 얘기는 아닙니다. 제도적으로 기업의 지배와 수익 구조를 유지하고 있는 체제가 나쁘다는 겁니다. 가령 제너럴모터스 회장이 갑자기 최고로 저렴한 가격에 제일 좋은 차를 생산하기로 결정했다고 하면 그는 회장 노릇을 오래 하지 못할 겁니다. 주식시장에서 주가가 변동하자마자 그는 5분 내에 쫓겨날 겁니다. 이것이 체제 전반에 걸쳐 일반적으로 적용될 수 있습니다. 경제를 좌지우지하는 사람들이 그처럼 통제권을 위태롭게 하는 조치에 동의할 리 없습니다. 그것은 힘 있는 사람들이 민중의 정책 참여를 유도하는 정치제도에 동의하지 않는 것과 같은 이치입니다. 그들은 권력을 결코 내놓으려 하지 않을 것입니다. 선뜻 내놓는다면 그건 미친 짓이겠지요. 언론의 지면을 반정부 인사의 견해에 활짝 개방하는 것이나 마찬가지로 어리석은 짓일 겁니다. 그것은 전혀 그들의 목적에 부합하지 않습니다. 또 다른 사례로는 대학들이 역사를 정직하게 가르치는 경우를 들 수 있겠지요. 대학에 있는 사람들은 그걸 어리석다고 생각할 겁니다.

그렇다고 해서 우리가 할 수 있는 일이 전혀 없다는 얘기는 아닙니다. 현재의 권력 구조 내에서도 압력과 변화와 개혁을 밀어붙일 공간이 많이 있습니다. 어떤 제도든 일반 대중의 압력을 의식합니다. 그래야 그들의 당초 목표대로 민중을 수동적이고 묵종적인 존재로 만들 수 있으니까요. 만약 민중이 고분고분하지 않다면 그것은 또 그것대로 대응해야 하니까요. 하지만 문제의 핵심을 틀어쥐고 제대로 해결하려면 권력의 본원本源에 접근하여 해체해야 합니다. 따라서 대안은 정책 통제권을 민중의 손에 돌려주는 것입니다. 민주적인 방식으로 권력을 해체하고 확산시키는 것, 이것 외에는 방법이 없다고 생각합니다.

리비아의 테러리즘과 미국의 테러리즘

참조2 촘스키 선생님, 시사적인 문제로 좀 화제를 돌려보겠습니다. '테러리
즘'은 1980년대에 들어와 언론에서 대대적으로 보도하는 현상입니다. 왜
갑자기 리비아가 이토록 미국을 심각하게 위협하는 존재가 되었다고 생각
하시나요?

— 레이건 행정부는 초창기부터 리비아를 펀칭백(공격 대상)으로 선정했습
니다.[12] 그럴 만한 이유들이 있었습니다. 리비아는 방어 능력이 없고 카다
피는 미움받는 깡패였습니다. 덩치가 작았지만 그래도 깡패는 깡패였습니
다. 게다가 그는 아랍인이고 미국에는 반아랍 인종차별주의가 팽배했습니
다.[13] 그리고 레이건 행정부는 공포를 조성할 필요가 있었습니다. 시민들을
동원하여 그들이 싫어하는 일을 시킬 필요가 있었습니다. 가령 대규모 군
사비 지출을 지지하도록 해야 했습니다.

레이건은 '악의 제국Evil Empire'을 입으로만 떠벌렸지, 악의 제국과 대결할
수는 없었습니다. 위험했기 때문이지요. 소련은 반격해올 수도 있고 미사
일 같은 무기도 갖고 있었습니다. 그래서 대안으로 미국인들을 위협하여
군사비 증강을 받아들이게 할 만큼 위협적인 상대를 찾았지요. 하지만 공
격해도 반격하지 못할 만큼 약한 상대를 찾았지요. 그 답이 바로 카다피와
국제 테러리즘이었습니다.

아랍인들의 국제 테러는 실제로 있었습니다. 하지만 대부분의 국제 테러는 워싱턴과 마이애미에서 나오고, 아랍 세계의 테러는 비교적 소규모였습니다.[14] 미국 국민들은 아랍인의 테러를 싫어했습니다. 그들은 비행기를 폭파했고 정말 겁나는 존재였습니다. 그런 짓을 저지른 자들은 검은 얼굴에 수염을 기른 괴상하게 생긴 아랍인들이었습니다. 아랍인의 테러가 과연 미사일을 더 많이 제작하여 방어해야 할 만큼 심각한 위협인가요? 그런데 미국은 아랍인의 테러가 크렘린의 지도를 받는 국제 테러라고 주장합니다.[15] 이것은 처음부터 조작된 것입니다. 게다가 이미 1981년 내가 이 주제로 글을 쓸 때부터 이게 빤한 거짓말이라는 것은 분명히 밝혀졌습니다.[16] 하지만 언론은 그것을 알지 못하는 척했고, 학자들도 알지 못하는 척했습니다. 그들이 고장 난 레코드판처럼 같은 말을 되풀이하는 건 예측 가능한 일이었습니다. 그 레코드판을 1981년에도 걸더니, 지금도 걸어놓았습니다.

테러에 관한 언론의 캠페인은 리비아에 관한 CIA의 역정보들로부터 시작되었습니다. 1981년 CIA는 언론에다 카다피를 암살하기 위한 미국의 노력에 대한 얘기를 흘렸습니다. 이것으로 카다피를 자극하여 그가 모종의 어리석은 행동을 하도록 유도하고, 그러면 그걸 구실 삼아 리비아를 폭격하겠다는 시나리오였지요. 그런데 이게 폭로되었습니다. 리비아에 관한 CIA 역정보는 1981년 8월 《뉴스위크*Newsweek*》에 처음 나왔습니다. 《뉴스위

---

14 촘스키는 몽구스 작전에 비해 보면 아랍 세계의 테러는 아무것도 아니라는 주장을 편다. 몽구스 작전은 이 책의 1장과 그 장의 주21에서 다루었다. 워싱턴이 국제적으로 자행한 테러는 이 책의 전편을 통해서 언급되고 있다. 촘스키는 미국이 국제 테러의 본산이었다는 점을 다음에서 상세히 밝히고 있다. *The Washington Connection and Third World Fascism-The Political Economy of Human Rights: Volume 1*, South End, 1979, pp. 85-87.

16 촘스키는 1982년에 발표한 다음 책의 서론에서 그런 주장을 한 바 있다. *Towards A New Cold War: Essays on the Current Crisis and How We Got There*, Pantheon, 1982.

크》는 자기들이 정부의 역정보 캠페인에 노출된 바 있다고 썼습니다.[17]

그때 이래 워싱턴이 리비아에 관한 말도 안 되는 소리를 흘리고 그것을 언론이 받아쓴 사건이 여섯 건 정도 있었습니다. 언론은 나중에 그것이 역정보인 줄 알고 놀라는 시늉을 했습니다. 여러분들 같으면, 언론들이 어느 시점에서 정보가 이상하다고 의문을 품었을 텐데 하고 생각하겠지만, 그들은 의문을 품지 않았습니다. 그 기사라는 것들이 아주 황당무계했습니다. 워싱턴 시내를 배회하는 리비아 저격수, 백악관을 엄중 경비하는 SWAT(미국연방수사국FBI 등의 특수기동대) 팀, 뭐 이런 얘기들이 써 있었습니다. 하지만 그것은 모두 헛소리였습니다.[18]

리비아와의 이런 대결 국면은 몇 가지 국내의 목적에 타이밍이 맞추어져 있었습니다. 그중 1986년 4월에 리비아를 폭격한 주요 대결 국면은 미국 의회의 콘트라 지원 투표와 때를 맞추었습니다. 투표 전에 미리 대규모 히스테리 증세를 일으키자는 것이었는데, 말하자면 그게 성공했습니다. 한두 달 뒤에 대규모 지원 패키지가 의회를 통과했던 것입니다.[19]

리비아 폭격은 처음부터 완전히 조작된 연극이었습니다. 첫째, 리비아 포대砲臺가 미국 폭격기에 포격을 가하도록 하는 대결 국면은 사전에 유도된 것입니다. 리비아가 폭격을 가한 상대는 언제나 미국 해군이 아니면 공군이었습니다. 그들은 이탈리아 비행기, 프랑스 비행기, 에스파냐 비행기가 아니라 언제나 미국 비행기만 쏘았습니다. 왜 그랬을까요? 한 가지 가능성은 리비아가 완전 정신이상이 되어, 그들을 싹쓸이하려는 사람들을 공격했다는 것입니다. 다른 가능성은 미국이 일부러 폭격을 유도했다는 것인데, 이게 진상입니다. 리비아가 미국 비행기만 쏜 이유는 미국이 폭격을 받으려고 일부러 비행기를 그쪽으로 보냈기 때문입니다. 다른 나라들은 시드라 만^灣에는 아예 비행기를 보내지 않았습니다. 그래봤자 아무 의미도 없었기 때문인데, 결과적으로 그들은 포격을 받지 않았습니다.

리비아는 시드라 만이 자신들의 영해라고 말했고 미국은 이를 인정하지 않았습니다. 국가 간의 이런 분쟁을 해결하는 방법이 있는데, 문제를 국제사법재판소에 제출하여 재판을 받는 것입니다. 법을 지키는 국가는 이런 식으로 일을 처리합니다. 미국에서 이 방법도 검토되었으나 국무부에서 거부했습니다. '우리는 그렇게 할 수 없다. 상황이 너무 절박하다. 국제사법재판소로부터 판결을 받아내는 데에는 2년이 걸린다. 미 해군을 시드라 만으로 들여보내는 문제를 2년이나 미룰 수 없다. 그동안 미국은 붕괴해버릴 것이다.' 뭐, 이런 논리를 폈습니다. 너무나 우스꽝스러워서 더 이상 얘기할 것도 없습니다.[20]

1986년의 대결 국면의 시작은 미국 비행기가 리비아 영공을 침범하여 포격을 당한 것입니다. 하지만 미 공군은 실제 격추당하지 않으리라는 걸 알고 있었습니다. 리비아의 대공 방위 능력이 어느 수준인지 꿰뚫어보았으니까요. 영공을 침범한 미국 비행기들은 곧 해상의 함대로 되돌아갔고, 미 해군은 여러 척의 리비아 해군 함정들을 포격하고 또 다수의 리비아인들을 살상했습니다. 그것은 멋진 승리였습니다.

그 뒤 1986년 4월 5일에 서베를린의 디스코텍이 폭파되어 두 명이 사망했습니다. 한 명은 터키 여인이었고 다른 한 명은 흑인 미군 병사였습니다. 이 디스코텍은 흑인들이 드나드는 제3세계 술집이었는데, 이건 중요한 사실이었습니다. 백악관은 즉각 이 테러가 리비아의 소행임을 보여주는 무전 도청 등 증거가 있다고 주장했습니다. 하지만 백악관은 그 증거를 내놓지 않았습니다.[21] 그리고 아흐레 뒤 4월 14일에 미국은 리비아를 폭격했습니다.

이 얘기는 처음부터 조작된 것입니다.
하지만 언론은 그것을 알지 못하는 척했고, 학자들도 알지 못하는 척했습니다.
그들이 고장 난 레코드판처럼 같은 말을 되풀이하는 건
예측 가능한 일이었습니다.

미국이 리비아를 폭격할 의사를 갖고 있었다는 게 아주 분명했습니다. 사실 나는 컴퓨터로 AP의 와이어 뉴스를 모니터했습니다. 뉴스가 하루 종일 계속 떴는데 미국이 리비아를 폭격하리라는 것은 분명했습니다. 여러분 중에 티커테이프(수신용 종이테이프-옮긴이)를 보신 분이 있는지 모르겠는데, 거의 1분 단위로 기사가 나왔어요. 하루 종일 수 톤에 달하는 리비아 관련 기사가 들어왔습니다. 폭격 직전에 마지막으로 나온 것은 오후 6시 28분의 것이었습니다. 발신지는 서베를린이었고 내용은 이랬습니다. '서독과 미군 첩보부는 디스코텍 폭파 사건과 리비아의 관련 정보를 갖고 있지 않으나 혹시 관련되어 있지 않을까 의심하고 있다.'[22]

그리고 30분 뒤, 정확히 저녁 7시에—7시 정각이라는 사실이 중요합니다—미국은 리비아를 폭격하기 시작했습니다. 왜 하필 저녁 7시였을까? 미국 주요 3대 텔레비전 방송국에서 전국 뉴스를 시작하는 시각이었기 때문입니다. 이 폭격은 텔레비전 황금 시간대에 타이밍을 맞춘, 역사상 최초의 공격이었습니다. 나는 글자 그대로의 의미로 이렇게 말하는 것입니다. 이것은 준비하기가 까다로운 작전이었습니다. F-111 폭격기들이 텔레비전 뉴스 시작 시간인 7시에 정확히 맞추어, 영국으로부터 6시간 동안 동시에 날아와야 했으니까. 폭격기 편대는 지중해를 가로질러 날아왔는데 그 가운데 두 대가 돌아가기는 했지만 그래도 정확히 7시에 맞추어 나타났습니다. 이건 사전에 치밀한 준비가 있었다는 뜻입니다. 폭격 시점이 늦추어져 7시 10분이 되면 안 되는 것이었습니다. 그렇게 하면 뉴스 효과가 떨어질 테니까.

완전 정신이상이 아닌 한, 모든 언론인들은 이 작전이 사전 조작이라는 것을 알았습니다. 동부 표준시간 저녁 7시에 정확히 맞추어 폭격을 한다는 것은 무슨 의미겠습니까? 그날 저녁 텔레비전 뉴스를 보신 분들은 피터 제닝스와 다른 앵커들이 이런 말로 보도를 시작한 것을 기억할 겁니다. "자, 이제 트리폴리로 화면을 돌려보겠습니다." 실제로 화면은 트리폴리로 바뀌었고 거기 ABC 뉴스 팀이 대기하고 있었습니다. 제기랄, 그들은 도대체 트리폴리에서 뭘 하고 있었던 겁니까? 그들은 전에 트리폴리라고는 가본 적이 없었습니다. 그런데 그들이 거기에 있었던 것은 폭격이 있으리라는 걸 사전에 알았기 때문입니다. 그들은 아마도 분 단위까지 정확하게 알지는 못했을 것이지만 곧 폭격이 있으리라는 걸 알았기 때문에 사전에 대기하고 있었습니다. 하지만 그들은 금시초문이라는 듯이 놀라는 표정과 태도를 지었습니다.

그래서 7시에 미국은 트리폴리와 벵가지를 폭격했고 많은 사람이 죽었습니다. 아주 흥분되는 장면이 생방송되었고 엄청난 소음이 들려왔습니다. 이 흥분되는 사건 때문에 텔레비전의 정규 프로그램이 대체되었습니다. 이어 텔레비전 화면은 워싱턴으로 돌아왔고, 레이건 행정부의 대변인 래리 스픽스가 텔레비전에 출연했고, 방송국은 그 후 20분 동안 파괴 장면은 잠시 접어두고 국무부의 성명을 그대로 전했습니다. 한편 워싱턴 기자단이 대변인 앞에 말없이 앉아 있었는데, 100년이 지나도 정부를 상대로 곤란한 질문을 절대 던지지 않을 샘 도널드슨 같은 기자들이었습니다. 스픽스는 일어나서 말했습니다. "우리는 열흘 전 리비아가 디스코텍 폭발 사고의 배후임을 알고 있었습니다." 기자들 가운데 아무도 명백한 사실에 대한 질문을 던지지 않았습니다. 열흘 전에 그 사실을 알았다면 왜 30분 전에는 몰랐습니까? 물론 뉴스실에 무능함이 팽배해 있기는 했지만, 거기에 앉아 있던 기자들 모두 내가 알고 있던 것을 알고 있었습니다. 그들은 나 못지않게

CBS에서 AP 와이어 뉴스를 읽었고, 그래서 폭격 30분 전만 해도 미국과 서독 정보부가 리비아 연루설에 대한 정보를 갖고 있지 않다는 사실을 알고 있었습니다. 하지만 래리 스픽스는 자리에서 일어나 말했습니다. "우리는 열흘 전에 확실히 알고 있었습니다." 그리고 그들 중 아무도 눈 하나 깜짝하지 않았습니다.[23] 아무도 질문을 던지지 않았습니다. 왜 폭격이 동부 표준시간 7시에 맞추어 시작되었습니까? 런던에서 날아오는 데 6시간이 걸리는데 어떻게 사전 조율을 했길래 전국 텔레비전 방송 뉴스 시간인 7시에 칼같이 맞출 수 있었습니까? 사실 물어볼 것이 많았는데도 아무도 질문하지 않았습니다. 기자실의 기자들은 그 황당무계한 사실을 묵묵히 삼켰습니다. 이어 레이건이 나와서 잠시 사태를 주도했습니다. 그다음 날의 뉴스는 100퍼센트였습니다. 모두들 이렇게 말했습니다. "너무 멋진데. 마침내 리비아 녀석들에게 단단히 한 수 가르쳐주었군." 반대 의견은 그 어디에서도 들려오지 않았습니다.[24]

이와 관련하여 나의 개인적 체험을 하나 말씀드리겠습니다. 그런 일이 있고 2주 뒤 나는 독일에 가게 되었습니다. 거기서 테러 관련 대회에 참석하여 간단한 연설을 하게 되었습니다. 나는 프랑크푸르트 공항에 내리자마자 독일 신문들부터 집어들었는데 '독일판 뉴스위크'라고 할 《슈피겔*Der Spiegel*》도 집었습니다. 《슈피겔》 표지에 광인처럼 보이는 레이건 사진이 실렸는데 그의 머리 위로 미사일들이 날아가고 있고 하단에 '테러에 대항하는 테러'라고 써 있었습니다.[25] 이것은 옛날 게슈타포 슬로건인데, 나치에 저

---

24 미국 언론들의 열광적인 반응과는 아주 대조적으로 이 폭격은 유럽에서 대규모 시위 행사 등 엄청난 저항을 불러일으켰다. 또 대부분의 세계 신문은 비난 사설을 실었다. 촘스키는 세계의 이런 반응을 *Pirates and Emperors: International Terrorism in the Real World*, South End, 1991, pp. 131-132에 잘 요약해놓고 있다.

항하는 인사들을 추적할 때 쓴 말입니다. 독일 사람이라면 그게 게슈타포 슬로건이라는 것을 알아볼 겁니다. 요점은, 이 문구를 표지 그림과 함께 종합하여 생각하면 그 속뜻이 분명해진다는 겁니다. 그들은 '이것은 나치와 같은 행동이다'라고 말한 것입니다. 《슈피겔》지는 리비아가 디스코텍 폭발 사건과 관련이 있다는 이론을 쳐부수는 데 거의 모든 지면을 할애했습니다. '이 주장에는 근거가 없다. 완전 조작이다. 워싱턴은 그 어떤 구체적 증거도 내놓지 않았다.'

심지어 누가 이런 짓을 꾸몄을까, 추측까지 했습니다. 마약과 관련된 것이 아닐까. 쿠클럭스클랜이 개입된 것은 아닐까. 클랜 개입설은 독일 주둔 미군에게서 나온 듯한데 독일에 강력하게 퍼져 있었습니다. 하지만 아무리 생각해봐도 리비아가 독일의 제3세계 바(술집)를 폭발시킬 이유가 없었습니다. 독일에 머무는 동안 나는 리비아가 폭발 사고에 관련되어 있다고 생각하는 사람은 단 한 명도 만나지 못했습니다.

나는 테러 관련 회의에 참석했고 끝나고 기자 회견이 있었습니다. 독일 기자들이 이 모든 일에 대해 어떻게 생각하느냐고 내게 물었습니다. 나는 내가 알고 있는 바를 그들에게 말해주었어요. 회견이 끝난 뒤 한 친구가 내게 다가오더니 [보스턴의] 도체스터 출신 미국 흑인이라고 자신을 소개했어요. 그는 25년 동안 독일에 주둔한 미군 병사인데 귀국할 생각을 포기하고 거기 계속 머물게 되었다고 말했습니다. 실제로 상당수의 미국 흑인들이 그렇게 한다는 것입니다. 그는 현재 미군 신문인 《스타스 앤드 스트라이프스*Stars and Stripes*》 기자로 일하고 있었습니다. 그는 내가 리비아 폭격에 대해서 말한 것은 이야기의 반쪽에 지나지 않는다고 말했습니다. 나머지 반쪽을 내가 모르는 것 같은데, 그건 내가 말한 것보다 훨씬 나쁘다는 것이었습니다. 그는 미군 신문의 기자 자격으로, 디스코텍 폭발 사건을 연구하는 100명으로 구성된 서독 조사팀의 팀장[만프레드 간쇼우]을 정기적으로 인터뷰해 왔다고 말했습니다. 간쇼우 팀장은 서베를린의 FBI[베를린 슈타스슈츠]라 할 수 있는 기관의 책임자였습니다. 이 기자는 사건 첫날부터 그를 인터뷰했는데, 그가 한결같이 말하더랍니다. "리비아는 연루되지 않았다. 그 증거가 없다. 우리는 리비아 연루설을 믿지 않는다." 그 사실을 발표할 테니 서면으로 내게 정리해줄 수 있겠느냐고 물었더니 그 미군 기자는 그러마고 대답했습니다.

그는 베를린으로 날아가서 그 팀장과 또다시 인터뷰를 하고서 프랑크푸르트로 돌아와 인터뷰 녹취록을 내게 건네주었습니다. 인터뷰 때 미군 신문 기자가 물었습니다. "리비아 연루설에 대한 새로운 정보가 있습니까?" 팀장이 말했습니다. "당신은 사건 첫날부터 내게 그걸 묻더니 지금까지 계속 묻는군요. 그때와 마찬가지로 지금도 여전히 증거가 없습니다." 기자가 계속 물고 늘어지자 팀장이 다시 말했습니다. "독일 총리 헬무트 콜이 레이건의 리비아 스토리에 개연성이 있다고 동의했습니다." 팀장은 이어 말했습니다. "정치가들이야 늘 정치가이고 그런 만큼 정치적 발언을 할 수밖에 없겠지요. 하지만 나는 당신에게 사실만 말하고 있습니다. 사실을 말하자면, 증거가 없다는 겁니다."[26] 그리고 얘기는 거기서부터 계속됩니다. 증거 같은 것은 처음부터 없었습니다. 두 달 뒤 증거가 없다는 사실이 밝혀지기 시작했습니다. 어쩌면 시리아 사람들이 저질렀을지도 모른다, 어쩌면 다른 사람일지도 모른다, 이렇게 해서 리비아가 연루되었다는 얘기는 슬그머니 사라져버렸습니다.[27]

실제로, 리비아 폭격 1년 후, 영국 BBC 방송은 그 사건에 대하여 회고 방송을 내보냈습니다. 그들은 배경을 다시 검토했고 도움을 얻기 위해 유럽 정보기관들을 방문했습니다. BBC의 결론은 이랬습니다. '모든 유럽 정보기관들이 ─가장 보수적인 나라들의 정보기관까지 포함하여 ─디스코텍 폭발 사건의 리비아 연루설에는 근거가 없다고 생각한다.'[28] 그 모든 게 거짓말이었던 겁니다. 하지만 그 얘기는 미국 언론에서 줄기차게 되풀이되었습니다.[29]

사실 BBC는 좀 더 흥미로운 정보를 공개했습니다. 여러분이 이 모든 기사를 추적했다면 이 사실도 아마 기억할 겁니다. 디스코텍 폭발 사건 직후 미국 언론에 아주 극적인 기사가 실렸습니다. 미국이 폭발 사건 직전에 무선 도청으로 리비아가 서베를린의 일부 목표물을 공격하려 한다는 사실을 미리 알고서, 전 세계 미군에게 경계령을 발동했고 그리하여 서베를린에 주둔한 미군 병사들이 기민하게 움직였다는 것이었습니다. 그렇지만 미군이 15분 늦게 디스코텍에 도착했다는 겁니다. 여러분, 이 기사를 기억하십니까?[30] 실은 이게 완전 조작인 것으로 판명되었습니다. BBC가 이것을 조사했습니다. 독일 정보부와 경찰 그리고 서방 대사관은 그런 얘기를 들은 적이 없다는 겁니다. 그건 완전히 조작된 이야기였습니다.

그런데 중요한 사실은 이게 완전 조작임을 미국 기자들도 알고 있었다는 겁니다. 《뉴욕타임스》는 최고의 특파원 제임스 마컴을 독일에 보냈는데 마컴은 서독 정보부의 책임자와 인터뷰했습니다. 단지 그는 사실을 알고도 그것을 보고하지 않았을 뿐입니다.[31] 사실, 진상은 보도되지 않았습니다. 언론은 마치 눈먼 사람처럼 그 모든 것을 정부 장단에 맞춰 놀아났습니다. 기자들은 내내 그 타이밍에 대하여 모르쇠로 일관했습니다. 트리폴리 폭격 직전까지도 디스코텍 사건의 리비아 연루설을 뒷받침하는 증거가 없었다는 사실을 언급하지 않았습니다. 증거가 없기 때문에 서독 당국도 리비아 연루설을 조작이라고 생각한다는 사실을 보도하지 않았습니다. 이런 사실들은 미국 언론에 보도될 수가 없었습니다. 이 때문에 미국 국민들이 아직도 정부의 공식 발표를 믿고 있다는 건 그리 놀라운 일이 아닙니다. 이건 언론이 완전히 세뇌당한 구체적 사례입니다. 하지만 적어도 이번 경우에는 진상을 의식하고 있어야 마땅했습니다. 언론이 이 정도로까지 무능하다니, 정말 믿어지지 않습니다.

트리폴리 폭격 스토리에는 내가 알게 된 또 다른 측면이 있습니다. 리비아 공격에 대한 펜타곤의 배경 설명을 기억하십니까? 대강 이런 내용이었습니다. '미국 비행기들은 리비아 해안에서 40마일 떨어진 국제 해역에서 미국의 권리를 확보하기 위하여 시드라 만 상공을 비행했다. 그런데 리비아 비행기가 아군 비행기를 추격해왔다. 그래서 미군 비행기는 리비아의 레이더를 파괴했다. 그랬는데 국제 해역에서 리비아가 우리 비행기를 쐈다. 따라서 우리는 요격할 수밖에 없었고 리비아 비행기를 격추시키고 리비아 군함을 침몰시켰으며, 궁극적으로 트리폴리 공습을 감행하고 며칠 뒤여러 명의 리비아 민간인을 살해하게 되었다.' 이것이 펜타곤의 스토리입니다.

그런 설명이 나오고 이틀 뒤, 존경받는 영국 특파원 데이비드 블런디가 리비아로 조사하러 갔는데 이런 사실을 발견했습니다. 미국이 첫 번째 트리폴리 공격을 감행할 때 리비아에는 한 무리의 영국 엔지니어들이 있었습니다. 리비아의 레이더 시스템을 수리하기 위해 불려온 사람들이었다고 합니다. 러시아제 레이더였는데 러시아 사람들이 수리법을 모른다고 해서 영국 엔지니어들을 불러 고치게 했답니다. 그래서 이들이 레이더 수리를 하던 중에 미군 폭격기가 트리폴리로 날아왔는데 그때 레이더는 완벽하게 작동하고 있었고 그래서 그들은 폭격 에피소드를 처음부터 끝까지 모니터할 수 있었답니다. 엔지니어들이 주장하는 바는, 미국 비행기들은 국제 해역에 있었던 게 아니고, 또 리비아 영토로 곧장 날아들었다는 겁니다. 리비아 상업용 제트기 뒤를 따라왔기 때문에 처음에는 미군폭격기들이 레이더에 포착되지 않았습니다. 미군 폭격기들이 리비아 본토 상공에 모습을 드러낸 순간 지상에서는 대공포가 발사되었습니다.[32] 그러니까 그 비행의 목적은 순전히 리비아의 대공포를 유도하는 것이었습니다. 대공포가 공중에 날아오자 미군 비행기들은 다시 바다 쪽으로 날아가더니 리비아 군함을 폭격하고, 요격기를 추락시키고 뭐 그런 행위를 했다는 겁니다.

이런 사실은 미국에서 전혀 보도되지 않았습니다. 이것은 매우 의식적인 보도 통제였습니다. 《뉴욕타임스》와 다른 신문들은 이 스토리를 알고 있었는데도 불구하고 보도를 안 했으니까요.

청중1 내 제자 가운데는 그때 지중해에서 군복무를 한 사람이 있습니다. 그 제자 말에 따르면 미 해군은 리비아 해안 아주 가까이 바싹 다가갔다고 합니다. 12마일이 아니고 아마 3마일 이내 정도였답니다. 그는 배의 갑판에 서서 해안을 관찰했다고 합니다.

— 그것도 아마 같은 스토리일 겁니다. 흥미로운 얘기군요.

---

32 "한 엔지니어는 전투가 벌어진 이틀 내내 레이더 스크린을 주시했다고 말했다. 그는 미국의 전투기가 리비아 영해 12마일은 물론이고 리비아의 본토 안으로 들어오는 것을 보았다. 그가 말했다. '나는 그 비행기들이 리비아 영공 8마일 안쪽으로 날아오는 것을 보았습니다.'" David Blundy, "Britons worked on Gaddafi' s Missiles", *Sunday Times*, London, April 6, 1986, p. 12.

<u>청중2</u> 그 작전의 요점은 무엇인가요?

— 직접적인 의도는 너무나 분명합니다. 당시 의회에서 니카라과의 콘트라에 대한 지원 법안 투표를 며칠 앞두고 있던 레이건 정부는, 법안 통과를 담보하기 위해 광신주의 분위기를 조성하려 했던 겁니다. 레이건은 사람들이 사안의 중요성을 알아보지 못할까 봐 연설에서 이런 말까지 했습니다. '여러분 리비아 사람들을 잘 아시지요. 그들은 우리 서반구에 전초기지를 세우려 하고 있습니다. 다시 말해 니카라과에다.'[33]

<u>청중1</u> 그 폭격 작전은 군사적으로도 실패작이라고 알고 있습니다.

— 그렇습니다. 그 문제에 대해서는 앤드루 콕번이 깊이 있게 연구했습니다. 그는 뛰어난 종군기자이기도 하지요.[34] 고장 난 두 대를 제외하고 폭격기들은 리비아까지 잘 날아갔습니다. 그들은 레이저 유도탄 — '스마트' 폭탄 — 을 사용했는데 레이저 유도탄이 목표에 명중하지 못했다는 것은 통제 메커니즘에 뭔가 이상이 있었다는 뜻입니다. 그래서 유도탄이 10마일 멀리 날아가고 또 아무 데나 떨어지고 그랬답니다. 첨단 기술은 복잡한 상황에서는 오랫동안 작동하질 못합니다. 그래서 부품들이 뭔가 고장이 나버렸고 수리 담당자들은 뭐가 이상인지 알아내지 못했습니다. 그날 밤 레이더가 작동하지 않았고 비행기 한 대가 격추당했습니다. 이런 얘기들이 계속 흘러나오고 있는데 이 모든 것이 적의 반격이 없는 상황에서 벌어졌음을 감안해야 합니다.

사실 그레나다 침공(1983년) 때도 마찬가지였습니다. 이 또한 군사적으로 실패작이었습니다. 7,000명의 미군 엘리트 부대를 투입하여 사흘 뒤 약 36명의 쿠바인과 그보다 더 적은 그레나다 군인들을 진압하는 데 성공했을 뿐입니다. 그런 작전에 명예 훈장이 8,000개나 수여됐다고 합니다.[35] 미군은 서로 총질을 하고 정신병원을 폭격했습니다. 비행기들은 지상군과는 다른 주파수를 사용했습니다. 미군은 의과대학 캠퍼스가 두 군데 있다는 것도 몰랐습니다. 펜타곤 직원〔윌리엄 린드〕은 그 작전이 완전 실패작이라는 공식 보고서를 추후에 내놓았습니다.[36]

청중1 그때 그들은 관광 지도를 봐야 했다더군요.

― 그들은 엉터리 지도를 사용했습니다. 병원 폭격은 우리가 지금 간담회를 하고 있는 로우 센터를 폭격하는 것이나 다름없습니다. 그처럼 어처구니없는 작전이었습니다.

청중1 군사작전을 세운 사람들은 합리적이었습니까?

― 물론 합리성이 있었습니다. 하지만 그들은 반격을 가할 만한 상대와 싸움을 벌인 것이 아닙니다. 러시아나 그 비슷한 국가들을 상대로 전투를 계획한 것이 아니었습니다. 리비아나 그레나다 같은 방어 능력이 없는 목표를 상대로 대폭동 작전 같은 것을 벌였습니다. 따라서 군사 장비가 제대로 작동하느냐 마느냐는 그리 중요한 문제가 아니었지요. 펜타곤의 고위직들은 강력하면서도 자동화된 고가高價의 군사 장비를 많이 사용하기를 바랐어요. 그렇게 해야 거대한 관료제를 계속 유지할 수 있고 많은 일을 임의로

할 수가 있으니까요. 앞에서도 얘기했지만 펜타곤에는 경제적 목적이 있습니다. 이런 건수가 있어야만 첨단 기술 개발에 공공자금을 끌어올 수가 있어요. 말하자면 일종의 파워플레이(권력 놀음)지요. 그래서 장군들은 임무에 딱 알맞은 보통 비행기보다 첨단 기술이 탑재된 비행기를 선호했지요. 복잡한 것들을 많이 통제할수록 더 힘이 세어지니까. 모든 장비가 점점 더 세련되고 복잡해지니까 점점 더 많은 군사비와 지원이 필요하고, 그렇게 해서 더 많은 통제권을 장악하겠다는 거지요. 그 장비가 제대로 작동하느냐 마느냐는 그리 중요하지 않아요. 그건 부차적인 문제일 뿐이지요.[37]

청중2 고어 바이덜은 미국을 '그레나다의 자랑스러운 승자'라고 했는데요.

— 그렇게 말했지요. 레이건이 벌떡 일어서서 "우리는 이제 자랑스럽게 섰습니다"라고 말했을 때 그렇게 맞장구를 쳤지요.[38] 이제는 웃음이 나옵니다. 그러나 당시 미국 국민들은 웃지 않았습니다. 그레나다 침공은 적시에 팔뚝에 놓아준 앰플 주사였습니다. 미국은 자랑스럽게 섰습니다. 미국은 그들의 육두구(그레나다의 주요 수출품인 향료-옮긴이)를 정복했습니다.

2

미국의 '장난질'에
세계는 피바람 멈출 날이 없다

인도차이나 전쟁 동안에 400만 또는 그 이상의 사람들이 죽었습니다.

수천 명의 사람들이 고향을 떠나 다른 곳으로 피난가야 했습니다.

이 나라의 많은 부분이 파괴되었습니다. 미국이 화학무기를 사용했기 때문에

아직도 해마다 수천에서 수만 명의 사람들이 그 후유증으로 죽어가고 있습니다.

아이들은 배냇병신으로 태어나거나 암, 종양, 기형을 갖고 태어납니다.

베트남은 유럽 역사에 비해 중세의 흑사병에 버금갈 정도로 고통을 당했습니다.

이 나라가 정상적으로 회복하려면 100년은 걸릴 겁니다.

미국과 유엔

^{청호1} 노엄, 당신은 유엔이 할 수 있는 적극적 역할에 대해서는 어떻게 생각하십니까? 가령 미군이 직접 개입하는 것보다는 유엔 평화유지군을 파견할 수도 있을 텐데요.

— 유엔은 강대국들이 적극적 역할을 허용할 때에만 그렇게 할 수 있습니다. 강대국들이 어떤 의제에 대하여 합의하고 그것을 시행할 메커니즘을 필요로 할 때, 유엔은 유익한 기구가 될 수 있습니다. 하지만 강대국들이 반대하면 —가령 미국이 어떤 의제에 대하여 반대 입장이면 —그때는 어떤 일도 일어나지 않습니다.

^{청호1} 유엔이 안전보장이사회를 두지 않고 5대 상임이사국에 거부권을 주지 않기로 하면 어떻게 될까요?〔유엔의 안전보장이사회 이사국은 15개국인데, 이 가운데 상임이사국인 미국·영국·프랑스·러시아·중국이 한 나라라도 거부하면 안전보장이사회 의결은 '실질적인' 효력을 발휘하지 못한다. 유엔 총회와는 달리, 안전보장이사회는 구속력을 갖는다.〕

— 그런 일은 일어날 수 없습니다. 왜냐하면 강대국들은 자신들 일에 간섭하는 것을 허용하지 않을 것이기 때문입니다. 미국의 예를 한번 보십시오. 미국은 1970년대 이래 유엔 안전보장이사회 결의를 자주 거부해온 선두주자입니다. 만약 미국이 유엔 결의를 이처럼 거부하고 나선다면 유엔이라는 기관은 있으나 마나 합니다. 미국이 유엔을 무시하고 나오면 얘기는 끝나버리는 겁니다.[39] 무게 800파운드의 고릴라를 상대로 장난을 칠 수는 없는 거니까요.

지난 수십 년 동안 유엔에 대한 미국의 태도 변화를 추적하는 것은 흥미로운 일입니다. 1940년대 후반에 미국은 유엔을 완전 장악했습니다. 권력을 둘러싼 국제 관계가 미국 일변도여서 미국이 명령만 내리면 나머지 국가들은 그대로 따랐습니다. 나머지 국가들은 제2차 세계대전 후 국가가 파탄 나서 굶주리고 있었기 때문이지요. 당시 미국 사람들은 유엔을 사랑했습니다. 늘 미국이 하자는 대로 했으니까. 미국이 회원국들에게 이렇게 투표하라고 말하면 실제로 그대로 투표했습니다. 내가 대학원생이던 1950년 무렵 마거릿 미드 같은 주요 사회과학자들은 왜 소련은 유엔에서 늘 "노NO"만 하는지 그 이유를 설명하려 했습니다. 당시 미국이 의안을 발의하면 모든 국가가 찬성하는데 유독 소련만 반대했기 때문입니다. 그래서 사회과학자들에게 반대 이유를 좀 설명해달라고 했더니 '기저귀학diaperology'이라는 신조어를 내놓았습니다. 소련 사람들이 갓난아이를 달래고 조용히 시키려고 기저귀 같은 것으로 단단히 감아싸서 키우기 때문에 아이 때부터 "노!"라고 말하는 것이 버릇이 되었다는 겁니다. 이런 설명을 사람들은 심각하게 받아들였고 심지어 학술지에 관련 논문들이 실리기도 했습니다.[40]

그러나 세월이 흐르면서 미국의 유엔 장악력은 떨어지기 시작했습니다.

상대적으로 볼 때 말입니다. 탈식민지화의 영향으로 1960년대 이후에 많은 제3세계 국가들이 유엔에 가입했습니다. 그래서 유엔은 상당히 독립되었고 미국의 통제권을 벗어나게 되었습니다. 그리하여 미국은 유엔을 맘대로 좌지우지하지 못하게 되었습니다. 이렇게 되자 유엔을 대하는 미국의 태도는 점점 더 부정적인 색채를 띠기 시작했습니다. 가령 미국 정부는 '다수의 횡포'라는 말을 자주 사용했는데 여러분도 아마 이 말을 들었을 겁니다. 다수의 횡포라는 게 뭡니까? 그건 다른 나라에서는 '민주주의'로 알려진 것입니다. 1970년을 기점으로 하여 미국은 남아프리카, 이스라엘, 군축(무기 감축) 등에 대한 결의안을 모조리 거부했습니다. 반면에 소련은 주류 의견에 보조를 맞추었습니다.[41] 이렇게 하여 미국이 볼 때 유엔은 갑자기 대실패작으로 판명되었습니다.

이와 관련하여 《뉴욕타임스 매거진_The New York Times Magazine_》에 실린 유엔 특파원 리처드 번스타인의 글을 결코 잊지 못할 것 같군요. 그는 왜 전 세계가 늘 미국을 상대로 비토_Veto_(거부)를 놓는지 그 전모를 살펴보았습니다. 그런 다음 그는 '미국은 아이에게 어떤 기저귀를 채워 키우는가?'가 아니라, '왜 세계는 엇나가기만 하는가?'라고 질문을 던졌습니다. 쉽게 풀이하면 이렇게 물은 것입니다. '세상은 도대체 어떻게 된 것인가? 모조리 엇나가기만 하고, 잘 이해하지 못하겠다. 이 세상은 과연 제대로 된 것인가?' 그런 다음 번스타인은 세상의 결점을 찾기 시작합니다. 내가 지금 과장하는 게 아닙니다. 기사 내용이 그랬습니다. 이 기사는 그 어떤 자의식도 없이 솔직하고 진실되게 쓰였습니다.[42]

---

40 '기저귀학'에 대해서는 다음을 참조. Margaret Mead, "What Makes The Soviet Character?", *Natural History*, September, 1951.

국제사법재판소도 사정은 비슷합니다. 1986년 6월 국제사법재판소는 미국이 니카라과에서 불법적인 경제 전쟁을 벌이면서 '비합법적인 무력을 사용하는 것'을 그만두라는 명시적인 명령을 내렸습니다. 미국은 그것을 귓등으로도 듣지 않고 아예 무시해버렸습니다. 그다음 주, 미국 의회는 콘트라에 1억 달러를 추가 지원하는 법안을 통과시켰습니다.[43] 《뉴욕타임스》, 《워싱턴포스트》, 국제 법률 전문가 등 미국 논평가들의 언급은 한결같았습니다. '그런 판결을 내림으로써 국제사법재판소는 스스로 자질을 의심하게 했고 따라서 그 판결은 신경 쓸 필요가 없다.'[44] 그러니까 미국을 비판만 해도 국제사법재판소의 자질이 의심스러워진다, 이것이 그들이 내세운 자명한 이치인 겁니다.

그 직후 유엔 안전보장이사회가 모든 국가들을 상대로 국제법을 지키라며 주의를 환기시키려 하자 ─ 미국을 직접 지목한 것이 아니라 국제사법재판소의 미국 제재 판결을 내세우며 ─ 미국은 그것을 거부했습니다(표결 결과는 찬성 11, 반대 1, 기권 3). 유엔 총회가 동일한 결의안을 통과시키려 했을 때 1차 투표는 찬성 94에 반대 3(이스라엘, 엘살바도르, 미국)이었고 2차 투표는 찬성 94에 반대 2(이스라엘과 미국)였습니다. 그러나 미국 언론은 이것을 보도조차 하지 않았습니다.[45] 바로 이게 강대국의 본모습입니다. 자기가 하고 싶은 것만 하겠다는 겁니다.

지금 미국은 사실상 유엔의 목을 조르고 있습니다. 미국은 지금까지 유

---

42 "문제는 왜 미국 정책이 다른 회원국들의 그것으로부터 벗어나게 되었는가 하는 것이 아니다. 왜 이 세상의 가장 강력한 민주국가가 유엔 토론에서 다른 회원국들의 지지를 얻지 못하는가 하는 것이다. 그 대답은 두 가지에 달려 있다. 하나는 (이것이 더 결정적인 것인데) 유엔에 자리 잡은 정치 문화와 구조, 즉 미국을 이데올로기 상의 깡패로 몰아붙여 고립시키려는 과정이 정착되었다는 것이고, 다른 하나는 미국이 능숙하게 다면적 외교를 펼치지 못했다는 것이다." Richard Bernstein, "The U.N. Versus the U.S,", *New York Times Magazine*, January 22, 1984, p. 18.

유엔 안전보장이사회가 모든 국가들을 상대로 국제법을 지키라며
주의를 환기시키려 하자 미국은 그것을 거부했습니다.
바로 이게 강대국의 본모습입니다.
자기가 하고 싶은 것만 하겠다는 겁니다.

엔에 가장 빚이 많은 채무국입니다. 미국이 회비를 내지 않아 유엔은 거의 기능할 수 없는 상태입니다.⁴⁶ 그리고 우리가 싫어하는 유엔의 기관, 가령 유네스코(유엔 교육과학문화기구)는 제3세계를 위해서 일한다는 이유로 견제를 받아 사실상 거의 일을 하지 못하고 있습니다.

미국은 1970년대와 1980년대에 유네스코를 상대로 대규모 프로파간다 전을 벌였습니다. 노골적인 거짓말로 가득 찬 프로파간다였지만 유네스코의 제3세계 지향성을 상당히 제거할 수 있었습니다. 그리하여 유네스코는 예전에 제3세계를 상대로 벌였던 사업, 가령 문맹 퇴치와 보건 의료 사업을 중단하게 되었습니다.⁴⁷ 아무튼 이것은 유엔이 강대국의 이해에 배치되는 정책을 추구할 때 어떤 상황에 직면하게 되는지 잘 보여줍니다. 미국이 허용하지 않으면 그런 정책은 결국 폐기되는 겁니다.

청중 2 왜 언론은 그런 사실들을 보도하지 않는 거지요?

─ 언론은 그들 나름의 임무를 갖고 있기 때문입니다. 그들의 임무는 사람들이 세상 돌아가는 것을 알지 못하게 하고 그들을 세뇌하는 것입니다. 따라서 이런 일들은 원천적으로 보도할 수 없는 것입니다. 이것은 언론기관들의 생리에서 비롯된 것이기도 합니다. 사실 미국 언론이 유엔의 투표 상황을 보도하는 방식은 언론의 생리를 잘 보여줍니다. 가령 1987년 11월 유엔 투표가 러시아의 아프가니스탄 침공을 비난했을 때, 언론은 그 사실을 1면 기사로 다루었습니다. 하지만 유엔이 동일 회기에, 거의 며칠 사이로, 모든 국가들이 국제법을 지켜야 한다는 결의안을 통과시키려 했을 때 ─ 국제사법재판소 판결 직후에 나온 이 조심스러운 결의안은 심지어 미국을

직접 거론하지도 않았습니다 —미국 언론은 이 사실을 1면은커녕 신문의 그 어디에도 싣지 않았습니다.[48]

또 1987년 12월 소련과 미국이 중거리핵전력조약[INF]의 서명을 이끌어낸 정상회담의 경우를 봅시다. 그 당시 군축 협약에 대하여 언론은 엄청나게 화제를 집중시켰습니다. 미국 언론이 지속적으로 유지한 입장은 이런 것이었습니다. '평화 건설자 레이건', '우리를 새로운 시대로 인도하는 레이건', '최초의 군비 감축 협약'[일정 클래스의 무기를 철폐하도록 하는 협약] 등등. 미국 언론들은 일제히 이런 식으로 보도했습니다. 그리고 같은 달 유엔 총회는 일련의 군축 결의안을 통과시켰습니다. 하지만 결의안의 세부 사항을 살펴보고자 한다면 내 책 《환상을 만드는 언론*Necessary Illusions*》을 봐야 할 겁니다. 왜냐하면 미국 내의 출판물 가운데 그 정보를 다룬 것은 내 책이 유일하기 때문입니다. 유엔 총회는 대기권 외곽의 모든 무기 —스타워즈—의 철폐를 요청했습니다. 154 대 1로 통과했는데 1이 미국이었습니다. 유엔은 대량 살상용 무기의 신규 개발도 금지시켰는데 135 대 1로 통과되었습니다. 또 핵실험 동결을 촉구하는 결의안도 통과시켰는데 137 대 3이었습니다. 3은 미국, 영국, 프랑스였습니다. 결의안 통과는 매사 이런 식이었습니다.

이런 사실이 미국 신문들에 실렸다고 생각하십니까? 전혀 실리지 않았습니다. 그건 엉뚱한 스토리니까.[49] 신문이 좋아하는 스토리는 '평화 건설자 레이건'이지, '미국은 고립되어 있다. 군비경쟁을 그대로 유지하려는 나라는 미국뿐이다' 같은 기사는 아닌 것입니다. 《뉴욕타임스》는 그해 유엔에서 벌어진 일을 요약하면서 이런 문제에 대해서는 일언반구도 하지 않았습니다.[50]

여기서 문제의 핵심이 무엇인지 아십니까? '책임 있는' 언론인이 되려면 무엇이 중요한지를 알아야 하는데, 중요한 것은 곧 미국의 대의를 위해서 일한다는 것입니다. 그런데 미국의 대의라는 것은 알고 보면 미국 기업의 권력을 유지시켜주는 것이지요. 이런 대의를 자신의 내면 깊숙이 받아들이지 않거나 그런 가치들을 거의 본능적으로 이해하지 않으면, 신문 기자 노릇은 오래 해먹을 수 없습니다. 왜냐하면 언론기관에는 그런 가치를 이해하는 자와 이해하지 못하는 자를 선별하는 아주 정교한 여과 장치가 작동하기 때문이지요. 그들은 그 가치를 이해하는 자만 출세하도록 도와줍니다. 바로 이런 시스템이 작동하기 때문에 《뉴욕타임스》 논평가는 눈 하나 깜짝하지 않고 '세상은 무엇이 잘못 되었나?' 하고 질문을 던지는 것입니다. 미국 혼자서 고집스럽게 세계의 모든 나라들에 맞서고 있는 상황인데도 말입니다. 물론 이것은 시민들이 가장 기본적인 현실조차도 이해하지 못하게 막는 프로파간다 시스템의 일환이기도 합니다.

기업, 아파르트헤이트, 인종차별주의

청중2 촘스키 교수님, 미국 언론이 시민운동을 잘 다루어주는 경우도 있는 것 같은데 ─ 그것은 우리들이 일반적으로 알고 있는 사항과는 정반대이지만 ─ 남아프리카의 아파르트헤이트[백인을 우대하는 남아프리카의 흑백 분리 정책인데 1990, 1991년에 철폐되었다]에 저항하는 사람들은 보도를 잘 해줍니다. 언론에서 왜 그러는지 혹시 말씀해주실 것이 있는지요?

─ 당신 지적이 맞습니다. 미국 내에서 아파르트헤이트에 반대하는 운동은

언론에서 잘 다루어줍니다. 어떤 고위직 인사가 남아프리카에 대한 시위를 하면 그것은 신문에 호의적으로 보도됩니다. 주된 이유는 이 시점에 서방의 주요 기업들이 반反아파르트헤이트로 돌아섰기 때문입니다. 그래서 언론에서 널리 다루어지고 있는 겁니다.

남아프리카는 내부적으로 경제적 변모를 겪고 있습니다. 채굴 산업에서 산업 생산으로 사회 기반이 바뀌고 있습니다. 이 때문에 이 나라에 대한 국제적 관심의 성격이 바뀌게 되었습니다. 남아프리카가 다이아몬드, 황금, 우라늄 등 광물을 채굴하여 먹고사는 나라로 계속 남아 있었다면, 기본적으로 노예들만 많이 있으면 됩니다. 광산에 들어가 2년쯤 일하다가 죽으면 그다음에는 다른 사람으로 대체되는 그런 노동력. 그래서 무식하고 우울한 노동자 인력, 노예 일을 이어갈 자식을 낳을 수 있는 아슬아슬한 수입으로 가족을 꾸려나갈 그런 인력만 있으면 되었습니다. 하지만 그 이상의 수입이 있으면 안 되었습니다. 노동자의 자식은 아버지처럼 다시 광산으로 들어가 광부가 되거나 아니면 군대의 용병이 되어 남을 지배하는 일을 돕는 인력이 되었습니다. 이것이 전통적인 남아프리카의 모습이었습니다. 하지만 이 나라가 산업사회로 변모하면서 인력의 수요가 바뀌게 되었습니다. 이제 노예는 필요 없고 그 대신 온순하고 약간 교육을 받은 노동력이 필요했습니다. 미국에서도 산업혁명이 시작되던 초기에 이와 유사한 일이 벌어졌습니다.

일반 대중의 교육은 산업에 필요한 노동력을 육성하기 위하여 19세기에 처음 도입되었습니다. 농촌 인구를 끌어다가 산업에 쓰기 위하여 교육을 시킨 거지요. 사실 당시의 미국 민중은 공교육에 반대했습니다. 아이들이 살고 있고 가족이 함께 일하는 농장으로부터 아이들을 빼앗아갔기 때문이지요. 따라서 당시의 젊은이들을 교육 환경으로 내몬 것은 근본적으로 산업에 필요한 노동자를 육성하기 위해서였습니다.[51] 이것이 미국 사회에 변화를 가져온 한 가지 요인인데 그런 현상이 남아프리카의 흑인 인구(전체 인구의 85퍼센트)에게도 벌어지고 있는 겁니다. 백인 엘리트들과 국제 투자가들은 이제 광산에 들어갈 노예가 아니라 산업에 투입할 노동력이 필요한 겁니다. 다시 말해 지시 사항을 이행하고, 도표를 읽을 줄 알고, 관리자나 반장이 될 수 있는 인력 말입니다. 따라서 노예제도는 더 이상 이 나라에 알맞은 제도가 아니고 그들은 19세기의 미국처럼 산업화하는 방향으로 나아가고 있습니다. 바로 이런 이유 때문에 서방은 반反아파르트헤이트가 되었습니다. 따라서 언론에서 반아파르트헤이트를 상당히 우호적으로 다루고 있는 겁니다.

그 내용이 뭐가 되었든 간에 미국에서 정치적 시위는 대체로 부정적으로 보도되는 경향이 있습니다. 그런 걸 보도하면 민중이 뭔가를 할 수 있고, 수동적이고 고립된 존재가 되지 말아야 한다는 것을 보여주기 때문입니다. 민중은 이런 것을 배워서는 안 됩니다. 민중은 힘이 없고 그래서 아무것도 할 수 없다, 뭐 이렇게 생각해야만 되는 겁니다. 그래서 미국에서는 대중 시위가 잘 보도되지 않는 경향이 있습니다. 지방 신문에는 가끔 보도가 되는데 그나마 매우 부정적 보도 일색입니다. 또 미국 우방국에 관한 정책을 반대하는 시위도 잘 보도되지 않습니다. 그러나 남아프리카에 대한 시위는 언론에서 호의적으로 다루고 있습니다. 가령 사람들이 기업 주주총회 같은데 가서 투자한 돈을 회수하겠다고 말하면(남아프리카 정부를 압박할 목적으로 투자를 중단하겠다고 한다면), 그건 오늘날 언론으로부터 호의적인 반응을 이끌어냅니다.

물론 이렇게 말한다고 해서 아파르트헤이트에 반대하는 사람들의 행동이 잘못되었다는 얘기는 아닙니다. 그들의 행동은 옳습니다. 하지만 그들은 언론이 왜 호의적인지 그 이유를 알아야 합니다. 기업은 이 시위꾼들을 자기들의 지원부대라고 생각하는 겁니다. 기업의 사장들은 남아프리카에서 더 이상 아파르트헤이트가 시행되기를 원하지 않습니다. 기업들이 미국의 민권운동을 적극 지지했던 것과 마찬가지 이치입니다. 미국의 기업들은 아파르트헤이트를 원하지 않습니다. 그것이 기업 환경에 피해를 입히기 때문입니다.

자본주의는 근본적으로 인종을 차별하지 않습니다. 인종차별주의를 그 자체의 목적을 위해 이용하기는 하지만 그것(인종차별주의)이 자본주의 내에 붙박이로 박혀 있는 것은 아닙니다. 자본주의는 기본적으로 사람들이 대체 가능한 부품이기를 바라는데, 인종 등 사람들 사이의 차이는 대개 실용적이지 않습니다. 노동력을 과도하게 착취해야 할 때는 인종차별이 도움이 될지도 모릅니다. 하지만 그런 상황은 어디까지나 예외적일 뿐입니다. 장기적으로 볼 때 자본주의는 반反인종차별주의입니다. 인종차별이 반反인간적이기 때문입니다. 인종이라는 것은 인간의 본래적 특성인데 그것이 부정적이어야 할 이유는 없는 것입니다. 따라서 인종에 바탕을 둔 신분 차별은 소비자이면서 생산자인 인간, 생산된 온갖 제품을 구매하는 대체 가능한 부품으로서의 인간, 뭐 이런 자본주의의 근본적 이상과도 배치되는 겁니다. 인간의 궁극적 기능은 이 정도면 되지, 다른 특징은 자본주의를 운영하는 데 관계도 없고 장애만 됩니다.

이런 점을 미루어볼 때 반아파르트헤이트 운동은 미국 내의 주류 기관들로부터 지지를 받으리라 봅니다. 그리고 장기적으로 보아 남아프리카의 인종차별 정책은 붕괴될 겁니다. 기능적인 이유만 놓고 보더라도 말입니다. 하지만 남아프리카의 백인 우대가 엄청나고 흑인들의 생활이 너무나 비참하기 때문에 그것이 쉽지는 않을 겁니다. 시간이 흘러가면서 아파르트헤이트 시스템은 서서히 붕괴될 겁니다. 그리고 우리는 그 철폐를 앞당기기 위하여 더욱 압력을 가해야 합니다. 이것은 과거 미국에서 기업이 민권운동을 지지한다고 해서 민중이 그 운동에 등을 돌리지 않는 것과 같은 이치입니다. 그것은 논지의 요점이 아닙니다.

베트남전쟁에서 이기기

청중2 촘스키 씨, 베트남에서는 현재 무슨 일이 벌어지고 있는 건가요? 그 나라는 신문에서 말하는 것처럼 끔찍한 독재국가인가요? 그 나라가 사회적·경제적으로 회복될 전망이 있나요?

— 베트남은 현재 꽤 단속이 심하고 독재적인 나라입니다. 이 나라가 그런 식이 되리라는 것은 전부터 예상했던 일입니다. 우리가 이 나라를 사실상 결딴내버렸다는 것을 기억해야 합니다. 그곳에서 과거에 일어난 일을 유념해야 합니다. 미국 사람들은 이 나라에 대해 신경도 안 쓰고 주의 깊게 연구하지도 않습니다. 하지만 인도차이나 전쟁 동안에 400만 또는 그 이상의 사람들이 죽었습니다.〔'인도차이나'는 베트남, 캄보디아, 라오스를 아우르는 프랑스 식민지를 통칭하는 명칭인데 미국은 1960년대와 1970년대에 이들 나라를 공격했다.〕수천 명의 사람들이 고향을 떠나 다른 곳으로 피난가야 했습니다. 이 나라의

많은 부분이 파괴되었습니다. 미국이 화학무기를 사용했기 때문에 아직도 해마다 수천에서 수만 명의 사람들이 그 후유증으로 죽어가고 있습니다. 아이들은 배냇병신으로 태어나거나 암, 종양, 기형을 갖고 태어납니다. 베트남은 유럽 역사에 비해 중세의 흑사병에 버금갈 정도로 고통을 당했습니다. 이 나라가 정상적으로 회복하려면 100년은 걸릴 겁니다. 그것도 그때 가서 사정을 다시 살펴봐야 할 것입니다.[52]

1970년경에 나는 이런 생각을 했습니다. 그리고 이 원고를 쓰고 있는 지금에도 그 생각은 변하지 않았습니다. 한 가지 가능성은 베트남이 결국 살아남지 못하거나 아니면 가혹한 정통 마르크스-레닌주의 체제가 들어선 북베트남만 살아남으리라는 것입니다. 북베트남만 살아남을지 모른다고 생각하는 이유는 이렇습니다. 엄청난 폭력 조건 아래서 살아남을 수 있는 사람은 가장 강인한 사람뿐이기 때문입니다.[53]

보십시오. 자유주의적 구조는 유연성이 별로 없습니다. 그런 구조는 폭력에 의해 금방 파괴되어버립니다. 반면에 강인한 권위주의적 구조는 폭력을 견디고 살아남습니다. 폭력의 효과 가운데 한 가지는 권위주의적 집단의 힘을 확대시킨다는 것입니다. 예를 들어, 미국이 물리적인 공격을 당했다고 해봅시다. 가령 한 무리의 깡패들이 나타나서 우리를 죽이려 든다고 해봅시다. 그러면 우리는 살아남을 길을 강구해야 합니다. 아마도 우리가 해야 할 일은(적어도 내가 해야 할 일은) 미국 내에서 가장 강인한 자들을 찾아

---

52 베트남전쟁을 보도했던 존 필저는 10년 후 다시 베트남을 방문한 뒤 이렇게 썼다. "사이공 근처의 구찌는 아주 울창한 삼림이었던 것으로 나는 기억한다. 하지만 오늘날에는 제초제를 하도 많이 뒤집어쓰여서 황무지가 되어버렸다. 베트남 전역에 제초제 에이전트 오렌지가 1,100만 갤런이나 살포되었다. 제초제의 주성분은 다이옥신인데 탈리도마이드보다 독성이 1,000배나 강한 것으로 알려져 있다. 하데스 작전(나중에 랜치 핸드 작전으로 개명) 때 이 지역에 엄청난 양의 제초제가 살포되어 눈먼 아이, 기형인 아이 출산이 흔했다." John Pilger", From Vietnam to El Salvador", *New Statesman*, U.K., May 22, 1981.

서 그들을 책임자로 앉히는 일일 겁니다. 이런 사람들이 우리의 생존을 도와줄 테니까. 이것이 적대적 공격에서 살아남는 방법입니다. 사람들은 권력과 권위에 자기 자신을 맡겨버립니다. 다시 말해 싸울 줄 아는 사람들에게 복종하는 겁니다. 이것이 적대적 공격의 결과입니다. 결국 지도자로 살아남는 자들은 생존 능력이 있는 자들인데, 그들 역시 아주 폭력적이기 때문에 살아남는 겁니다. 미국의 베트남 공격은 아주 폭력적인 것이었습니다. 보다 건설적이었던 NLF는 그것을 견뎌내지 못했습니다. 하지만 북베트남의 강인하고 권위적인 체제는 그걸 견뎌냈습니다. 그래서 정권을 잡은 것이지요.

베트남전쟁 이래 그들에 대한 압력은 줄어든 적이 없었습니다. 설사 약간의 회복 가능성이 있었더라도 미국은 베트남이 그 가능성을 이용하지 못하도록 철저히 봉쇄했습니다. 전쟁 이래 미국의 정책은 베트남에게 가능한 한 많은 고통을 안겨주는 것이었고 세계의 나머지 나라들로부터 고립시키는 것이었습니다. 이른바 '베트남의 피 흘리기' 정책이었습니다.[54] 중국 지도부는 미국보다 솔직했습니다. 가령 덩샤오핑은 캄보디아의 폴 포트를 지원하는 이유는 그(폴 포트)가 베트남의 적이기 때문이라고 노골적으로 말했습니다. 또 폴 포트가 베트남에게 가능한 한 많은 피해를 입히는 데 도움이 된다고도 했습니다. 미국은 그처럼 노골적으로 말하지는 않았지만 근본적으로 동일한 입장을 취하고 있었습니다. 단지 베트남에 피해를 입히고 싶어 하는 이유만 약간 달랐을 뿐입니다. 중국은 베트남이 이념적으로 경쟁자인 데다가 그런 독립국가가 국경 근처에 있는 것을 원치 않았습니다. 반면 미국은 동남아시아의 경제적 재건을 어렵게 만들 목적이었습니다. 그래서 베트남으로 하여금 더 많은 피를 흘리게 하기 위하여, 중국이나 타이 같은 동맹국을 통하여 폴 포트를 지원했습니다.[55] 〔폴 포트는 캄보디아 크메르루주 당의 지도자로서 1970년대 중반 캄보디아에서 벌어진 대량 학살의 책임자다.〕

　베트남전쟁이 왜 치러졌는지를 기억해야 합니다. 베트남전쟁은 이 나라가 경제적·사회적으로 발전하여 제3세계의 모델이 되는 것을 막기 위하여 치러졌습니다. 미국은 전쟁에서 지고 싶지 않았습니다. 워싱턴은 전쟁에서 지기를 원하지 않았습니다. 현재까지 미국은 이기고 있습니다. 베트남은 발전 모델이 아니라 파괴 모델이니까. 하지만 베트남 국민들이 열심히 힘을 합친다면 언젠가 발전 모델이 될 수 있을 것입니다. 하지만 미국은 그게 좋지 않다고 생각하여 늘 그것을 방해하려 합니다.[56]

　이와 관련된 심술궂은 방해 공작은 정말 엄청납니다. 예를 들어, 인도는 베트남에 100두의 버펄로(들소)를 보내려 했습니다. 베트남의 들소는 거의 씨가 말랐으니까. 베트남은 농업 사회이고 들소는 트랙터도 되고 비료(소똥) 생산자도 됩니다. 미국은 인도가 만약 베트남에 들소를 보내면 인도에 보내는 '평화를 위한 식량'을 중단하겠다고 위협했습니다. 미국은 메노파 교도들이 베트남에 밀을 보내려는 것도 막으려 했습니다. 지난 20년 동안, 베트남을 지원하면 그 나라에 아무것도 주지 않겠다고 위협하여 해외 원조를 철저히 틀어막았습니다.[57] 단 하나의 목적은 가능한 한 베트남에 많은 피해를 입혀 발전을 막자는 것이었습니다. 베트남은 여기에 대처할 능력이 없었습니다. 그들이 갖고 있던 자그마한 희망조차도 무참히 부서졌습니다. 경제를 재건하는 과정에서 그들이 실수에 실수를 거듭했기 때문입니다. 지

---

57 "미국은 현재 식량을 외교정책의 수단으로 사용하고 있다. …… 세계식량계획이 베트남의 식량 사정을 개선시킬 댐 건설에 500만 달러(당초 2,500만 달러에서 대폭 깎인 것)를 지원하려 하자, 이를 막고 봉쇄에 성공했다." Louis Wiznitzer, "The news-briefly: U.S. blocks Viet project meant to step up fodo", *Christian Science Monitor*, November 6, 1981.

난 이태 동안 그들은 해외 투자가들을 끌어들이기 위해 시장 자유화를 실험했습니다. 하지만 베트남을 위한 긍정적 시나리오를 구상하기가 참으로 어렵습니다.

보십시오. 일반적인 경제 문제들을 다루는 것은 결코 간단하지 않습니다. 미국은 온 세상의 이점을 다 가지고 있으면서도 경제를 엉망으로 만들어놓고 있습니다. 국토의 완전 황폐화, 자원 부족, 세계로부터의 따돌림 등이 엄연히 존재하는 상황에서 경제 재건을 이룬다는 것은 참으로 어렵고도 어려운 문제입니다. 서구의 경제 발전도 아주 잔혹한 과정이었는데 그래도 꽤 좋은 환경에서 이루어졌습니다. 예를 들어, 18세기의 미국 식민지들은 객관적으로 보아 오늘날의 제3세계 국가들보다 사정이 좋았습니다. 물론 상대적 관점이 아니라 절대적 관점에서 본 것입니다. 그러니까 먹고살기 위해 일해야 하는 시간이 더 적었다는 것 따위의 기준으로 말하는 겁니다.[58] 이런 엄청난 이점을 갖고 있었으면서도 미국의 경제 발전 과정은 아주 가혹했습니다. 빼앗아올 수 있는 자원이 무진장 있었던 상황에서도 그런 가혹한 과정의 연속이었다는 것을 기억하십시오. 이제는 세계에 그처럼 빼앗아올 수 있는 자원이 없습니다, 이미 다 가져가버렸으니까. 따라서 오늘날의 제3세계 발전이라는 문제에는 실제적·질적 차이가 있는 겁니다. 베트남은 이것보다 훨씬 더 심각한 문제를 안고 있습니다. 내가 볼 때 그들은 이 시점에서 그 문제를 극복하지 못할 것처럼 보입니다.

〔미국의 대 베트남 외교 관계는 1994년 2월에 바뀌었다. 미국 기업들은 정부에 압력을 넣어 해외 기반 기업들에 합류할 수 있게 해달라고 요청했다. 그동안 해외 기업들은 경제 제재를 이용하여 베트남으로부터 이익을 올려왔다.[59]〕

'제노사이드': 미국과 폴 포트

^{청중1} 선생님은 미국이 동맹국들을 통하여 캄보디아의 폴 포트를 지원했다고 말씀하셨습니다. 만약 크메르루주가 다시 집권한다면 또 다른 제노사이드(인종 학살)가 벌어질 가능성이 있지 않을까요? 나는 그것이 두렵습니다.

— 그래요, 위험하지요. 거기서 어떤 일이 벌어질지는 서방이 그들을 계속 지원할 것이냐 여부에 달려 있습니다.

^{청중1} 우리가 또 다른 제노사이드를 향해 달려가는 것 같은데.

— '제노사이드'에 대해서는 좀 조심스럽게 접근해야 합니다. 폴 포트는 물론 대량 학살자입니다. 하지만 1970년대 전반 미국이 캄보디아에서 학살한 것에 비해, 폴 포트가 그처럼 —또는 그보다— 많은 사람을 죽였는지는 분명하지 않습니다. 미국은 다른 사람들이 학살할 때에만 제노사이드라는 말을 씁니다.〔1969년을 기점으로 미국은 캄보디아를 폭격하고 침공했으며, 1975년까지 지속된 내전에서는 반^反의회 우익 세력을 지원했다. 폴 포트는 1975년부터 1978년까지 이 나라를 지배했다.〕

그래서 폴 포트의 학살 규모가 어느 정도였는지에 대해서는 아주 불확실한 점이 많습니다. 그러나 오늘날 존재하는 가장 훌륭한 학자들의 연구에 따르면, 폴 포트 시대에 각종 원인으로 사망한 캄보디아 사람은 수십만 명에 이르는데 많으면 100만 명이라고 합니다.[60] 미국에게 책임이 있는 1970년부터 1975년까지의 시기에 캄보디아에서 발생한 사망자도 역시 수십만 명입

니다.[61]

이 문제를 정말 진지하게 다룰 생각이라면 ─ 그러니까 100만 명 또는 그 이상이 폴 포트 시대에 죽었다고 본다면 ─ 다음의 사실도 감안해야 합니다. 1975년 미국이 캄보디아 공격을 중단했을 때, 미국과 서방의 관리들은 미국과의 전쟁에 따르는 후유증만으로도 약 100만 명 이상의 캄보디아 사람이 죽을 것이라고 예측했습니다.[62] 미국이 캄보디아에서 철군하던 당시, 프놈펜 시 한 군데서만 ─ 나머지 지역은 따지지 아니하고 ─ 해마다 10만 명 비율로 사람들이 굶어 죽었습니다.[63] 캄보디아에 나가 있던 최후의 미국 국제개발기구[AID] 직원들은 캄보디아가 간신히 다시 돌아가는 데만도 2년에 걸친 노예노동과 기근에 시달려야 할 것이라고 예측했습니다.[64] 따라서 폴 포트 시대에 미국 탓으로 죽은 사망자 수를 계산하는 것은 결코 간단한 문제가 아닙니다. 그런 사람들이 상당히 많았으니까. 한 나라의 농업 기반을 모조리 파괴해버리고 100만 명의 난민들로 하여금 고향을 떠나 도시로 피난가게 하면, 많은 사람들이 죽을 것이라는 사실은 뻔한 이치입니다. 이들의 죽음에 대한 책임은 그 후에 들어선 정권이 아니라, 상황을 그렇게 만든 사람들에게 물어야 합니다.

여기에는 좀 더 미묘한 문제가 담겨 있는데 그렇다고 결코 사소한 문제는 아닙니다. 이런 겁니다. 우선 왜 폴 포트와 크메르루주는 학살에 손을 댔을까요? 크메르루주는 미군의 공격을 유일하게 견뎌낸 강인한 자들이었다는 많은 증거들이 있습니다. 미군의 폭격이 현지 농민 사회에 미친 파괴적 심리 효과를 감안할 때, 모종의 폭력적 반발이 터져나오는 것은 충분히 예상 가능한 일이었습니다. 그리하여 실제 벌어진 학살에는 농민들의 분풀이도 상당 부분 담겨 있습니다.[65] 미군의 폭격은 1973년경에 최고로 맹위를 떨쳤는데 이 시기는 폴 포트가 권력을 얻기 시작한 때와 일치합니다. 미군의 폭격은 크메르루주가 농민의 지지를 얻는 데 의미 있는 요소, 아니 중요한 요소가 되었습니다. 그 전에 크메르루주는 주변부의 보잘것없는 세력에 지나지 않았습니다. 우리가 '제노사이드'라는 용어에 대하여 아주 솔직한 태도를 취하려면 폴 포트 시대의 사망자 수를 두 부분으로 나누어야 하는데, 그 가운데 한 부분이 우리의 책임, 다시 말해 미국의 책임인 것입니다.

3

자칭 '지도자'라고
나서는 자들은 모두 사기꾼이다

|

그들은 자신의 권력 게임에 민중운동을 이용해먹으려고 하기 때문에
그 운동을 주변화합니다. 그러다 일이 잘 풀리지 않으면
슬쩍 빠져서 다른 곳에서 엉뚱한 행동을 하는 겁니다.

|

영웅과 反영웅

청중1 노엄, 나는 이 모든 부정적 정보에 약간 침울해집니다. 물론 우리는 그런 정보도 필요합니다. 거기에 대해서는 의문의 여지가 없습니다. 하지만 우리는 어느 정도의 '권한 위임'도 필요한 게 아닐까요? 그래서 묻는 것인데, 당신의 영웅들은 어떤 사람입니까?

— 자꾸만 거론되는 그 '권한 위임'에 대해서 한마디 하겠습니다. 나는 그 문제에 대하여 어떻게 반응해야 좋을지 모르겠습니다. 왜냐하면 그건 그릇된 질문이기 때문입니다. 요점은, 일을 할 수 있는 기회가 많다는 겁니다. 사람들이 그 기회를 잘 살린다면 변화는 일어날 것입니다. 그 문제를 어떻게 보든 내가 보기에 결론은 그렇게 납니다.

청중1 내가 당신의 영웅에 대해서 묻는 것은 그런 '기회'에 대해서 좀 더 구체적으로 알고자 하는 것입니다. 가령 시민운동과 관련하여 당신이 진정으로 존경하는 사람은 누구입니까?

— 나의 영웅은 미국 민권운동 단체인 학생비폭력조정위원회SNCC와 함께

일하는 사람들입니다. 이들은 날마다 아주 어려운 상황에 직면하여 고통을 많이 당했고 그 가운데 일부는 살해되기도 했습니다. 그들은 역사책에 실리는 인물은 되지 못할 겁니다. 하지만 나는 그들 가운데 일부를 알고 있고 그들 가운데 일부를 만나보기도 했습니다. 그들은 정말 영웅입니다. 베트남전쟁 때 징병을 거부한 사람들도 영웅이라고 생각합니다. 사람들이 힘들게 투쟁하고 있는 곳, 가령 서안 지구, 니카라과, 라오스 등지에 가보면 제3세계에 영웅이 많이 있다는 걸 알게 됩니다. 이런 곳에 진정한 영웅이 있습니다. 중산층의 시민운동 조직가들 가운데 내가 아는 서너 명은 노벨평화상을 받을 자격이 충분합니다. 그 상이 정말 제대로 된 상이라면 말입니다. 물론 노벨상은 그런 상은 못 되고 그걸 받는다는 게 일종의 모욕같이 되어 버렸지요. 그 상이 어떤 인물들에게 돌아가는지 한번 살펴보십시오.[66] 아무튼 주위를 잘 살펴보면 영웅이 될 만한 인물들이 있습니다. 영웅을 원하면 언제든 찾을 수 있습니다. 하지만 신문에 이름이 오르락내리락하는 인물 중에는 없습니다. 신문에 이름이 자주 나는 인물은 영웅이라기보다 반反영웅일 가능성이 많습니다.

무슨 얘기냐 하면 민중운동이 잘 나가고 있다는 것을 알게 되면 그 운동 앞에 서서 '나는 당신들의 지도자'라고 말하려는 사람들이 많다는 겁니다. 그 좋은 예로 유진 매카시[1968년 민주당 대통령 후보 경선자]를 들 수 있습니다. 나는 존 케네스 갤브레이스[미국 경제학자]가 "매카시는 베트남전쟁 반대운동의 진정한 영웅"이라고 말한 것을 기억합니다. 게다가 미국 자유주의자들은 언제나 그를 위대한 영웅으로 치켜세웠습니다.[67] 매카시의 이력을 살펴보면 왜 이런 평가가 나왔는지 알 수 있지요. 반전운동을 구축하던 어려운 시절에는 아무도 유진 매카시라는 이름을 들어보지 못했습니다. 의회

매카시는 자신의 권력 게임에
민중운동을 이용해먹으려 했습니다.
자칭 영웅들은 이렇게 매카시처럼 굴다가 일이 잘 풀리지 않으면
슬쩍 빠져서 다른 곳에서 엉뚱한 행동을 하는 겁니다.
이게 이른바 '영웅'이라는 겁니다.

내에 전쟁을 반대한 사람들이 있었지만 매카시는 아니었습니다. 사실 맥거번도 반대파가 아니었습니다. 웨인 모스, 어니스트 그루닝, 게일로드 넬슨 등 몇몇 인사들이 진정한 반대파였지 매카시는 아니었습니다. 테트 대공세〔1968년 1월〕 때까지 유진 매카시라는 이름은 아예 나오지 않았습니다. 대공세 무렵 미국 기업계는 베트남전쟁 반대로 돌아섰고 대규모 민중운동이 벌어졌습니다. 유진 매카시는 이런 운동에서 개인적인 권력을 얻을 수 있겠다고 판단하고 그때서야 '내가 당신들의 지도자다'라며 소리치고 나섰습니다. 그때까지 그는 아무 말도 하지 않았습니다. 과거 행적을 살펴봐도 그가 어떤 입장이었는지 알 수 없습니다. 그의 연설문을 읽어보면 말입니다. 하지만 그는 자신이 반전 지도자라는 인상을 널리 퍼트릴 수가 있었습니다.

그는 1968년 뉴햄프셔 예비선거에서 승리했고 민주당 전당대회까지 나아갔습니다. 수많은 젊은이들이 그의 캠페인을 도우러 전당대회 현장에 나타났습니다. "깨끗한 유진"이라고 외치면서 말입니다. 그들은 시카고 경찰로부터 구타당해 피를 흘렸습니다(경찰이 반전 시위자들을 진압하는 과정에서). 매카시는 손 하나 까딱하지 않았고 젊은이들과 얘기조차 하지 않으려 했습니다. 그는 1968년 전당대회에서 이기지 못하자 사라져버렸습니다. 당시 그는 상당한 권위 —물론 전혀 근거 없는 것이었지만— 를 갖고 있었습니다. 자칭 반전운동의 지도자였습니다. 만약 그가 자신이 한 말에 조금이라도 성의가 있었더라면 그는 그런 권위를 활용하여 반전운동에 나섰어야 했습니다. 하지만 권력 게임은 끝났고 서정시를 쓰면서 야구 얘기를 하는 것이 더 재미있었습니다. 그는 실제로 그렇게 했습니다. 바로 그 때문에 그는 자유주의적인 영웅이라는 겁니다. 왜냐하면 완전 사기였으니까. 그처럼 완벽한 사기는 다시 찾아보기 어려운 사례입니다.

이런 문화가 여러분 앞에 이런 종류의 '영웅들'을 내놓습니다. 챙길 떡이 있고 권력을 얻을 수 있을 것 같으면 나타나는 그런 영웅 말입니다. 그들은 자신의 권력 게임에 민중운동을 이용해먹으려고 하기 때문에 그 운동을 주변화합니다. 그러다 일이 잘 풀리지 않으면 슬쩍 빠져서 다른 곳에서 엉뚱한 행동을 하는 겁니다. 그게 이른바 '영웅'이라는 겁니다. 또는 마틴 루서 킹처럼 총 맞아 죽으면 영웅이 될 수 있습니다. 하지만 살아 있는 동안에는 영웅이 되지 못합니다. 오늘날 많은 신화가 유포되어 있음에도 불구하고, 마틴 루서 킹은 살아 있는 동안에 강력한 반대를 받았습니다. 케네디 행정부는 그를 정말 싫어했고 가능한 모든 방법을 동원하여 그를 막으려고 했습니다. 하지만 민권운동이 너무나 강력해지자 케네디 정부는 그를 좋아하는 척했습니다. 그는 남부의 인종차별적인 경찰관 등 아주 협소한 이슈에 집중해 있던 한때 인기를 누렸습니다. 하지만 베트남전쟁, 가난한 사람들의 캠페인[1968년 워싱턴에서 벌인 항의 행진] 등 전국적인 문제로 시선을 돌리자 그는 완전 기피인물이 되었고 강력한 압박을 받았습니다.[68]

I. F. 스톤도 그와 비슷한 사례입니다. 스톤은 언론계의 커다란 영웅이었습니다. 사람들은 "이지 스톤 같은 인물이 좀 더 많이 있었더라면 얼마나 좋을까" 하고 노래를 불렀습니다. 하지만 실제로 기록을 면밀히 들여다보면 사정은 다릅니다. 나도 과거에 조사해본 적이 있습니다. 1971년까지 이지 스톤은 완전히 따돌림당하던 사람이었습니다. 그의 이름은 언급조차 되지 않았습니다. 그 까닭은 그가 과격한 뉴스 주간지 《I. F. 스톤스 위클리 I. F. Stone's Weekly》를 발행했기 때문이었습니다. 그를 공격하는 기자들이 많았고, "이자는 공산주의자이기 때문에 언급할 필요도 없어" 하는 태도가 일반적이었습니다. 그러다가 스톤 부부는 나이가 너무 많이 들어, 1971년부터

는 주간지를 발간할 수 없게 되었습니다. 1년 만에 스톤에게 조지 포크 상(미국 미디어 부문에서 뛰어난 업적을 이룬 사람에게 주는 상-옮긴이)이 주어졌고 그의 일생이 영화화되었고 어딜 가나 위대한 독립불기의 기자로 칭송받았습니다. "언론이 무엇인지 몸소 보여주었다. 스톤 같은 인물이 좀 더 많이 있었더라면 얼마나 좋을까" 하는 칭송의 말이 널리 퍼졌습니다. 모두들 한 패가 되어 이 코미디를 만들어냈습니다.

반反지식인주의

청중2 노엄, 일반적으로 말해서 미국 사회에는 반지식인주의의 강력한 흐름이 있는 것 같은데요.

— 반지식인주의라는 것은 구체적으로 무슨 뜻입니까? 헨리 키신저 같은 사람이 국가 안보 고문이 되어서는 안 된다는 뜻입니까?

청중2 관념적인 것만 주무르는 사람은 경시된다는 뜻으로 그렇게 말했습니다. 가령 내가 직장에 출근하여 주말 동안 해외 정책에 대해서 연설하는 사람의 말을 들으면서 보냈다고 하면 직장 동료들은 나를 긍정적인 시선으로 바라보지 않는다는 거죠.

— 그래요. 무슨 말인지 알겠습니다. 그럴 시간이 있으면 나가서 돈을 벌거나 스포츠를 관람하거나 뭐 그런 일을 해야 하는데 말입니다. 하지만 나는

사람들의 그런 태도를 '반지식인주의'라고 하지는 않겠습니다. 그건 단지 탈정치화된 겁니다. 세상일에 대해서 관심을 표시하는 것이 무슨 '지적인' 활동입니까? 만약 우리가 제대로 된 노동조합을 운영하고 있다면, 노동자 계급도 세상일에 관심을 표명했을 겁니다. 세상일에 관심을 가진 사람들은 많은 곳에 포진해 있습니다. 엘살바도르 농민들은 세상일에 관심을 갖고 있지만 그들은 '지식인'이 아닙니다.

실제로 지식인이라는 말은 좀 재미있는 말입니다. '지적'이라고 하는 것은 머리를 쓰는 것 하고는 아무 상관도 없습니다. 전혀 다른 것입니다. 수공업이나 자동차 공업에 종사하는 사람들도 대학 선생 못지않게 머리를 씁니다. 대학의 많은 분야 가운데 이른바 '학문적' 작업이라는 것이 실은 서기書記의 작업에 지나지 않습니다. 나는 서기의 일이 자동차 엔진을 고치는 일보다 더 머리를 많이 쓴다고 생각하지 않습니다. 실제로는 그 반대라고 생각합니다. 나는 서기 일은 할 수 있지만 자동차 엔진을 고치는 일은 할 줄 모릅니다.

그래서 '지식인'의 정의가 머리를 쓰는 사람이라고 한다면 사회 전 분야에 그런 사람들이 퍼져 있습니다. 만약 '지식인'을 가리켜, 특정한 생각을 사람들에게 강요하고 권력자들을 위해 사상의 틀을 만들어주고, 사람들에게 이런 것이 진리라고 말해주는 특별한 계층의 사람을 말한다면 그건 얘기가 달라집니다. 이런 사람들을 이른바 '지식인'이라고 합니다. 하지만 그들은 세속의 사제 비슷한 인물입니다. 그들의 임무는 사회의 교조적敎條的 진리를 널리 찬양하는 것입니다. 이런 관점에서 보자면 민중은 반지식인주의를 표방해야 하고 그건 건강한 반응입니다.

미국과 프랑스—대부분의 유럽 국가—를 비교해 볼 때 미국이 건강한

점 가운데 하나가 바로 그것입니다. 미국에는 그런 지식인에 대한 존경심이 별로 없다는 겁니다. 그건 마땅히 그래야 합니다. 도대체 존경할 게 뭐가 있습니까? 프랑스에서 어느 지식인이 기침을 한 번 하면 그게 《르몽드 Le Monde》 1면에 납니다. 이게 프랑스 지식인 문화의 우스운 점입니다. 꼭 할리우드 같습니다. 지식인은 텔레비전 카메라 앞에 계속 나서고 또 다른 지식인이 나서지 못하도록 계속 새로운 것을 만들어냅니다. 하지만 사람들이 그게 좋은지 알아주지 않으면 그보다 더 기괴한 것을 만들어냅니다. 이렇게 해서 지식인들은 허세가 많고, 스스로 존대하다고 생각하게 됩니다. 베트남전쟁 동안에 이런 일이 있었습니다. 전쟁에 반대하는 대규모 국제 캠페인이 여러 번 있었는데, 나는 그 캠페인을 지지하는 편지에 장 폴 사르트르[프랑스의 철학자]와 공동 서명을 하도록 여러 번 요청받았습니다. 그래서 몇몇 성명에 실제로 서명했습니다. 프랑스에서는 그것이 1면 뉴스였습니다. 하지만 미국에서는 아무도 그것을 언급하지 않았습니다. 프랑스 사람들은 그걸 수치스러운 일이라고 생각했지만 나는 멋진 일이라고 보았습니다. 그걸 요란스럽게 언급할 필요가 무엇입니까? 지명도가 좀 있는 두 사람이 어떤 성명에 서명했다고 해서 그게 무슨 큰 의미가 있습니까? 그것이 사람들에게 특별한 관심사가 되어야 할 이유가 무엇입니까? 그런 점에서 나는 미국의 반응이 좀 더 건강하다고 생각합니다.

청중 2 하지만 이번 주말 당신이 내놓은 주장을 뒷받침한 여러 권의 책들을 우리에게 말씀해주셨습니다. 만약 당신이 그것을 읽지 않았더라면 그런 많은 사실들을 몰랐을 거 아닙니까?

— 그건 맞습니다. 하지만 그건 특혜의 결과이지 지적 생활의 결과는 아니라는 겁니다. 대학에서 근무하면 여러 가지 특혜를 얻게 됩니다. 우선 많은 사람들이 말하는 것과는 달리, 그렇게 열심히 일할 필요가 없습니다. 대학교수는 자기 일을 스스로 통제할 수 있습니다. 가령 일주일에 80시간 일해야 한다고 하더라도 그 80시간을 당신 자신이 결정할 수 있는 겁니다. 이것은 아주 엄청난 차이를 만들어냅니다. 대학은 자기가 스스로 일을 통제할 수 있는 몇 안 되는 영역의 하나입니다. 게다가 많은 자원이 있습니다. 훈련을 받고, 도서관 사용법을 배우며, 책자 광고를 보아가며 어떤 책이 유용한지 알 수 있고, 또 비밀해제된 문서도 많습니다. 도서관을 어떻게 이용하는지 알기 때문에 그런 문서들도 쉽게 찾아낼 수 있습니다. 바로 이런 기술과 특혜가 축적되어 많은 정보에 접근하게 됩니다.

하지만 이것은 '지적인' 것과는 관계가 없습니다. 이런 자료, 이런 자원을 갖고서도 서기 일을 하는 대학교수들이 많습니다. 실제로도 가능합니다. 비밀해제 문서들을 대출받고, 복사하고, 문서들을 서로 비교하고, 다른 어떤 것을 가리키는 각주에 노트를 달고…… 뭐 이런 식으로 논문을 쓰는 겁니다. 대부분의 학문 분야에서 이런 식으로 연구합니다. 발표된 논문들을 한번 살펴보십시오. 사람들의 머릿속에는 생각이 하나도 들어 있지 않습니다. 대학의 모든 학과에서 내 차를 고치는 카센터보다 더 훌륭한 지적 작업이 진행된다고 생각하지 않습니다. 차를 고치려면 정말 머리를 많이 써야 하거든요.

청중2 좋아요. 자동차 수리공이 지식인이라고 칩시다. 하지만 반대로 책을 정확히 다루면서 서기 일을 하는 게 아니라 진짜 연구를 하는 사람들도 지식인으로 봐줘야 할 것 같은데요.

— '지식인'이라는 말이 머리를 쓰는 사람을 가리킨다면 그건 좋습니다. 하지만 그런 의미에서 볼 때, 사람들이 반^{反}지적이라고 생각하지 않습니다. 가령 당신 차를 당신 고향에서 최고로 실력 있는 수리공 —다른 수리공이 못 고치는 것을 고치는 사람—에게 갖다 맡긴다고 해봅시다. 실제로 자동차 제작 공장의 친구들은 수리를 잘 못하지요. 하지만 이 수리공은 정말로 차에 대한 감각이 뛰어난 거예요. 그가 당신 차를 한 번 보고서 그것을 분해하기 시작하면…….

_{청중 2} 그녀가…….

— 좋아요, 그녀가 당신 차를 분해하여 제꺽 고쳐준다면 당신은 그녀를 깔보지 못합니다. 아무도 그런 사람을 깔보지 못하지요. 오히려 그녀를 존경하게 됩니다.

_{청중 2} 하지만 사람들은 책읽기 좋아하는 자를 깔봅니다.

— 하지만 이 여성 수리공은 책을 많이 읽었을지 모릅니다. 어쩌면 관련 매뉴얼을 많이 읽었겠지요. 그런데 매뉴얼이라는 게 읽기가 쉽지 않습니다. 학자들의 연구서보다 읽기가 더 힘들어요.

당신 말에 반대하려고 이러는 게 아닙니다. 단지 우리가 사물을 예전과는 좀 다르게 볼 필요가 있다는 거지요. 많은 사람들이 실제로 하고 있는 지적인 작업이 있습니다. 그리고 지적인 생활이라는 것도 있습니다. 그런데 이것은 실제 생각할 필요가 없는 그런 특별한 기술입니다. 아니 실제로 생각을 너무 많이 하지 않을수록 더 좋아집니다. 이게 이른바 존경받는 지식인이라는 거지요. 사람들이 이런 지식인을 깔보는 것은 옳습니다. 그들에게는 특별한 것이 별로 없으니까요. 그건 매우 흥미로운 기술도 아니고, 게다가 제대로 수행되지도 않는 기술입니다.

내가 볼 때 사회가 이처럼 구분 짓는 것은 잘못된 겁니다. 나는 어린 시절 유대인 노동자 환경에서 성장했습니다. 집안사람들은 공식 교육을 별로 받지 못한 노동자였습니다. 어떤 식구는 가게 사환으로 나가고 어떤 식구는 재봉사로 일했습니다. 하지만 식구들 모두 글을 읽을 줄 알았습니다. 나는 그들을 지식인이라고 부르겠습니다. 그들은 사람들이 통상적으로 말하는 의미의 '지식인'은 아니지만 책도 많이 읽었고 사물에 대해서 생각했고 사물의 이치를 따졌습니다. 재봉사라고 해서 지적인 일을 하지 못한다고 생각하는 것은 근거 없는 추측일 뿐입니다.

관중 동원 스포츠

^{청중2} 오늘날의 탈정치화 사회에서 스포츠가 하는 역할에 대해서 좀 말씀해 주시겠습니까? 스포츠는 사람들이 생각하는 것보다 더 의미심장한 행사라고 생각되는데.

― 정말 흥미로운 행사지요. 개인적으로 나는 스포츠에 대해서 많이 알지

는 못합니다. 밖에서 그 현상을 지켜볼 뿐입니다. 프로 스포츠, 그리고 볼거리로서의 스포츠가 커다란 역할을 한다는 건 분명합니다. 또 사람들의 관심을 엄청나게 끌어모은다는 것도 의심할 나위가 없습니다.

　나는 차를 몰고 갈 때 라디오의 대담 프로를 즐겨 듣습니다. 스포츠 프로를 들으면 정말 놀랍지요. 스포츠 기자와 전문가가 패널로 나오고 일반 청취자들이 전화를 걸어와 패널과 대담하는 형식입니다. 무엇보다도 라디오 청취자들이 스포츠에 엄청난 시간을 투자하는 것 같더군요. 더 놀라운 점은 전화를 걸어온 청취자가 엄청난 양의 전문 지식을 갖고 있다는 겁니다. 각종 스포츠 기록에 대하여 소상한 지식을 갖고 있고 아주 복잡한 토론도 거뜬하게 한다는 겁니다. 게다가 그들은 전문가들을 그리 두려워하는 것 같지도 않았습니다. 이런 일은 좀 이례적이거든요. 사회의 다른 분야에서는 전문가라고 하면 일단 인정해주고 들어갑니다. 실제로 우리는 필요 이상으로 전문가를 평가하긴 하지요. 하지만 스포츠 분야에서는 그렇지 않았습니다. 그들은 보스턴 셀틱스 팀의 감독과도 활발하게 대화를 나누면서 지난번 경기에서 감독이 취하지 않은 조치에 대하여 이의를 제기하고 논쟁을 벌였습니다. 따라서 스포츠 분야에서 사람들은 꽤 자신감이 있는 듯했고 아는 것도 많았습니다. 또 그런 논쟁을 하기 위해 상당히 생각도 많이 하는 것 같았습니다.

　그것은 나에게 비문자非文字 문화 또는 비기술非技術 문화 —이른바 '원시 문화' —에서 발견되는 사항들을 연상시켰습니다. 원시 문화에서는 엄청나게 정교한 친족 체계를 유지합니다. 어떤 인류학자들은 근친혼 금기를 피하기 위하여 이런 제도를 만들어냈다고 설명하는데 실제로는 그런 것 같지 않습니다. 왜냐하면 그 제도가 기능적 유용성을 훨씬 넘어설 정도로 정교하기 때문입니다. 그 구조를 면밀히 들여다보면 마치 수학 문제처럼 복잡합니다. 원시사회는 미적분이나 수학이 없는 대신 다른 구조들을 가지고 그런 복잡한 문제를 풀었습니다. 그런 구조 중 하나이고 어느 사회에서나 발견되는 것이 친족의 관계입니다. 이 관계를 중심으로 정교한 구조를 만들고 그런 다음 전문가와 이론과 기타 등등을 발전시킵니다. 우리가 비문자 문화에서 발견하는 또 다른 특징은 아주 비범한 언어 제도가 발달되어 있다는 겁니다. 그 언어를 둘러싸고 아주 세련된 구조가 설정되어 있는데 사람들은 그 언어를 가지고 각종 게임을 합니다. 그래서 사춘기의 통과의례를 치르는 사람들을 위한 사춘기 의식이 있는데 그들은 기존 언어를 수정하여 그들만의 언어를 발전시킵니다. 그러니까 기존 언어와 크게 구분되는, 아주 복잡한 심리적 조작을 수반하는 언어의 수정인 것입니다. 그리고 그 언어는 평생 동안 그들(사춘기 의례를 통과한 자들)의 언어가 되고, 다른 사람들은 그 언어를 잘 알지 못합니다. 이러한 언어 조작이 무엇을 보여주는가 하면, 사람들은 단지 자기 머리를 쓰고 싶어 한다는 겁니다. 그래서 어떤 사회에서 기술 같은 것들이 별로 발달해 있지 않으면 다른 것들을 가지고 지능을 발휘하게 됩니다.

우리 사회에서도 사람들이 지능을 발휘할 수 있는 분야, 가령 정치 분야가 있습니다. 그러나 실제 사람들은 정치 분야에 그리 진지하게 개입하지 않습니다. 그래서 스포츠 같은 다른 것에 신경을 돌리는 겁니다. 사람들은 공손하고 온순해야 한다는 가르침을 받았습니다. 그런데 흥미로운 일거리가 없습니다. 그들 주위에 자신의 창의성을 발휘할 수 있는 일이 없습니다. 이런 문화 환경에서 당신은 화려하고 값싼 것들의 수동적인 구경꾼이 되어 버립니다. 정치 생활이나 사교 생활은 당신의 범위 밖에 있습니다. 그런 생활은 부자들이나 누리는 것입니다. 그럼 뭐가 남습니까? 그렇게 해서 남은 한 가지가 스포츠입니다. 그래서 사람들은 그 분야에 엄청난 지능, 생각, 자신감 따위를 쏟아붓습니다.

나는 이것이 사회 전반에 스포츠가 제공하는 기본적 기능이라고 봅니다. 스포츠는 사람들의 관심을 사로잡고 사람들이 정말로 중요한 일에 개입하지 못하게 합니다. 바로 이것이 지배적인 기관들이 관중 동원 스포츠를 은근히 지원하는 이유의 하나입니다.

관중 동원 스포츠는 유익한 기능을 발휘하기도 합니다. 우선, 그것은 엄청난 쇼비니즘을 조성하는 한 가지 특별한 방법입니다. 아주 어린 나이에 쇼비니즘을 몸에 익히면 나중에는 자연스럽게 다른 분야로 전이됩니다. 내가 고등학교 시절 갑작스럽게 깨달음을 얻은 때가 기억납니다. 나 자신을 향해 이런 질문을 던졌습니다. 왜 우리 학교 미식축구 팀이 이기기를 이토록 간절히 바라는 거지? 나는 축구 팀 선수들을 개인적으로 알지 못했습니다. 그들도 나를 몰랐습니다. 나는 설사 그 선수들을 길에서 만나도 뭐라고 말할지 알지 못했습니다. 그런데 내가 축구 팀의 승리에 그토록 신경 쓸 게 뭐람? 축구 팀이 이기면 흥분하고 지면 낙담하는 이유는 뭐지? 사실 아무 상관도 없는데 경기 결과에 따라 기쁘기도 하고 슬프기도 했습니다. 어린 시절부터 우리 고향의 필라델피아 필리스 팀의 성적을 걱정하도록 훈련받았기 때문입니다. 사실 이것은 자신감 결여를 나타내는 심리 현상입니다. 이 현상은 필라델피아에서 자란 내 또래의 아이들에게 영향을 미쳤습니다. 스포츠 팀은 언제나 가장 중요했기 때문입니다. 이것은 자라나는 아이들의 에고에는 일종의 치명타입니다. 나중에 누군가가 그들을 지배하도록 하는 빌미를 제공하기 때문입니다.

그런데 정말 중요한 점은, 이런 무의미한 공동체에 비합리적인 충성심을 바치는 것을 통해 권력에 대한 복종, 또는 쇼비니즘에 대한 몰입 등이 훈련된다는 것입니다. 스포츠 관중은 일종의 검투사를 보고 있는 겁니다. 자신이 할 수 없는 일을 하는 사람을 쳐다보는 것이지요. 가령 당신은 장대높이뛰기도 못하고 운동선수들이 보여주는 기타 어려운 기술도 구사하지 못합니다. 하지만 그것은 당신이 따라 하려는 모델입니다. 그들은 당신의 대의를 위해 싸우는 검투사이고 당신은 그들을 응원해야 합니다. 상대방 팀의 쿼터백이 심한 부상을 당해 경기장 밖으로 실려 나갈 때 당신은 행복감을 느껴야 합니다. 이런 것들은 인간 심리에서 극단적으로 반사회적인 측면을 키워줍니다. 아무튼 그런 측면이 있습니다. 관중 동원 스포츠는 그런 측면을 강조하고, 과장하고, 또 유도합니다. 이것은 비합리적인 경쟁, 권력 제도에 대한 비합리적인 충성심, 아주 끔찍스러운 가치에 대한 수동적 묵종, 바로 그것입니다. 스포츠처럼 권위주의적인 태도에 완전히 몰입하게 하는 것은 아마 따로 없을 것입니다. 게다가 스포츠는 사람들의 관심을 많이 받기 때문에 사람들은 다른 중요한 것들에 관심을 쏟지 못하게 됩니다.

이렇게 볼 때 스포츠는 엄청나게 중요한 사회적 역할을 하는 것으로 보입니다. 나는 이 정도로 만만치 않은 영향력을 끼치는 게 이것뿐이라고 생각하지는 않습니다. 예를 들면 텔레비전 연속극도 분야는 다르지만 그런 기능을 발휘하고 있습니다. 연속극 또한 사람들에게 다른 종류의 수동성과 어리석음을 가르칩니다. 당신이 진지하게 전반적인 미디어 비평을 하고 싶다면, 이런 것들이 미디어의 대부분을 차지한다는 걸 감안해야 합니다. 정치색이 분명한 사람들을 대상으로 엘살바도르 뉴스를 집중적으로 보도하는 일은 잘 하지 않습니다. 그것의 주된 기능은 사람들의 시선을 중요한 것

스포츠처럼 권위주의적인 태도에 완전히 몰입하게 하는 것은
아마 따로 없을 것입니다. 게다가 스포츠는 사람들의 관심을
많이 받기 때문에 사람들은 다른 중요한 것들에
관심을 쏟지 못하게 됩니다.

으로부터 돌려놓는 것입니다. 에드 허먼과 내가 미디어를 연구하면서 이 부분은 소홀히 다루었습니다. 이 문제에 대해서는 별로 언급하지 않았던 거지요. 하지만 이 문제는 세뇌와 프로파간다 시스템의 중요한 부분이고 그래서 좀 더 면밀하게 연구해볼 가치가 있습니다. 이 문제에 대해서 글을 쓴 사람들도 있는데 닐 포스트먼과 기타 인사들입니다. 나는 이 문제를 더 다룰 만한 지식이 없는 듯하군요.[69]

서유럽의 시민운동과 캐나다

청중1 촘스키 교수님, 우리가 서유럽의 시민운동으로부터 배울 게 있을까요? 그들은 정치적 조직이나 전략에서 우리보다 한참 앞서 있는 것 같은데.

— 아니요, 나는 동의하지 않습니다. 우리는 언제나 다른 데서 구세주를 찾는데 실은 거기에는 구세주가 없습니다. 서유럽에서는 발달하지 못한 것이 여기 미국에서 많이 발달했습니다. 미국의 민중운동은 유럽보다 여러 면에서 훨씬 더 건강합니다. 그들의 운동은 이데올로기에 사로잡혀 있습니다. 그들은 우리에게는 없는 '텍스트'와 '이론'과 각종 자료를 갖고 있습니다. 우리가 그런 것들을 갖고 있지 않아 다행입니다. 지난 여러 해 동안 미국에는 아주 성공적인 민중운동 조직이 많이 있었습니다.

청중1 하지만 유럽에는 대규모 시위가 있었지 않습니까.

— 그렇지요. 하지만 우리도 대규모 시위를 벌였습니다. 이틀 전만 해도 워싱턴에서 대규모 시위[낙태권을 지지하는 시위]가 있었습니다. 우리는 시위를 어떻게 벌여야 하는지 알고 있습니다. 그리 어려운 일이 아닙니다. 내가 알기로 남에게 전해주어야 할 교훈도 그리 많지 않습니다. 미국에서 사람들은 아주 성공적인 운동을 조직했습니다. 민권운동, 반전운동, 환경운동, 페미니즘 운동…… 이런 것들은 모두 아주 성공적인 발전이었습니다.

^{청중1} 서유럽의 사회복지 정책에 대해서는 어떻게 생각하십니까?

— 서유럽이 우리에게 없는 사회복지 프로그램을 갖고 있는 것은 사실입니다. 하지만 캐나다 역시 복지 프로그램이 잘되어 있습니다. 그러니 멀리 유럽까지 가서 배워올 필요가 없습니다. 예를 들어 캐나다에는 공공 건강보험 프로그램이 아주 잘되어 있습니다. 미국에는 그런 게 없지요.

이것은 미국의 개인 자본의 힘이 너무나 막강하다는 사실과 관련이 있습니다. 또 미국의 자본가계급은 지나칠 정도로 계급의식적인 데 비해 노동자계급은 매우 분산되어 있고 결속력이 떨어지는 것과도 관련이 있습니다. 그 결과, 미국은 다른 선진국에서 당연시하는 많은 것들을 아직 갖추지 못했습니다. 미국은 그런 나라들에 비해 집 없는 사람과 보건 혜택을 받지 못하는 사람이 더 많습니다.

미국의 현황을 이런 식으로 만들어놓은 역사적 특수성을 살펴보아야 합니다. 해볼 만한 가치가 충분히 있습니다. 하지만 이런 프로그램을 실시하는 데 커다란 비결 같은 것은 없습니다. 따라서 합리적인 전국 규모의 보건 프로그램을 어떻게 실천해야 하는지 알고 싶다면 멀리 갈 필요가 없으니다. 미국 국경 너머에 아주 좋은 실제 사례가 있으니까요.

청중1 캐나다는 어떻게 그런 프로그램을 갖추게 되었나요?

— 그걸 알려면 역사를 한번 살펴보아야 합니다. 먼저, 어떻게 캐나다의 역사는 미국의 역사와 달라졌나? 하고 물어보아야 합니다. 양국 역사에는 많은 차이점이 있습니다. 예를 들어, 한 가지는 미국혁명(독립전쟁)과 관련된 것입니다. 미국혁명 때 많은 사람들이 캐나다로 피난했습니다. 식민지를 사로잡은 교조적이고 광신적인 분위기를 피해서 많은 사람들이 피난했지요. 미국혁명 때 피난한 식민지 주민의 수는 전체 인구의 4퍼센트였는데, 이는 베트남전쟁 종전 후 베트남을 떠난 난민들의 비율보다 높습니다. 그들이 세계에서 가장 부유한 지역 가운데 하나에서 도망쳤다는 것을 감안해야 합니다. 그들은 심한 공포에 사로잡힌 나머지 한겨울에 보스턴 항을 떠나 노바스코샤로 갔습니다. 미국 식민지의 광신주의자들로부터 도망치다가 노바스코샤의 눈보라에 더러 죽기도 했습니다. 피신자 수는 전체 250만 인구 가운데 10만에 달했습니다. 따라서 상당했음을 알 수 있습니다. 식민지 주민들이 전쟁에서 이길 경우 박해받을 것으로 우려한 사람들도 다수 포함되어 있었는데 흑인과 아메리카 원주민이 그들입니다.[70] 그 우려는 현실로 나타났습니다. 아메리카 원주민은 제노사이드 당했고, 흑인들은 노예로 전락했습니다.

---

70 "대영제국에 대한 충성심 때문에 미국을 떠난 사람들의 숫자는 10만 명 정도였는데 그중 3만 5,000명이 뉴욕 출신이다. 이 유배자들 가운데 약 절반이 캐나다에 정착했고 대영제국 충성자라고 불렸다. 이들에 대한 축출은 너무나 완벽하여 후대의 미국인들은 이런 사실조차 알지 못한다." Carl Van Doren, *Secret History of the American Revolution*, Viking, 1941, p. 433.

캐나다로 이민자들이 대량 유입된 것은 그때가 유일하지는 않습니다. 20세기 초에 또다시 대규모 이민이 있었습니다. 포퓰리스트 운동^{Populist} movement [1880년대에 농민 시위로 결성되었으나 1896년 이후 와해되었다]이 붕괴된 후 미국 중서부에서 많은 이민자들이 캐나다로 건너갔습니다. 포퓰리스트 운동은 미국 내에서 벌어진 대규모 민중민주 정치의 마지막 사건이었습니다. 캔자스 주의 과격한 농민들이 주동했지요. 이 농민들이 마침내 패배하고 민중당이 해체되자 그들 가운데 상당수가 이민을 떠났습니다. 이 숫자가 얼마나 되는지 나는 알지 못하는데 아무튼 꽤 많은 사람이 캐나다로 건너갔고 그 직후 벌어진 캐나다 사회민주운동의 기반 세력이 되었습니다. 이들은 캐나다에서 많은 사회복지 프로그램을 성사시켰습니다."

이 밖에도 캐나다를 미국과 다른 나라로 만든 여러 요소들이 있습니다. 가령 미국은 아주 발달한 자본주의 국가입니다. 근대적 의미의 기업이라는 것도 미국에서 발명된 것입니다. 산업혁명 초창기부터 미국 기업계는 캐나다 기업계와는 비교가 되지 않을 만큼 막강했습니다. 미국은 캐나다보다 훨씬 부유했습니다. 그래서 계속 캐나다를 침공하려 했습니다. 캐나다는 미국에 비해 인구밀도가 낮고 그래서 사람들이 여러 곳에 흩어져 살았습니다. 캐나다는 대영제국의 일부분이었습니다. 퀘벡은 프랑스어와 영어를 사용하는 지역으로 나뉘어 있었습니다. 이처럼 두 나라 사이에는 많은 역사적 차이가 있는데 이것은 한번 면밀하게 연구해봐야 할 분야라고 생각합니다.

하지만 두 나라는 각각 장단점을 갖고 있습니다. 미국은 좋은 것들을 많이 획득했고, 시민운동 조직에 대해서 말해보자면 이곳 미국에서 좀 더 자유롭게 활동할 수 있습니다. 국가의 탄압 따위는 별로 걱정하지 않고 자유롭게 말입니다. 그래서 세계 어디를 가도 배울 바가 있습니다. 니카라과로부터 배울 수 있고, 베트남으로부터 배울 수 있고, 서유럽으로부터 배울 수 있고, 캐나다로부터도 배울 수 있습니다. 하지만 세계 어디에선가 구세주를 만나겠다고 한다면 여러분은 만나지 못할 것입니다.

환상 물리치기

참호2 노엄, 일반적으로 말해서, 사람들이 세상에 대해서 갖는 환상을 어떻게 물리쳐야 한다고 생각하나요? 어떻게 시작해야 가장 좋은 건가요?

— 방 안에 가만 앉아 있어서는 환상을 물리치지 못합니다. 이런 식으로는 성공할 사람이 거의 없습니다. 물론 극소수의 사람은 성공하겠지만 대부분은 그렇지 못할 겁니다. 일반적으로 여러분은 다른 사람과 상호작용함으로써 여러분이 생각하는 바를 알게 됩니다. 그러니까 남이 하는 얘기를 들으면서 그것을 받아들이거나 거부하면서 자기 생각을 확인하게 되는 겁니다. 여러분은 어떤 주제에 관심을 표시하기 때문에 그로부터 배울 수 있습니다. 우리가 사는 세상은 사람들이 모여 사는 사회적 세상입니다. 여러분은 종종 그 세상에 개입하고 — 마땅히 개입해야 합니다 — 그것을 바꾸려 합니다. 바로 이런 맥락에서 여러분은 배우게 되는 겁니다. 여러분의 아이디어를 제시하고, 그것에 대한 반응을 살피고, 다른 사람들이 그 주제에 대하여 뭐라고 말하는지 알아내고, 프로그램을 작성하고, 그것을 실현시키려고 노력하고, 프로그램 중 어떤 부분이 비현실적인지 살펴보고, 그로부터 경험을 얻고 이렇게 해서 배워나가는 겁니다.

따라서 환상을 물리치는 것은 운동을 조직하고 행동에 나서는 과정의 일환입니다. 이것은 세미나 참석이나 거실에서의 명상으로 달성할 수 있는 게 아닙니다. 그런 데서는 아예 못한다는 뜻이 아니라, 이게 종류가 다른 행동이라는 뜻입니다. 가령 여러분이 고대 그리스에 대하여 환상을 갖고 있다면 도서실에서 어느 정도 그 환상을 물리칠 수 있을 겁니다. 하지만 살아 움직이고 변화하는 사회과정에 대한 환상을 물리치려 한다면 그리고 그 과정에 일부 참여하고 싶다면, 그건 좋은 방법이 아닙니다. 다른 사람들과 상호작용을 해야 하는 겁니다. 관심사, 약속, 행동주의를 공유하는 공동체에서 함께 활동함으로써 환상을 깨뜨릴 수 있습니다.

청중1 만약 내가 우리 마을에서 사람들을 불러 모아 이 주말에 우리가 다룬 주제에 대해서 의논하고자 한다면, 거기에는 별로 사람이 많이 오지 않을 것 같습니다.

— 그렇겠지요. 하지만 신경쓸 필요 없습니다. 1960년대의 평화운동은 수천만 명의 사람들이 참여하는 대규모 민중운동으로 번졌습니다. 그런데 이런 엄청난 운동도 처음에는 당신이 방금 말한, 거실에 몇 명 불러놓고 얘기를 나누는 것으로 시작되었습니다. 사실 나도 처음에는 이런 식으로 2년을 버텼습니다. 그때 이래로 세상은 크게 변했습니다. 나는 이제 강연 예약이 2년이나 밀려 있습니다. 많은 사람들이 내 얘기를 들으러 오는데 아주 세련된 청중들이고 사물에 대하여 깊이 생각하는 적극적인 사람들입니다. 나는 그들로부터 배웁니다. 내가 거실에 두세 명을 초청해놓고 얘기를 시작하면 사람들은 나에게 린치를 가하려고 했었지요. 어떤 교회의 초청으로 연설하

러 갔을 때 청중은 모두 네 명으로, 그중 두 명은 나를 때려죽일 듯 험악한 인상이었고, 한 명은 내 얘기를 들을까 말까 망설였고, 나머지 한 명은 그 연설회를 조직한 사람이었습니다. 이렇게 적은 사람들을 앞에 놓고 강연한 게 그리 오래전도 아닌, 1964년입니다. 대규모 사회 개혁 등 다른 여러 이슈들을 놓고 볼 때, 지금이나 1964년이나 별반 다를 바 없습니다. 하지만 모든 것은 변할 수 있습니다. 때때로 아주 빠르게 변합니다.

미국의 민권운동을 한번 보십시오. 10년 동안 바다와 같은 변화가 있었습니다. 여러분 가운데 상당수가 참여하는 페미니즘 운동을 보십시오. 변화는 아주 빠르게 찾아왔습니다. 이 운동은 사실상 무無에서 시작했습니다. 시민운동 단체가 여성 회원들에게 혓바닥의 침으로 우표를 붙이게 한 사소한 문제로 시작한 운동이었습니다. 그러나 2년 사이에 전국을 휩쓴 주요 운동이 되었습니다. 때만 잘 맞추면 상황은 급속히 발전합니다. 아무런 사심없이 일어납니다. 벌써 오래전부터 조금씩 시나브로 축적되어왔기 때문입니다. 그러다가 적절한 때가 되면 결정結晶이 되는데 때때로 아주 의미심장한 사건이 되는 겁니다.

청중2 나는 우리 마을에서 많은 정치적 활동을 벌이고 있는데 한참 지나면 개종한 사람을 상대로 개종 전의 종교를 설교하는 기분이 듭니다. 그만큼 좌절이 큽니다.

— 그렇겠지요. 시민운동은 많은 좌절을 안겨줍니다. 하지만 때때로 성취를 맛보기도 하지요. 당신이 두 명 정도 동지를 모으고 그들이 다시 그들 나름대로 운동한다면 조만간 커다란 변화를 볼 수 있지요. 우리는 그것을

알고 있습니다.

　가령 저 옛날의 미국 공산당을 한번 봅시다. 이 당에 대해서는 스탈린주의자라는 등 많은 비난이 있었지만 그건 여기서 접어둡시다. 사실 이 운동에는 아주 강력한 어떤 것이 있었습니다. 그 한 가지는 이 당에 아주 헌신적으로 기여하는 사람들이 있었다는 겁니다. 등사기를 밀어야 할 사람이 필요하면 그런 사람이 즉각 나타났습니다. 이렇게 해야 그들의 운동이 진전할 수 있다고 확신했기 때문이지요. 그들은 일할 의욕이 충만했습니다. 그들은 마을의 다른 사람들이 더 잘살 수 있도록 돕기 위해, 사회 변화를 위해 열심히 일했습니다. 여기서 한 가지 명심해야 할 사항이 있습니다. 그들은 민권을 위해 싸운다는 것이 대단히 위험하던 시절에 그렇게 투쟁했습니다. 그것은 대규모 인원이 한데 모여 셀마^{Selma}(미국 앨라배마의 도시. 여기서는 마틴 루서 킹의 행진을 가리킨다.—옮긴이)까지 행진하는 그런 차원이 아니었습니다. 어쩌면 살해당할지도 모르는 남부 지역에 혼자 내려가서 벌여야 하는 운동이었습니다. 미국 공산당은 이렇게 일을 했습니다. 공산당을 무조건 매도하려고 하는 사람들은 이런 옛일을 기억해야 합니다.

　그리고 잊지 마십시오. 지금 우리가 텔레비전에서 직접 보고 또 비판할 수 있게 된 전 세계의 파괴 상황은 시민운동의 결과입니다. 시민들이 꾸준히 단체를 조직하고, 진보하고, 발전하고, 사태에 적극적으로 개입하고, 그들의 압제자를 상대로 투쟁한 결과입니다. 1980년대에 중앙아메리카에서 벌어진 저 모든 잔혹 사태를 우리가 알게 되었다는 것은 분명 발전의 징조입니다. 1970년대 후반까지 그 누구도 중앙아메리카에 대하여 논평하지 않았습니다. 왜? 그 사태는 완전히 장악되어 있었고, 일방적인 잔학 행위였고 아무도 반격하지 않았기 때문입니다. 그래서 여기 미국에서도 누구 하나 신경 쓰지 않았습니다. 그러다가 1980년대에 들어와 이슈가 되었습니다. 현지에서 아주 성공적인 시민운동이 조직되었기 때문입니다. 그래서 니카라과에서 소모사 정권을 전복시켰고, 엘살바도르와 과테말라에서 사상 처음으로 농민조합이 결성되었고, 그 밖에 많은 효과적인 시민운동을 조직했습니다. 그러자 암살대가 등장했고 미군 훈련관들이 그곳에 도착했고, 여러분이나 나 같은 백성들이 내는 세금이 양민 학살 지원금으로 쓰였습니다. 하지만 그들은 저항 세력을 완전히 뿌리 뽑지는 못했습니다. 과테말라의 무서운 테러에도 불구하고 ― 제노사이드라고 불러도 무방할 정도입니다 ― 노동자 조합은 다시 결성되고 있고 여전히 그곳에 존재합니다. 그리고 1980년대에 들어와 현지의 시민운동은 미국 내의 일치단결 운동을 이끌어냈고, 미국의 운동은 현지의 저항 세력들과 건설적인 상호작용을 하고 있습니다. 이것은 정말 중요한 변화, 아주 극적인 변화입니다. 정부의 소행만 생각하면 모든 것이 황량하게만 보입니다. 그러나 주위를 한번 돌아다보십시오. 여러 종류의 다른 것들도 함께 벌어지고 있습니다. 그것은 당신이 만들어낸 변화입니다.

4

갈등과 화해, 전쟁과 평화를 말하다

1 언론은 '그럴듯한
거짓말'로 권력과 공생한다

만약 당신이 잘 교육받은 영국 사람이라면—
사립학교에서 배우고 옥스퍼드 대학을 졸업하고 어떤 기관의
고위직이라면—당신은 어떤 사항에 대해서는 절대로 말해서는
안 된다는 걸 몸으로 알고 있을 겁니다

전체주의적 경향

청중1 반정부 인사들이 미디어를 비판한 저서들을 봇물처럼 쏟아내고 있습니다. 선생님과 에드 허먼의 공저, 벤 배그디키언의 저서, 마이클 파렌티의 저서, 마크 허츠가드의 저서……. 이틀 전에는 알렉산더 콕번이 이렇게 말한 것을 들었습니다. "미국은 여전히 타임-워너의 우산 아래 있는 하나의 나라다." 언론을 비판하는 저서들이 이처럼 많은데도 언론 구조에 이렇다할 영향을 미치지 못하는 것은 무엇 때문입니까?¹

— 어떻게 영향을 미칠 수 있겠습니까? 가령 당신이 1,000권의 언론 비판서를 썼다고 해봅시다. 그런다고 해서 타임과 워너가 합병하여 언론 재벌이 되는 것을 막을 수 있을 것 같습니까? 이런 저서들은 그 어떤 형태의 —가령 회원 다섯 명 정도 되는 —사회단체, 그러니까 언론의 기업 구조를 해체하려는 단체와도 연계되어 있지 않습니다. 단지 사람들을 잘 교육하여 언론의 프로파간다 시스템으로부터 그들을 보호하려는 목적을 갖고 있을 뿐입니다. 그리고 바로 거기에 효과가 있다고 나는 생각합니다. 이제는 사람들이 언론의 프로파간다에 대응하는 방법이 예전과 달라졌습니다. 하지만 이런 저서들은 그 어떤 것도 기업 구조를 직접적으로 바꾸어보려는 시

도는 아닙니다. 구조를 바꿔야 한다는 제안조차 들어 있지 않습니다. 벤 배그디키언의 책이나 에드와 내가 함께 쓴 책의 1장을 보십시오. 기업 자본주의를 어떻게 바꿀 것인가에 관한 얘기는 전혀 하지 않습니다. 전혀 다른 얘기니까. 단지 기업 자본주의가 존속하는 한, 미디어는 이렇게 될 수밖에 없다는 것을 보여줄 뿐입니다.

청중 2   최근 중앙아메리카에서 벌어진 일에 관하여 논문을 쓰실 계획입니까? 가령 니카라과의 선거에 대하여?[1990년 이 나라의 선거에서 집권당인 산디니스타 당은 미국이 지원한 후보 비올레타 차모로에게 패배했다.]

— 쓸 계획입니다. 하지만 선거 자체에 대해서는 아니고 그 선거에 대한 미국인들의 반응에 대해서 쓸 생각입니다.[2] 니카라과에 대해서는 그들이 쓰면 되니 나는 미국에 대해서 쓸 겁니다.

　하지만 미국 언론의 반응은 정말 놀랍군요. 가장 놀라운 특징은 그 만장일치, 그 천편일률입니다. 주류 언론은 하나도 빠짐없이 모두 똑같은 반응을 보였습니다. 앤서니 루이스, 메리 맥그로리, 조지 윌 등 우익 광신자들이 모두 한목소리로 말했습니다. 이른바 '진보파'와 '보수파' 사이의 유일한 차이점이라면 이런 겁니다. 진보파는 니카라과 사람들이 머리에 권총 사격의 위협을 받는 상황에서 투표를 했다고 지적하고 이어서 "선거는 자유롭고 공정했으며 강요가 없었고 민주주의의 기적이었다"라고 말했습니다. 반면에 보수파는 머리에 권총 사격의 위협을 받는 상황에서 투표를 했다는

2　1990년 니카라과 선거에 대한 미국의 반응을 다룬 촘스키의 논문은 다음에 실려 있다. Noam Chomsky, *Deterring Democracy*, Hill and Wang, 1991.

사실은 쏙 빼버리고 그냥 민주주의의 기적이라고만 말했습니다.[3]

기사들 중 일부는 코믹했습니다. 예를 들어 《뉴욕타임스》는 진보적 칼럼니스트인 데이비드 시플러의 칼럼을 실었는데 그 내용은 이렇습니다. '경제제재가 그들(니카라과)을 죽이고, 콘트라가 그들을 괴롭히고, 우리의 후보를 찍지 않으면 경제제재가 계속되리라는 것을 그들은 알았다.' 칼럼은 이런 헤드라인을 뽑았습니다. "미국 페어플레이의 승리".[4] 매우 진보적인 신문인 《보스턴글로브》 — 이 신문은 주류 신문의 최고 외곽에 위치해 있습니다 — 는 헤드라인을 이렇게 뽑았습니다. "차모로에게 힘을 몰아주자." 취지는 좋습니다. 우리가 지난 여러 해 동안 니카라과 사람들을 지원해왔으니 차모로에게 힘을 몰아주어야 합니다.[5] 가령 골드워터가 미국 대통령 선거에서 2 대 1 스코어로 패배한 1964년으로 한번 돌아가봅시다. 그 시점에서 "자, 이제 골드워터 지지자들은 존슨에게 힘을 몰아주어야 한다"고 말하는 게 가능할까요? 어느 한 사람에게 총체적으로 힘을 몰아준다는 것은 스탈린주의자의 러시아에서나 있을 법한 일입니다. 민주주의 국가에서는 '지도자에게 모든 힘을 몰아준다'는 것은 있을 수 없습니다. 민주주의 국가의 사람들은 자기 하고 싶은 대로 하는 겁니다. 그런데도 데어 퓌러der Führer(총통) 뒤에 일제히 줄을 서야 한다고 말하는 것이 미국 진보 언론의 현주소입니다.

사실 언론 자신이 그런 만장일치를 인식하는 방식도 흥미롭습니다. 가령 《뉴욕타임스》는 미국의 반응을 조사한 엘레인 시올리노의 기사를 실었는데 헤드라인이 "기쁨에서는 일치되고, 정책에서는 분열되다"였습니다.[6] 정

---

3 1990년 니카라과 선거에 대한 미국 '진보파'의 대표적 반응은 다음에서 확인할 수 있다. Anthony Lewis, "Out of this Nettle", *New York Times*, March 2, 1990; Johanna McGreary, "But will it Work?", *Time*, March 12, 1990.

책의 분열이라는 것은 이런 문제 때문이었습니다. '이 멋진 결과의 공로는 누가 차지해야 하는가?' 바로 여기서 진보와 보수가 갈립니다. "콘트라는 과연 득이었나, 실이었나?" 엘살바도르에서 하던 방식이 좋았나, 아니면 1986년 상원의원 앨런 크랜스턴의 비둘기 찌르기$^{pick\ a\ dove}$(겉으로는 평화적인 방식을 추구하는 척하면서 속으로는 괴롭히기)가 더 좋은 방식이었나?' 전자(엘살바도르 방식)는 여자들을 살가죽을 벗기고 나무에 널어 피 흘리며 저절로 죽게 하거나 아니면 목 잘린 수천 구의 시체를 길가에 내버려두어 사람들에게 겁을 주는 방식이었습니다. 후자는 경제적 목 조르기나 기타 방식으로 그들이 '그들의 똥물에 빠져 허우적거리게 하는 것'이었습니다. 우파는 바로 이 비둘기 찌르기 방식으로 승리를 거두었습니다. 콘트라는 분명 도움이 되었습니다. 모든 사람이 '기쁨에서는 일치된다'는 보도는 아주 그럴듯한 것이었습니다. 다시 말해 우리는 매우 전체주의적인 국가인 겁니다. 명령만 내리면 일제히 앞으로 행진하고 단 한 마디의 반대도 허용되지 않습니다. '기쁨에서는 일치된다' 따위의 표현은 북한 언론에서나 쓸 법한 말입니다. 이거 정말 흥미롭지 않습니까, 미국의 엘리트들이 자기가 진정한 전체주의자라는 사실에 자부심을 느끼고 있으니. 그들은 우리도 그런 식으로 살아야 한다고 생각하는 겁니다. 모든 사람이 동의하는, 최악의 전체주의 문화가 되어야 한다는 겁니다.

보십시오. 이건 열 살짜리 아이도 알 수 있는 사실입니다. 괴물 같은 초강대국이 "우리 후보를 찍지 않으면 굶어 죽는 수밖에 없어"라고 말하는 상황 아래 치러진 선거는 결코 자유선거라고 할 수 없습니다. 비유적으로 말해서, 어떤 강대한 힘이 미국더러 "내(강대한 힘)가 지원하는 후보를 찍지 않으면 미국을 에티오피아 수준으로 추락시키고 말 거야"라고 말하는 상황에서

진보파는 니카라과 사람들이 "머리에 권총 사격의
위협을 받는 상황에서 자유롭고 공정하게 투표했으며
민주주의의 기적이었다"고 말했습니다.
반면에 보수파는 머리에 권총 사격의 위협을 받는
상황에서 투표했다는 사실은 쏙 빼버리고
그냥 "민주주의의 기적"이라고만 말했습니다.

선거가 치러졌다고 해봅시다. 이런 선거를 자유선거라고 하는 사람은 광기 어린 나치 인사이거나 그 비슷한 사람일 겁니다. 그런데 미국에서는 모두 그렇게 말하고 있습니다. 우리는 모두 "기쁨에서는 일치됩니다". 이걸 보면 미국은 참으로 흥미로운 나라입니다. 이건 미국 사회가 아주 전체주의적 문화라는 걸 보여줍니다. 사실 아주 잘 돌아가는 전체주의 국가에서도 이런 사례는 찾아보기 힘듭니다. 하지만 그것이 미국에서는 뼛속 깊숙이 박혀 있기 때문에 아무도 그 사실을 의식하지 못합니다. 민주주의의 기억을 희미하게 갖고 있는 나라일지라도 '기쁨에서는 일치된다'는 신문 기사를 보면 "이 나라는 뭔가 좀 잘못되어 있는 것 같은데"라고 생각할 겁니다. 그 어떤 이슈가 되었든 모든 사람이 '기쁨에서는 일치되는' 경우는 있을 수 없습니다. 여러분, 그런 이슈가 과연 있다고 생각하십니까? 혹시 알바니아라면 모르겠습니다. 여러분의 머리에 총을 겨누고 "기쁨에서는 일치된다"고 말하기를 강요하면 누구나 그렇게 하겠지요. 그런데 이곳 미국에서는 아무도 그걸 이상하게 생각하지 않습니다.

청중2 하지만 반대 의견도 신문에 나왔습니다.《월스트리트저널》은《네이션 *The Nation*》[좌파 경향의 잡지] 기자의 글을 1면에 실었습니다. 니카라과에서 벌어진 일에 대하여 부끄러움을 느껴야 한다는 내용이었습니다.

— 그 기사는 1면에 나오지 않고 오페드 Op-Ed (사설 맞은편 – 옮긴이) 면에 실렸습니다. 기사 작성자는 알렉스 콕번인데《월스트리트저널》은 한 달에 한 번 '다른 목소리'에 기회를 주는 듯한 시늉을 합니다. 그래요, 내가 말한 것은 일치단결, 즉 100퍼센트였는데 미국 주류 언론에 딱 두 번의 예외가 있

었습니다. 물론 내가 주류 언론 모두를 읽어본 것은 아니지만, 언론을 면밀히 관찰하는 사람들과 늘 접촉하고 있으므로 어느 정도 알 수 있는데, 아무튼 두 번의 예외가 있었습니다. 하나는 《월스트리트저널》에 실린 알렉스 콕번의 글이고, 다른 하나는 《보스턴글로브》의 내가 아는 편집인 랜돌프 라이언이 반대 의견을 사설에 넣은 것입니다.[8] 이 두 사람은 여덟 살 어린아이도 알 만한 내용을 말했습니다. 내가 알기로, 미국 언론에서 반대 의견이 나온 것은 이 두 건뿐입니다.

당연히 선거 전의 보도 태도도 마찬가지였습니다. 나와 여러분과 다른 많은 사람들은 주류 언론에서 산디니스타 당의 승리가 니카라과를 위해 최선이라는 말을 단 한마디라도 해주는지 열심히 모니터했습니다. 나는 그런 말을 찾지 못했습니다. 내가 볼 때, 그렇게 생각하는 언론인조차도 그걸 공개적으로는 말하지 못한다는 느낌이 들었습니다. 물론 이 이슈—집권당인 산디니스타 당이 승리해야 한다—는 니카라과에서 뜨거운 논쟁의 대상이었습니다. 하지만 미국에서는 그렇지 않았습니다. 의견이 100퍼센트 일치했으니까요.

게다가 미국 언론에서는 천편일률적으로 차모로가 민주적인 후보라고 추정했습니다. 왜 이 여성이 민주적인 후보인지 그 어떤 언론도 설명하지 않았습니다. 다시 말해 민주적 인사라고 평가되는 근거는 무엇인가, 미국에서는 이 점에 대하여 따지는 것이 허용되지 않았습니다. 워싱턴에서 민주적 후보라고 말하고 미국 기업계에서 민주적 후보라고 말했으므로 그걸로 끝이었습니다. 미국 지식인들은 더 이상 물어볼 생각을 하지 않았습니다. 그런데 흥미로운 것은 아무도 이 사실을 기이하다고 생각하지 않았다는 겁니다. 아무도 오페드 면에서 이렇게 말하지 않았습니다. "이상하지 않은가? 워싱턴과 기업계가 민주적 후보라고 하니 우리도 그것을 앵무새처럼 반복하기만 할 뿐 민주적 후보의 배경과 자질을 살펴보지 않는 것이?" 아무도 이런 생각은 하지 않았습니다. 미국의 지식인 사회는 너무나 군기가 잘 잡혀 있어서 감히 그런 질문을 던질 생각을 하지 못했습니다.

리투아니아 가설

청중1 촘스키 박사님, 나는 그 문제에 대하여 질문을 하나 하고 싶습니다. 다니엘 오르테가[니카라과 대통령, 산디니스타 당 소속]는 얼마나 오래 그 자리에 있었습니까? 10년 정도 되지 않습니까?

— 그렇습니다.

청중1 그런데 그는 선거에서 졌습니다.

— '그런데'라니요?

청중1 그는 그 나라를 10년 동안 통제했습니다.

— '그가 그 나라를 통제했다'라는 것은 무슨 뜻입니까?

청중1 언론을 통제했습니다.

— 그는 통제하지 않았습니다. 사실 니카라과는 계속 공격받으면서도 주요 반대 언론(《라프렌사》)의 활동을 허용한 역사상 유일한 국가입니다. 《라프렌사》는 무력에 의한 정부 전복을 요청했고, 외국으로부터 자금을 지원받는 용병 군대와 한 패였고, 니카라과를 공격하는 외국(미국)의 자금 지원을 공공연하게 혹은 은밀하게 받아들였습니다. 이런 언론을 그대로 내버려두었다니, 역사상 유례가 없는 일입니다. 미국이라면 단 1초도 허용하지 않을 것입니다. 게다가 니카라과의 많은 지역이 미국 프로파간다의 홍수 세례를 받았고 그 프로파간다에 넘어가 있었습니다. 니카라과의 많은 지역에서 국민들은 라디오 뉴스를 통해 흘러나온 정보를 아는 게 고작이었는데 미국은 온두라스와 코스타리카의 주요 라디오 · 텔레비전 방송국을 장악했습니다. 이 방송국에서 내보내는 정보는 니카라과의 시골 많은 지역에 흘러들어갔습니다.'

사실 지난 10년 동안 니카라과 언론이 누린 자유의 수준은 새로운 자유주의적 기준을 훨씬 웃도는 것입니다. 역사상 근접한 사례조차 찾기가 어렵습니다. 어디 한번 찾아보십시오.

청중1 하지만 10년이나 집권하면서 국민들의 위임을 계속 받아내지 못했다는 건 좀 특기할 만한 사항이 아닌가요.

— 그래요? 그 선거가 별로 특기할 만한 게 없다는 걸, 비유를 들어 설명해보겠습니다. 가령 소련이 우리가 펼친 게임을 그대로 펼친다고 해봅시다. 리투아니아는 얼마 전(1990년 3월) 독립을 선언했지요? 그런데 소련이 이 나라에서 우리가 니카라과에 했던 것을 그대로 반복한다고 해봅시다. 우선

소련은 리투아니아를 공격할 테러 군대를 조직하여 '부드러운 목표물', 즉 민간인을 공격하도록 훈련시킵니다. 그리고 보건 사업가, 교사, 농부 등을 다수 죽이도록 사주합니다.[10] 한편 경제제재를 함께 부과합니다(물론 소련이 이렇게 할 능력이 있다고 가정하고요). 무역을 막고, 수출입을 막고, 국제기구에 압력을 넣어 이 나라에 원조를 못하게 막는 겁니다.[11] 물론 비유를 보다 정확하게 하자면, 리투아니아가 현재보다 훨씬 낮은 수준에 있다고 가정해야 겠지요.

자, 이렇게 10년이 지나니 리투아니아는 에티오피아 수준으로 추락했습니다. 그런데 선거철이 돌아왔습니다. 이때 소련은 이렇게 말합니다. "이봐, 너희들이 공산당을 찍지 않으면 우린 이런 경제제재를 계속할 거야." 이런 상황에서 리투아니아 사람들이 공산당을 찍었다고 해봅시다. 그러면 당신은 이 상황이 특기할 만하다고 보시겠습니까?

청중1 나는 니카라과가 에티오피아 수준으로 추락했다고 보지 않습니다.

— 아닙니다. 그 수준으로 추락했어요. 니카라과는, 아이티 정도 수준으로 떨어졌습니다.[12] 하지만 내 질문에 대답해주십시오. 그렇다면 당신은 이 상황이 특기할 만하다고 보시겠습니까?

청중1 그 상황에서라면 특기할 만하지 않군요.

---

12 "치솟는 인플레이션 때문에 니카라과 노동자들은 실질임금이 1981년 이래 90퍼센트나 떨어진 것을 목격했다. …… 지난 이태 동안 산디니스타 정부는 급속한 경제 악화를 막기 위해 각종 강력한 정책을 취해왔다. 정부 관리는 이처럼 경제가 악화된 것은 미국이 지원한 반군과 8년 동안 전쟁을 치렀기 때문이라고 말했다." Mark Uhlig, "A Sandinista Promise Gone Sour Alienates Nicaragua's Working Class", *New York Times*, November 7, 1989, p. A10.

— 바로 그겁니다. 그런데 왜 당신은 니카라과에서 벌어진 일이 특기할 만하다고 생각하십니까?

청중1 나는 당신처럼 많은 정보를 접하지 못합니다.

— 내가 방금 말한 사실들은 누구나 접할 수 있는 겁니다. 내가 말한 사실들은 《뉴욕타임스》 1면에서 발견할 수 있어요. "차모로가 이기지 않으면 우리는 경제제재를 계속할 것"이라는 백악관의 성명을 신문에서 읽으면, 깊이 생각하여 이런 결론을 내릴 수 있어야 합니다. '니카라과 사람들은 머리에 권총 사격 위협을 받으면서 선거장에 나갔구나.'[13] 이같이 깊이 생각하지 않는다면, 신문 기사라는 것은 당신에게 아무런 의미도 없습니다. 그런데 정말로 세뇌된 지식인 계급은 이런 깊은 생각을 할 능력이 없습니다. 그들은 리투아니아의 경우에는 아주 명석하게 사고하지만, 미국의 경우에는 그렇게 사고하지 못합니다. 실제 미국의 상황이 내가 가정한 리투아니아의 상황과 조금도 다를 게 없는데도 말입니다. 그러니까 정보는 분명 있습니다만 실제로는 없는 것이나 마찬가지입니다. 사람들이 너무나 세뇌되어 그걸 보지 못하니까.

자유의 이름 아래 자행되는 세뇌의 영속화

청중1 선생님은 언론 전반에서 기자들이 머리 써서 작성한 기사를 보지 못하신 것 같은데 그건 왜 그렇습니까?

— 물론 그런 기사를 찾을 수 있습니다. 하지만 주류 언론에는 그런 기사가 나오지 않는다는 것입니다.

_{청중1} 그건 왜 그렇습니까?

— 만약 기자들이 자유로이 생각할 능력이 있고 이런 유형의 사태를 제대로 이해하면 그들은 아주 정교한 여과 장치에 걸러져 밖으로 밀려나게 됩니다. 그런데 이런 여과 과정은 사실 유치원에서부터 시작됩니다. 내가 보기에 교육제도 전체와 전문직 훈련 과정이라는 게 아주 정교한 여과 장치입니다. 너무 독립심이 강하거나, 스스로 생각하거나, 순종할 줄 모르는 사람들을 솎아내는 거지요. 언론은 '제도'를 무시하고 곤란한 질문을 던지는 사람들이 언론사 안에 있는 것을 커다란 역기능으로 보는 거지요. 그래서 데스크가 되거나 편집자까지 올라가거나 아니면 CBS 텔레비전 방송국의 높은 자리에 올라간 사람은 이 모든 사실을 뼛속 깊이 새기고 있을 가능성이 많습니다. 언론의 기존 가치들을 내면화하는 거지요. 그래서 절대로 말해서는 안 된다는 어떤 것들을 알고 있을 뿐 아니라 실제로 그런 것들을 생각조차 하지 않게 됩니다.

이런 사실은 벌써 여러 해 전에 조지 오웰이 쓴 흥미로운 에세이에서 상세히 다루어져 있습니다. 바로 소설 《동물농장^{Animal Farm}》의 서문입니다. 이 소설은 소련의 전체주의를 풍자한 작품인데 거의 모든 사람이 읽었을 정도로 유명합니다. 하지만 영국의 검열을 비판한 서문은 대개 읽히지 않습니다. 사람들이 그걸 읽지 못한 것은 기가 막히게 검열되었기 때문입니다. 소설을 발행할 때 서문을 아예 빼버렸던 겁니다. 30년 뒤에 누군가가 서문을

만약 당신이 이른바 명문 코스를 거쳐 잘 교육받고
어떤 기관에서 높은 자리까지 올라갔다면
당신은 어떤 사항에 대해서는 말하는 것도,
심지어 생각하는 것도 적절하지 않다는 인식을
내면화하는 것입니다.

발견했고 그래서 이제는 서문이 실린 현대 판본들이 몇몇 나오기 시작했습니다. 서문에서 오웰은 이렇게 말했습니다. "이 책은 분명 스탈린의 러시아를 다룬 것이지만 영국이라고 해서 사정이 별반 다르지도 않다." 이어 오웰은 영국의 사정을 설명합니다. "물론 영국에는 사람들이 엉뚱한 말을 할 때 그들의 머리를 쥐어박는 코미사르(정치위원) 따위는 없다. 하지만 까놓고 말하면 사정은 별반 다르지 않다." 그런 다음 그는 영국의 언론이 작동하는 방식에 대하여 두 방향으로 설명합니다. 그런데 이 설명이 아주 정확해요. 한 방향은 이렇습니다. 왜 소련이나 영국이나 사정이 비슷한가 하면 영국의 경우, 언론사는 돈 많은 사람의 소유인데 그들은 어떤 사항은 아예 취급되지 않기를 바란다는 겁니다. 나머지 한 방향도 미국 현실과 아주 유사합니다. 만약 당신이 잘 교육받은 영국 사람이라면 — 사립학교에서 배우고 옥스퍼드 대학을 졸업하고 어떤 기관의 고위직이라면 — 당신은 어떤 사항에 대해서는 절대로 말해서는 안 된다는 걸 몸으로 알고 있을 겁니다.[14]

바로 이것이 교육의 커다란 부분입니다. 어떤 사항은 말하는 것도 적절하지 않고 생각하는 것도 적절하지 않다는 인식을 내면화하는 것 말입니다. 이걸 배우지 못하면 당신은 사회에 나와서 어느 순간 기관들로부터 배척받게 됩니다. 이 두 요소는 아주 중요합니다. 물론 다른 요소도 있습니다만, 미국 지식인 문화의 천편일률성을 설명하는 데에는 이 두 요소가 딱 들어맞습니다.[15]

물론 100퍼센트 이렇게 통제된다는 뜻은 아닙니다. 다른 생각을 가진 소수의 사람들이 그 여과 장치를 통과하기도 합니다. 가령 '기쁨에서는 일치된다'는 에피소드를 놓고 보면 기쁨에서 일치되지 않는 두 명이 있었고 또 주류 언론에서 그렇게 말할 수도 있었습니다. 하지만 언론 시스템이 정말 원활하게 작동한다면 자신(언론사)을 해치는 어떤 것도 결코 허용하지 않을 겁니다. 그걸 허용하라고 말하는 것은 이렇게 말하는 거나 마찬가지입니다. "스탈린 시대의 《프라우다_Pravda_》지에는 왜 굴라크[소련의 강제수용소]를 비난하는 기자들이 없었나?" 왜 없었을까요? 시스템에 역기능을 하기 때문입니다. 나는 《프라우다》의 기자들이 거짓말을 했다고 보지는 않습니다. 그러니까 언론 시스템이 미국하고는 다르다는 얘기입니다. 그들은 반정부 인사들을 침묵시키기 위해 무력으로 위협했는데, 물론 미국에서는 그런 방법을 쓰지는 않습니다. 그런데 심지어 소련의 경우조차 자세히 들여다보면 기자들 대부분이 자신이 쓴 기사를 사실로 믿고 있다는 것을 발견할 수 있습니다. 우선 기사 내용을 믿지 않는 사람은 《프라우다》에서 버텨내지 못할 것이기 때문입니다. 우리 인간은 인지 부조화를 안고 살아가기가 대단히 어렵습니다. 진짜 냉소주의자만이 생각은 이렇게 하면서 말은 저렇게 하는 것입니다. 전체주의 시스템이든 자유주의 시스템이든 권력 시스템에 가장 유용한 사람은 자신이 한 말을 실제로 믿고 또 그것을 실천하는 사람입니다.

가령 《뉴욕타임스》의 톰 위커를 보십시오. 이런 얘기를 해주면 그는 짜증을 내면서 대꾸합니다. "아무도 나에게 무엇을 쓰라고 지시하지 못합니다." 그건 사실이지요. 아무도 그에게 무엇을 쓰라고 말하지 않습니다. 하지만 그가 글을 어떻게 써야 한다는 것을 이미 알고 있지 않다면 그는 《뉴욕타임스》의 칼럼니스트가 되지 못했을 겁니다. 마찬가지로 그 누구도 알렉스 콕번에게 무엇을 쓰라고 말하지 않습니다. 그래서 그는 《뉴욕타임스》의 칼럼니스트가 아닙니다. 그가 다른 얘기를 쓰기 때문이지요. 만약 당신이 엉뚱한 생각을 하고 있다면 결코 시스템 안으로 들어가지 못할 겁니다.

그런데 《월스트리트저널》이 알렉스 콕번의 글을 실었다는 것은 좀 흥미롭군요. 하지만 너무나 희귀한 일이어서 언급할 가치가 있나 싶습니다. 아무튼 한 달에 한 번이기는 하지만 미국의 주류 언론 하나가 진정한 반정부 인사에게 자유롭고 공개적인 칼럼을 쓸 기회를 준 겁니다. 즉 전체 언론 중 0.0001퍼센트가 자유롭고 독립해 있다는 뜻입니다. 하지만 기사가《월스트 리트저널》에 났다고 해도 그건 그리 중요하지 않습니다. 왜냐하면 이 신문의 독자들은《뉴욕타임스》를 공산주의자라고 생각하는 경향이 있는데, 여기 그보다 한술 더 뜨는 공산주의자가 나타났구나, 하고 생각하며 무시해 버릴 것이기 때문입니다.

아무튼 이 모든 것들을 통틀어 말해보자면, 이것은 이념을 통제하는 아주 효율적인 시스템이라는 겁니다. 소련의 전체주의보다 더 효율적이지요. 사실 일반에 공개된 소련 언론을 모두 검토해보면, 1980년대에는 소련 언론이 미국 언론보다 훨씬 더 반정부적 요소가 강했습니다. 그곳 사람들은 다양한 신문 기사를 읽고 해외 방송을 들었습니다. 이는 미국에서는 들어보지 못한 일입니다.[16] 구체적 사례를 하나 들어볼까요? 소련이 아프가니스탄을 침공한 때인데, 한 뉴스 캐스터〔블라디미르 단체프〕가 모스크바 라디오를 통해 닷새 밤 연속 아프가니스탄 침공을 비난했습니다. 그는 실제로 '침공'이라는 단어를 썼고 아프가니스탄 사람들에게 저항을 촉구했습니다. 이게 1983년의 일인데 그는 닷새 밤이 지난 후 방송에서 축출되었습니다.[17] 미국에서는 상상하기 어려운 일입니다. 댄 래더나 그 비슷한 사람이 라디오 방송에 나와서 미국의 남베트남 '침공'을 비난하면서 베트남 사람들에게 저항을 촉구할 수 있을까요? 생각조차 할 수 없는 일입니다. 미국은 그만큼의 지적 자유를 누리지 못합니다.

청중1 언론인이 그런 말을 할 수 있어야만 '지적 자유'가 있다는 건 좀 그런데요.

— 아니, 바로 그런 것이 지적 자유입니다. 언론인이 2 더하기 2는 4라는 것을 이해하는 것이 지적 자유입니다. 바로 이것이 오웰이 《1984》에 쓴 것입니다. 여기 있는 모든 사람이 이 소설을 칭찬하지만 이 소설의 의미에 대해서는 깊이 생각하지 않으려 합니다. 소설의 주인공 윈스턴 스미스는 우리가 2 더하기 2는 4라는 사실을 아직도 이해하기 때문에 그들이 모든 것을 빼앗아가지는 못했다고 말합니다. 이렇게 볼 때 미국은 2 더하기 2는 4라는 것을 이해조차 못하고 있는 게 분명합니다.

청중1 기자는 분명히 말하지 못한다고 해도 논설위원은 그렇게 쓸 수 있는 거 아닐까요?

— 지난 30년 동안 그렇게 한 논설위원이 있었습니까?

청중1 모르겠습니다.

— 내가 사실을 말씀드리지요. 그렇게 한 사람은 아무도 없었습니다. 내가 실제로 확인해봤습니다.[18]

청중2 선생님은 너무 언론을 몰아붙이는 것 같습니다. 미국 언론에는 정직하고 또 권력에 빌붙지 않는 기자가 한두 명이라도 있을 것 같은데요.

— 그건 내가 말하고자 하는 요점이 아닙니다. 물론 그 어떤 복잡한 기관에든 성실하게 일하고, 일을 잘해내고, 권력에 빌붙지 않는 사람들이 꽤 있을 겁니다. 언론 시스템이라는 게 마냥 평면적이지만은 않으니까요. 많은 사람들이 직업적인 성실성을 굳게 지키겠다는 각오로 언론사에 입사합니다. 그들은 그 분야를 좋아하고 또 정직하게 일하려 합니다. 그중 일부는 존경받을 만한 일을 계속하고 있습니다. 그중 일부는 《뉴욕타임스》 같은 신문에서도 성실히 일할 수 있습니다.

《뉴욕타임스》가 취재에 어떤 기자를 보내는지만 봐도 어느 정도 윤곽을 잡을 수 있습니다. 예를 들어 존 키프너 기자를 보내기로 했다면 본격적으로 기사로 다루겠다는 뜻입니다. 그는 정직한 기자니까 있는 그대로 기사를 작성할 겁니다. 나는 그를 개인적으로는 모르지만 기사를 읽어보면 그가 성실한 기자임을 알 수 있습니다. 그는 열심히 취재하여 진실을 알아내고 그걸 기사화할 겁니다. 편집자들도 그 사실을 알고 있습니다. 아무튼 《뉴욕타임스》에서 기사를 어떻게 배정할지는 잘 모르지만, 한 사건을 철저히 파헤치려고 한다면 키프너를 보낼 겁니다. 그가 임무를 완수하면 신문사는 아마도 그를 '사회부' 데스크나 다른 곳으로 전보시키겠지요.

반면 《뉴욕타임스》 기자 가운데 특파원이나 편집자 지위로 올라간 사람들은 대부분 매우 온순하거나 매우 냉소적이거나 둘 중 하나입니다. 온순하다면 적응을 한 겁니다. 신문사의 기존 가치들을 내면화한 결과, 그들은 자신들이 하는 말이 진실이라고 믿습니다. 그렇지 않았다면 그 자리까지 올라가지 못했을 겁니다. 하지만 아주 냉소적인 기자들도 있습니다. 가령 《뉴욕타임스》의 제임스 러모인이 좋은 사례입니다. 제임스 러모인은 정말 사기꾼입니다. 내가 본 가장 부정직한 기자입니다. 보도가 너무나 부정직해서 그의 경우는 세뇌보다 더 나쁩니다. 실제로 러모인은 부정직한 보도가 폭로되면서 중앙아메리카 특파원 자리를 잃었습니다. 심지어 《뉴욕타임스》도 그 사실을 인정해야 했습니다. 여러분은 이 건을 알고 계십니까?

1988년 러모인은 두 명의 엘살바도르 사람이 선거를 방해하려는 좌파 게릴라에게 고문을 당했다고 기사를 썼습니다.[19] 당시 미국 언론은 친미 성향의 엘살바도르 정부를 지원하기 위해 혈안이 되어 있었습니다. 엘살바도르 정부가 온갖 악랄한 행위를 저지르는데도 말입니다. 그런데 중앙아메리카의 프리랜서 기자인 크리스 노턴은 러모인의 기사를 보고서 깜짝 놀랐습니다. 왜냐하면 잔학 행위가 있었다고 러모인이 보도한 지역은 기자들이 들어갈 수 없는 곳이었기 때문입니다. 노턴은 러모인이 잔학 행위를 어떻게 알아냈는지 궁금하여 뒷조사를 해보기로 했습니다. 그는 문제의 지역 가까이 가서 시장, 사제, 마을 사람 등과 얘기를 나눴습니다. 그 결과 두 명 가운데 한 명은 실재 인물이 아니고 나머지 한 명은 아주 건강하다는 사실을 알아냈습니다. 이어 노턴은 산살바도르로 가서 좀 더 조사했습니다. 그랬더니 러모인이 산살바도르의 신문 기사를 그대로 베꼈다는 것을 발견했습니다. 이 신문은 정부군 장교에게서 정보를 얻었다고 밝혔습니다. 따라서 이 정보는 정부군이 흘린 전형적인 역정보에 지나지 않았습니다. 그런 걸 가지고 러모인은 마치 이 사실에 대하여 뭔가 아는 척하면서 《뉴욕타임스》에 기사를 전송했던 겁니다. 미국 국무부는 《뉴욕타임스》에서 이 기사를 골라 산살

---

19 "다음 달의 선거를 저지할 목적으로 반군들은 살인을 저질렀다. 마을 사람들은 3주 전 모라산 주의 과타히아과 마을에서 반군들이 공개적으로 두 명의 농부를 살해했다고 말했다. 두 농민이 새로운 유권자 등록 카드를 신청하여 받았기 때문이다. 마을 사람들에 따르면 게릴라들은 투표 카드를 후안 마르틴 포르티요와 이스마엘 포르티요의 입에다 처박고서 살해했는데 그것은 투표에 참여하지 말라는 경고였다." James LeMoyne, "As Salvadoran Vote Nears, Political Killings Increase", *New York Times*, February 29, 1988, p. A12.

바도르 게릴라가 선거를 방해하고 있다는 증거로 의회에 배부했습니다.

하지만 노턴은 그게 가짜 정보라는 걸 밝혀냈습니다. 또 다른 프리랜서 기자인 마크 쿠퍼는 노턴의 기사를 읽고서 그것을 로스앤젤레스의 대안 주간지인 《LA위클리*L. A. Weekly*》에 실었습니다. 이 기사는 FAIR의 기관지인 《엑스트라*Extra*!》에도 전재되었습니다. FAIR는 뉴욕에 자리 잡은 아주 훌륭한 미디어 분석 단체입니다. 사태가 이렇게 돌아가는데도 《뉴욕타임스》로부터는 아무런 반응을 보이지 않았습니다. 마침내 알렉스 콕번이 그 기사를 접하고서 《네이션》에 칼럼을 실었습니다.[20] 이 기사에 대한 소문이 널리 퍼지자 《뉴욕타임스》는 뭔가 대응을 해야겠다고 생각하고 정정 기사를 내보냈습니다. 몇 문단이 이어졌을 뿐이지만, 그들로서는 가장 긴 정정 기사였을 겁니다. 내용인즉, 자기들의 높은 보도 수준이 그 기사에서는 충족되지 못했다는 것이었습니다.[21]

아무튼 극단적인 사례입니다. 하지만 단발로 끝나지는 않았습니다. 다른 사례를 하나 더 인용하겠습니다. 러모인이 정말로 사기꾼 기질을 유감없이 발휘했습니다.

러모인 식 저널리즘: 냉소적 양상의 한 가지 사례

지난 몇 년 동안 미국 정부는 니카라과의 콘트라가 게릴라 반군이지, 미국의 앞잡이 군대가 아니라는 허세를 유지하려고 애써왔습니다. 이제는 그들이 게릴라 부대가 아니라는 게 분명해졌습니다. 미국은 엄청나게 콘트라에 지원을 해왔는데 역사상 콘트라 같은 게릴라는 없었습니다. 하루에 세 번

씩 비행기로 식량과 보급품과 무기를 지원받는 게릴라가 세상에 어디 있습니까? 그런데도 그들은 비행기가 부족하다고 불평하고 헬리콥터를 더 보내달라고 징징거렸습니다. 콘트라를 유지한다는 것 자체가 우스꽝스러운 일이었습니다. 콘트라는 미군 부대 일부에서 보유하지 못한 무기를 갖고 있고, 컴퓨터 센터도 운영했고, 통신 장비도 갖추었습니다. 그들에게는 이 모든 장비가 필요했습니다. 고성능 미국 정찰기가 니카라과 일대를 정찰하다가 산디니스타 정부군이 어디에 배치되는지를 포착하면, 재빨리 그 정보를 받아들일 무선 장비가 필요했던 겁니다.[22]

그런데 요점은 이렇습니다. 먼저 콘트라가 엘살바도르의 파라분도마르티민족해방전선(이하 FMLN)과 비슷한, 정규 게릴라 반군이라고 프로파간다를 하는 게 필요했습니다. 이 둘이 비슷하다고 주장하기 위해 FMLN 게릴라 역시 외국 정부로부터 지원받는다고 떠들어댔습니다. FMLN이 니카라과 정부의 지원을 받기 때문에 그나마 살아남을 수 있는 것이라 주장했습니다. 물론 이론적으로는 FMLN이 외부 지원을 받는 게 가능합니다. 하지만 그 흔적이 하나도 남아 있지 않으니, 정말 지원을 받았다면 그건 기적이라고 해야 할 것입니다. 그랬다면 미국이 모르고 넘어갔을 리가 없습니다. 훌륭한 감시 장비가 잔뜩 있으므로 정말 니카라과에서 지원 물자를 보냈다면 발견하고도 남았을 겁니다.

미국 국무부 프로파간다에 따르면 니카라과에서 FMLN에 보낸 주된 물자는 폰세카 만을 통과한답니다.[23] 그런데 1980년대 초 CIA 소속 정보 분석 담당관인 데이비드 맥마이클은 CIA를 그만두고서 국제사법재판소 앞에서 이것이 가진 의미를 증언했습니다. 그는 현지 상황을 자세히 묘사했습니다. 폰세카 만은 폭이 30킬로미터이고, 미 해군이 완벽하게 순찰하고 있으며, 만 한가운데에 섬이 있는데 이 섬에 설치된 고성능 미군 레이더 시스템이 태평양 연안을 오르내리는 배들을 완벽하게 잡아낸다는 것입니다. 그리고 이 섬에 미국 테러 진압 해군 특공대[SEAL] 팀이 주둔하여 철저히 경계했는데 그 일대에서 카누 한 척도 발견하지 못했다는 겁니다. 만약 니카라과가 폰세카 만을 건너서 FMLN에게 무기를 보냈다면, 그들은 미 해군의 레이더도 피할 수 있는 고성능 수송 장비를 갖고 있었나 봅니다.[24] 반면에 니카라과 정부군은 미군 무기가 콘트라로 흘러들어간다는 사실을 발견하는 데에는 별 어려움이 없었습니다. 그들은 기자들에게 무기가 어디서 오는지 정확하게 말했습니다. 하지만 기자들이 본국에 알리지 않았기 때문에 미국 언론에는 실리지 않았습니다. 그러나 니카라과 사람들은 별로 어렵지 않게 무기 유입을 알아냈습니다.[25] 미국 언론은 이 사실을 무시하는 것이 전반적인 방침이었고 공식적인 입장이었습니다. 그런데 여기서 제임스 러모인 얘기가 등장합니다.

미국 정부는 1987년에 서명된 중앙아메리카 평화협약[에스키풀라스 2, 이른바 '아리아스 플랜']에 반대했습니다. 그래서 이 협약을 뒤엎을 필요가 있었습니다. 그 방법 가운데 하나가 콘트라에 무기 지원을 늘리는 것이었습니다. 미국 언론은 이 방법을 적극적으로 지원하겠다고 나섰습니다. 여기서 러모인이 무대 전면에 등장합니다. 평화협약이 서명된 직후 러모인은 대충 다음과 같은 내용의 기사를 썼습니다. "엘살바도르 게릴라들은 엄연한 평화협정을 거스르며 니카라과 정부의 지원을 받고 있다는 '풍부한 증거'가 있다. 그런 지원이 없었더라면 살바도르 게릴라들은 살아남지 못했을 것이다."[26] 정말로 필요한 기사였습니다. 당시 미국은 평화협약에 반발하여 콘트라에게 보내는 물자를 세 배로 증가시켰는데 물론 이것은 평화협약을 위반한 것이었습니다.[27] 하지만 언론은 미국이 콘트라 지원을 확대한 것은 보도하지 않았습니다. 그 대신 니카라과가 불법적으로 엘살바도르의 FMLN을 무장시킨다고 떠들어댔습니다. 이 상황에 제임스 러모인이 등장하여 '풍부한 증거'가 있다고 주장한 겁니다.

러모인의 기사가 나오자 FAIR는《뉴욕타임스》에 편지를 보내 러모인으로 하여금 FMLN에 무기를 지원한 증거가 풍부하다는 주장을 좀 더 상세히 설명하게 하라고 요청했습니다. 국제사법재판소도, 독립 조사자들도 그 증거를 발견하지 못했고, CIA 담당자도 잘 모른다는데 러모인은 어디서 그런 풍부한 증거를 수집했느냐는 질문이었습니다.《뉴욕타임스》는 FAIR가 보낸 편지를 신문에 공개하지는 않았지만, 외신 담당 편집자 조지프 렐리벨드는 개인적으로 FAIR에 편지를 보내 러모인의 기사가 다소 부정확했으며 높은 수준으로 보도하지 못했다고 시인했습니다.[28]

그 후《뉴욕타임스》는 충분한 시간 여유를 가지면서 '부정확성'을 수정하려 했습니다. 하지만 러모인, 조지 볼스키, 스티븐 엥겔버그 등 다른 기자들이 쓴 기사들마저 하나같이 예전의 오류를 반복했습니다. 니카라과에서 엘살바도르의 FMLN로 많은 무기가 건너가고 있는데 이에 대한 충분한 증거가 있다는 내용이었습니다.[29] FAIR는 그들 나름대로 이런 기사들을 주시하며 계속 증거를 요청했고 마침내 외신 편집자인 렐리벨드로부터 답장을 받았습니다. 이게 3월쯤이었는데 FAIR는 지난해 8월에 최초로 편지를 보냈습니다. 렐리벨드는 편지에서 "최근에 FMLN 무기 지원을 대대적으로

---

27 "미국은 평화협정의 서명자는 아니었다. 따라서 순전히 법률적 측면만 따진다면 이 협약을 '위배'할 수는 없었다. 하지만 미국이 이 협정을 무효화하기 위해 적극적으로 뛰었다는 것은 분명한 사실이다." Noam Chomsky, *Necessary Illusions: Thought Control in Democratic Societies*, South End, 1989, p. 92.

파헤쳐 문제를 깨끗이 결말 지으라고 러모인에게 지시해놓았으니 러모인의 기사를 기다려 달라"고 말했습니다. 그래서 FAIR는 기다렸습니다. 하지만 아무 일도 일어나지 않았습니다. 6개월 뒤 그들은 결국 아무 일도 일어나지 않을 거라고 판단내리고, FAIR와 렐리벨드 사이에 주고받은 편지들을 FAIR 회보에다 공개하면서, 기다리라고 한 기사는 아직도 나오지 않았으니 어떻게 된 일이냐며 정식으로 의문을 제기했습니다.[30]

　두 달 뒤 마침내 《뉴욕타임스》에 기사가 나왔습니다. 러모인이 퇴사하기 전 또는 장기 휴가를 떠나기 전에 ─정확한 인사 발령은 뭐였는지 모르겠지만─ 마지막으로 쓴 기사였습니다. 러모인이 '풍부한 증거'가 있다는 기사를 쓴 지 15개월이 흘렀고, 후속 기사를 작성하도록 지시받은 지 9개월이 흐른 시점이었습니다. 그리고 《뉴욕타임스》가 마침내 내놓은 기사를 보면, '풍부한 증거'가 실은 '증거 없음'으로 탈바꿈해 있음을 발견할 수 있습니다. 러모인은 말했습니다. "니카라과의 무기 지원에 대한 직접적인 증거는 없다. 어떤 사람은 이렇게 말하고 어떤 사람은 저렇게 말하지만, 구체적인 것은 없고 딱 꼬집어서 말할 수 있는 것도 없다." 바로 이게 이야기의 끝입니다. '풍부한 증거'가 '증거 없음'으로 드러난 것입니다.[31]

　정말 심각한 일입니다. 권력에 봉사하기 위하여 사실을 날조한 것이고, 그 결과 수만 명의 사람들이 살해되었습니다. 여러 해 동안 미국 정부는 이런 허세로 엘살바도르 테러를 지원했고 전쟁을 니카라과까지 확대했습니다. 이건 결코 사소한 문제가 아닙니다. 치명적인, 너무나 치명적인 거짓말입니다. 이것은 미국 언론이 정부와 기업의 권력에 봉사한다는 것을 증명하는 수천 가지 증거 가운데 하나일 뿐입니다. 미국 언론은 정부와 기업이 요구하는 대로 앞장서서 프로파간다의 기수 역할을 해온 것입니다.[32]

'워터게이트'에는
권력 게임의 비밀이 숨어 있다

워터게이트가 벌어진 바로 그 시기에 법원에서는
정보공개법을 통하여 FBI의 대규모 작전들이 공개되었습니다.
이 작전들은 미국의 정치적 자유를 노골적으로 침해했는데, 그 활동의 면면을
살펴보면 게슈타포 식으로 블랙팬서의 지도자를 암살한 것도 있고,
흑인 저항운동을 분쇄하기 위하여 인종 폭동을 조직한 것도 있고,
아메리카 인디언 운동과 여성운동을 공격한 것도 있고······다양했습니다.
워터게이트처럼 딱 한 번 벌어진 것이 아니라 15년 동안 지속되었습니다.
이 사건에 비해 워터게이트는 애들 장난에 지나지 않습니다.

워터게이트 다시 생각하기

^{청중1} 그렇다면 워터게이트에 대해서는 어떻게 설명하시겠습니까? 이 경우 기자들은 권력에 대하여 그리 동정적이지 않았는데요. 그들은 대통령을 쓰러뜨렸습니다.

— 먼저 그가 왜 쓰러졌는지 자문해보십시오. 그가 아주 나쁜 실수를 했기 때문에 실각한 것입니다. 그는 권력을 가진 사람들을 화나게 했습니다. 미국 사람들이 지닌 중대한 환상 가운데 하나는 — 물론 이것은 세뇌 시스템의 주요한 부분입니다만 — 정부가 곧 권력 그 자체라는 생각입니다. 그러나 정부는 권력 그 자체가 아닙니다. 정부는 권력의 한 부분만을 담당할 뿐입니다. 진정한 권력은 사회를 소유한 사람들 손에 있고, 국가 관리자들은 통상적으로 공무원에 지나지 않습니다. 그리고 워터게이트는 이 점을 명확하게 보여준 사례입니다. 워터게이트가 벌어진 시점에, 역사는 우리를 위하여 잘 통제된 실험을 했던 겁니다. 워터게이트 폭로는 코인텔프로 COINTELPRO가 폭로되던 바로 그 시점에 발생했습니다. 당신이 내 말뜻을 아시는지 모르겠습니다.

― 잘 모르시는 것 같군요. 당신이 모른다는 사실이 이미 내 논지를 증명해 주었습니다. 왜냐하면 코인텔프로는 워터게이트보다 천 배는 더 중요한 사건이니까요. 자, 워터게이트가 무엇이었는지 잠깐 짚어봅시다. 워터게이트는 공화당 전국위원회 사람들 몇 명이 민주당 당사를 침입한 것인데 그 이유는 무엇인지 밝혀지지 않았고 그들이 입힌 피해는 전혀 없었던 사건입니다. 단순 침입이고 결코 중대 사건은 아니었습니다.

워터게이트가 벌어진 바로 그 시기에 법원에서는 정보공개법을 통하여 FBI의 대규모 작전들이 공개되었습니다. 이 작전들은 미국의 정치적 자유를 노골적으로 침해했는데, 시행된 시기는 루스벨트 행정부까지 거슬러 올라갑니다. 그때 이후 모든 행정부에서 작전을 벌였는데 특히 케네디 정부 때 극심했습니다. 이런 작전을 통칭하여 코인텔프로Counterintelligence Program〔반첩보 프로그램〕라고 하는데 다양한 활동이 포함됩니다.

그 활동의 면면을 살펴보면 게슈타포 식으로 블랙팬서의 지도자를 암살한 것도 있고, 흑인 저항운동을 분쇄하기 위하여 인종 폭동을 조직한 것도 있고, 아메리카 인디언 운동과 여성운동을 공격한 것도 있고…… 다양했습니다. FBI가 15년에 걸쳐 미국의 사회주의노동자당을 탄압한 것도 있었습니다. FBI는 이 당의 당사를 정기적으로 무단 침입하여 당원 리스트를 훔치고 이 리스트를 이용하여 사람들을 협박하고 회사에 찾아가서 당원들을 해고하라고 압력을 넣었습니다.[33] 정상적인 절차를 밟아 생겨난 정당을 무려 15년이나 FBI가 무단 침입했다는 사실 하나만도 ― 물론 이것은 코인텔프로 작전 하나에 지나지 않았습니다 ― 공화당 요원 몇 명이 민주당사를

워터게이트는 한바탕 웃음거리도 되지 못하는 사소한 일이었지만
공무원이 자신의 본분을 망각하고 세상을 움직이는 사람들의 뜻을 거스르면
어떻게 되는지 분명하게 보여주었습니다.

침입한 것보다 훨씬 더 중대한 범죄입니다. 사회주의노동자당은 합법적인 정당이었습니다. 이 당의 당세黨勢가 미미하다고 해서 민주당보다 권리가 훨씬 적다고 말할 수는 없습니다. 그런데 이 당에 침입한 사람들은 한 무리의 깡패가 아니라 전국 규모를 갖춘 아주 정치적인 경찰(FBI) 요원들이었습니다. 이건 아주 심각한 문제입니다. 게다가 워터게이트처럼 딱 한 번 벌어진 것이 아니라 15년 동안 지속되었습니다. 그것도 모든 행정부 아래서 말입니다. 하지만 사회주의노동자당 사건은 코인텔프로 가운데 하나의 각주脚註에 지나지 않는다는 것을 기억해야 할 필요가 있습니다. 이 사건에 비해 워터게이트는 애들 장난에 지나지 않습니다.

자, 이 두 사건이 어떻게 처리되었는지 비교해가면서 봅시다. 어떻게 다르게 처리되었는지 여러분은 이미 알고 있습니다. 그 때문에 여러분은 워터게이트는 알지만 코인텔프로는 모르는 것입니다. 그럼 이 사실이 여러분에게 무엇을 말해줍니까? 바로 권력을 가진 사람들은 스스로를 방어한다는 겁니다. 민주당은 기업 권력의 약 절반을 대변하기 때문에 스스로를 방어할 수 있습니다. 사회주의노동자당, 블랙팬서, 아메리카 인디언 운동은 어떤 권력도 대변하지 않았습니다. 그래서 이런 단체들을 상대로 제멋대로 한 것이었습니다.

또 워터게이트 와중에 나온 닉슨 행정부의 그 유명한 '국가의 적 리스트' [1973년에 폭로된 문건으로 각 분야의 저명인사 208명을 열거했는데 정식 문서 제목은 '반대자 리스트 및 정적政敵 프로젝트'이다]를 한번 봅시다. 여러분은 이 리스트 얘기는 들었겠지만 혹시 프레드 햄프턴이라는 이름은 들어보셨나요? 못 들었다고요? '국가의 적 리스트'에 올라 있는 사람들에게는 아무 일도 벌어지지 않았습니다. 난 이 리스트에 대해 잘 알고 있는데 내 이름도 거기 있기 때문입니다. 이 리스트가 신문 1면에 보도된 것은 내가 거기 있기 때문은 아니었습니다. 그런데 말입니다. FBI와 시카고 경찰은 그 리스트에 올라 있지도 않은 블랙팬서 지도자(프레드 햄프턴)를 닉슨 정부 시절의 어느 날 밤 그의 침실에서 살해했습니다(1969년 12월 4일). 만약 언론이 정말 성실성을 갖고 있다면, 가령 《워싱턴포스트》가 성실한 신문이라면 이렇게 말해야 마땅합니다. "워터게이트는 아주 사소하고 무해하다. 이런 중대한 것들에 비하면 그걸 사건이라고 할 수나 있겠는가?" 하지만 그 어떤 언론도 그렇게 외치지 않았습니다. 이것은 언론이 권력의 편에 줄섰다는 것을 다시 한 번 극적으로 보여주었습니다.

닉슨 실각에서 진정한 교훈은 대통령이 토머스 왓슨(IBM 회장)과 맥조지 번디(전 민주당 당직자)를 욕해서는 안 된다는 것입니다. 그러면 공화당이 붕괴하고 맙니다. 언론은 워터게이트를 폭로한 것에 자부심을 느꼈습니다. 그러면서 FBI가 암살 팀을 보내 블랙팬서 지도자를 죽인 것은 아무 문제가 없다고 보는 겁니다. 《워싱턴포스트》 또한 괜찮다고 본 겁니다.

말이 난 김에 덧붙이자면, 다수의 권력자들이 닉슨을 잡으려고 나선 데에는 또 다른 이유가 있습니다. '국가의 적 리스트'와 워터게이트 침입보다 더 심오한 배경을 갖고 있습니다. 나는 그것이 1971년 여름에 일어난 사건들과 관련이 있다고 생각합니다. 이 당시 닉슨 행정부는 과거 25년 동안 존속해왔던 국제경제 체제를 기본적으로 해체했습니다(이른바 '브레턴우즈' 체제로 1944년 뉴햄프셔 주의 브레턴우즈에서 열린 유엔 화폐·재정 회의에서 구축된 체제를 말한다). 1971년에 이르러 베트남전쟁은 다른 선진 공업국들과 비교하여 미국을 경제적으로 크게 약화시켰습니다. 이 상황을 타개할 방법의 하나로 닉슨 행정부는 브레턴우즈 체제를 해체시켰습니다. 제2차 세계대전 이후 세계경제를 조직해온 이 체제에서 미국은 세계의 은행 노릇을 했습니다. 이 체제는 미국 달러를 금과 연계된 글로벌 준비 통화로 만들었고, 수입 쿼터 철폐 조건을 마련했습니다. 그런데 닉슨이 이 체제를 실제로 와해시킨 것입니다. 금본위제도를 철폐했고, 달러의 태환^{兌換}을 인정하지 않았으며, 관세를 올렸습니다. 다른 나라는 감히 이렇게 할 힘이 없었지만 닉슨은 밀어붙였습니다. 그리고 이것이 힘 있는 적들을 많이 만들게 된 이유가 되었습니다. 다국적기업과 국제 은행은 브레턴우즈 체제에 의존적이었는데 그걸 해체해버리니 기분이 좋을 리 없었습니다. 그래서 면밀히 연구해보면 닉슨은 그 당시에도 《월스트리트저널》 같은 신문의 공격을 받았습니다. 내 생각에 바로 이때부터 힘 가진 사람들이 그를 손보아야겠다고 생각한 것 같습니다. 워터게이트는 그 기회를 제공한 거죠.

사실, 이런 관점에서 본다면 닉슨은 아주 불공평한 대접을 받았다고 생각됩니다. 닉슨 행정부는 정말로 범죄를 저질렀고, 그는 재판받아 마땅하지만 워터게이트 사건으로 재판받을 건 아니라는 거죠. 가령 캄보디아의 폭격 사태를 한번 보십시오. 캄보디아 폭격은 워터게이트 청문회에서 드러난 그 어떤 정보보다 훨씬 더 죄질이 무겁습니다. 그들은 이 폭격을 가리켜 캄보디아 '비밀 폭격'이라고 하는데, 그 이유인즉 언론에서 그 사실을 알면서도 보도하지 않았기 때문입니다.³⁴ 미국이 캄보디아에서 약 20만 명을 살해한 것으로 보이는데 농민 사회를 완전히 황폐하게 만들어버린 악랄한 조치였습니다.³⁵ 캄보디아 폭격은 닉슨 탄핵 소장에 나오지도 않습니다. 상원

---

34 미국 언론이 보도하지 않아 캄보디아 폭격이 '비밀'로 처리된 것에 대해서는 다음 참조. U. S. Senate, Hearings Before the Committee on Armed Services, Bombing in Cambodia, 93rd Congress, 2nd Session, Washington: U.S. Government Printing Office, July/August 1974, pp. 158-160. 1969년 4월 2일 캄보디아의 시아누크 공은 자신이 미국의 캄보디아 폭격을 동의한 것처럼 보도되지만 결코 그런 일은 없었다고 기자회견에서 밝혔다.

청문회에서 거론되기는 했는데 아주 엉뚱한 관점에서 거론되었습니다. '왜 닉슨은 그 건을 의회에 사전 통보하지 않았는가?' 이것이었습니다. 그러니까 상원의 질문은 "농업국의 인구 조밀 지역을 집중 폭격하여 대략 15만 명을 살해했는데 왜 그런 짓을 했나?"가 아니었습니다. 이런 질문은 아예 나오지 않았습니다. 유일한 질문이 '왜 통보를 하지 않았나?'였습니다.

달리 말해 중요한 것은 권력을 가진 사람들의 권리를 존중해주었는가 하는 것이었습니다. 이것은 다시 한 번 권력을 가진 자의 권리를 침해하는 일은 용납할 수 없음을 보여줍니다. "우린 힘이 있어. 그러니 넌 우리에게 말해야 해. 그럼 우리가 너에게 '좋아, 가서 캄보디아를 폭격해' 하고 말할 거야." 이렇게 말하고 있는 듯하지 않습니까? 하지만 이 모든 것은 한바탕 헛소리에 지나지 않습니다. 의회가 폭격 소식을 몰랐을 리 없으니까. 언론 또한 몰랐을 리 없지요. 완전히 공개된 정보였으니까요.

닉슨 행정부가 저지른 이런 잔학한 행위들을 감안할 때 워터게이트는 한바탕 웃음거리도 되지 못합니다. 그건 사소한 일이었습니다. 워터게이트는 공무원들이 자신의 본분을 잊어버리고 사회를 움직이는 사람들의 뜻을 거스르면 어떻게 되는지 아주 분명하게 보여준 사례입니다. 이보다 더 좋은 사례는 찾기 어렵습니다. 이것은 미국의 언론이 얼마나 자유롭고 비판적인지 보여주는 위대한 사건이다, 라고 저들은 주장하는데 참으로 어처구니없다 할 것입니다. 워터게이트는 실은 언론이 얼마나 온순하고 순종적인지를 보여준 사례에 지나지 않습니다. 코인텔프로와 캄보디아 사태와 비교해보면 너무나 자명합니다.

세뇌 피하기

^{청중1} 하지만 이런 상황이 변하리라고는 생각하지 않으십니까? 좌파든 우파든 권력을 가진 사람은 늘 권력을 가지고 있고, 물불을 가리지 않고 그 권력을 유지하는 것을 우리는 그저 지켜보며 뒷전에서 불평만 해야 하는 겁니까?

— 봉건주의와 노예제도에 대하여 자신이 할 수 있는 것이 아무것도 없다고 생각한 사람들은 그저 구경과 불평만 했지요. 하지만 봉건주의와 노예제도에 대하여 보통 사람도 할 수 있는 게 분명 있었습니다. 구경과 불평 말고 말입니다. 존 브라운은 그저 뒷전에서 지켜보며 불평만 늘어놓지는 않았습니다.

^{청중1} 그는 그리 멀리 나아가지는 못했는데요.

— 멀리 나아갔습니다. 그들은 노예제도를 철폐시켰고, 철폐론자들은 그 과정에서 큰 역할을 했습니다. (브라운은 1859년 10월 16일 십수 명의 부하를 이끌고 버지니아 주 하퍼스 페리에 있는 연방 무기고를 탈취하려다가 로버트 리 대위 ─후일의 남군 사령관─ 가 이끄는 정부군에 생포되었다. 그는 같은 해 12월, 59세에 반역죄로 교수형에 처해졌다. 그의 재판 과정에서 헨리 데이비드 소로 같은 사상가들이 그를 칭송했다. 이 사건을 계기로 전국에 노예제도의 부당성에 대한 인식이 퍼져나가게 되었고 철폐운동의 강도가 높아졌다.)

<u>청중1</u> 우리가 비판하고 건설적인 비평을 계속해나가면 시스템을 바꿀 희망이 있다는 겁니까?

— 건설적인 비평이 대규모 대중운동을 이끌어내는 지점에 도달하면 그때는 시스템을 바꿀 수 있는 뭔가가 생겨납니다. 그러면 희망이 있는 거지요. 만약 미국 식민지 사람들이 팸플릿이나 쓰고 그 이상 아무런 행동도 하지 않았다면 미국혁명(독립전쟁)은 일어나지 않았을 겁니다.

<u>청중2</u> 그럼 건설적 비평을 계속하면서 포기하지 않는 요령은 뭐죠? 많은 사람들이 그걸 필요로 하는 것 같은데.

— 그 요령은 '고립되지 않는 것'입니다. 만약 고립되면 조지 오웰의 소설 《1984》 속 윈스턴 스미스처럼, 조만간 굴복하게 됩니다. 결국 스미스도 굴복하고 말았지요. 이게 오웰 소설의 주제입니다. 사실 정부가 대중을 통제하는 오랜 전통도 이걸 핵심으로 하고 있어요. '사람들을 고립시켜라. 계속 고립 상태를 유지할 수 있다면 그들에게 뭐든지 믿도록 만들 수 있다. 하지만 사람들이 뭉치면 온갖 일들이 벌어질 수 있다.' 이런 생각으로 대중을 통제해왔던 거지요.

<u>청중1</u> 하지만 선생님 말씀에 따르면 모든 언론이 반정부 인사들을 배척하는 것처럼 보이는데, 정말 희망이 없지 않을까요.

— 언론이 반정부 인사를 배척하는 것은 사실입니다. 하지만 앞에서도 말

했듯이 상당히 융통성이 있습니다. 미국 언론의 이념적 장애물은 정말 대단히 높습니다. 다른 나라의 주류 언론은 미국보다는 그래도 개방적입니다. 그런 나라들도 근본적으로 경제체제만큼은 미국과 별로 다를 바 없지만 말입니다. 아무튼 미국에서도 언론의 틈새를 넓힐 수 있는 가능성은 있습니다, 지금 상황에서도. 0.0001퍼센트의 틈새가 아니라 0.1 퍼센트의 틈새로 만들 수는 있다는 거지요. 그래서 미국은 제도권 내에 상당한 변화의 가능성이 있다고 봅니다.

언론은 기본적 기능을 두 가지 갖고 있다는 걸 기억하십시오. 하나는 엘리트들을 세뇌하여 이른바 '올바른' 생각을 갖도록 하는 것이고 다른 하나는 권력에 봉사하도록 하는 것입니다. 전형적으로 말해서, 엘리트는 사회에서 가장 세뇌된 부분입니다. 왜냐하면 그들은 대부분의 프로파간다에 노출되어 있고 실제로 의사결정 과정에 참여하기 때문입니다. 그들에게는 《뉴욕타임스》, 《워싱턴포스트》, 《월스트리트저널》 등이 있습니다. 하지만 주된 임무가 대중을 소외시키는 것인 매스미디어도 갖고 있습니다. 대중이 의사결정 과정에 참여하지 못하도록 일부러 주변화하는 거지요.

그런데 이런 우민화愚民化의 목적으로 디자인된 언론은 《뉴욕타임스》와 《워싱턴포스트》가 아닙니다. 그것은 텔레비전의 시트콤, 《내셔널 인콰이어러》, 섹스와 폭력, 머리 셋 달린 아기들, 미식축구…… 뭐 이런 것들입니다. 하지만 이런 미디어가 주요 대상으로 삼는 인구 가운데 85퍼센트는 이 세상의 일에 흥미를 느끼는 유전자를 그 나름대로 가지고 있다고 봅니다. 이런 사람들이 탈脫교육과 세뇌의 시스템으로부터 도망칠 수 있다면, 그리고 이 인구가 소속된 전체 계급이 그렇게 할 수 있다면 ─사람들이 정치 참여를 꺼리는 것은 세뇌 때문만은 아닙니다─ 대안을 바라는 엄청난 사람들이 있는 거고, 그러면 희망이 있습니다.

사실 영국에는 이와 관련하여 아주 흥미로운 역사가 있습니다. 상당히 오랫동안 많은 독자층을 거느린 일간 노동신문들이 있었습니다. 심지어 영국 엘리트 신문들의 독자 수를 모두 합친 것보다 더 많은 유통 부수를 자랑했습니다. 《데일리 헤럴드*Daily Herald*》, 《뉴스 크로니클*News Chronicle*》, 《선데이 시티즌*Sunday Citizen*》 등이 그런 노동신문들입니다. 이것은 알렉스 콕번이 겨우 한 달에 한 번 《월스트리트저널》에 글을 싣는 것과는 차원이 다릅니다. 이들 신문은 세상 돌아가는 모습과 기업계와는 다른 가치들을 매일 실었습니다. 또한 유통 부수가 많았을 뿐 아니라 구독자들도 열심히 읽어주었습니다. 여론조사에 따르면 《가디언*The Guardian*》이나 《타임스*The Times*》 구독자보다 더 많은 사람들이 이 노동신문을 읽었습니다. 그렇지만 이 신문들은 1960년대에 들어와 시장 압력 때문에 사라졌습니다. 도산은 독자 수와는 상관이 없고, 오로지 자본 유치의 문제였습니다. 다시 말해 많은 광고주를 유치하지 못했고 그리하여 투자 자본을 적립하지 못했던 것입니다. 진짜 권력을 가진 기업계에 호소하지 못했기 때문에 그들은 서서히 망해갔습니다.[36]

이런 사정은 미국도 마찬가지입니다. 가령 미국에는 더 이상 '노동계' 담당 기자라는 게 없습니다(단, 경제신문은 예외입니다). 하지만 '기업계' 담당 기자는 많습니다. 그런데 이것은 사람들의 관심을 제대로 반영하는 게 아닙니다. 훨씬 더 많은 사람들이 채권시장보다는 노동자 문제에 관심을 갖습니다. 그러나 단지 머릿수만 헤아리지 않고, 머릿수에다 실제 가진 권력을 곱해보면, 화폐와 주식 뉴스를 원하는 시장이 노동자 뉴스를 원하는 시장보다 훨씬 크다는 걸 알 수 있습니다.

그런데 불평등한 체제에 관한 사실은 엄연히 존재합니다. 권력이 너무 지나치게 불균형을 이루면 독립적인 세력들은 붕괴할 가능성이 있습니다. 이 세력들은 결국 충분한 자본을 확보하지 못할 테니까요. 영국에서 이미 보았듯이, 엄청난 수의 구독자들을 위해 사회민주적 노선을 지향하는 또 다른 신문을 만들어보겠다고 나선 언론 재벌은 없었습니다. 언론은 나중에 자기를 뒤집어엎었을지도 모르는 민중을 교육하는 데에는 관심이 없습니다. 설령 그 과정에서 이익을 올린다고 할지라도 말입니다. 가령 당신이 사회민주적 노선 또는 노동자의 경영 참여를 요구하는 과격한 노선의 신문을 발행하면 많은 돈을 벌 수 있다고 루퍼트 머독(미디어 업계의 '황제')을 설득했다 하더라도, 그는 그런 신문을 발행하지 않을 겁니다. 이익보다 더 중요한 것은 권력 시스템을 온전히 유지하는 것이지요.

사실 바로 이런 이유 때문에 미국 엘리트들은 사회적 지출보다 군사적 지출을 더 선호하는 겁니다. 납세자의 돈을 군사 시스템에 쓰기보다 사회적으로 유용한 목적에 사용하는 것이 더 많은 이득을 올릴 수 있는데도 그렇게 하지 않고 군사적 지출 쪽으로 시선을 돌리는 겁니다. 사회적 지출은 권력의 기본적인 특혜를 침해하기 때문이지요. 그걸 하게 되면 감시하는 시민 단체가 생겨나고 그러면 가능한 한 피하고 싶은 부작용이 생겨나기 때문이지요.

청중2 그러니까 선생님 말씀은 사람들이 풀뿌리 수준에서 개방적인 언론을 요구하는 대규모 문화적 변화가 일어나도, 그런 언론의 탄생을 지원할 자본금은 구하기 어려울 것이다, 이런 뜻인가요?

― 아닙니다. 사람들은 그런 자본을 확보하게 될 겁니다. 많은 사람들이 진

정으로 그런 개방적인 언론을 요구한다면 말입니다. 물론 대기업이 그런 자금을 대줄 리는 없고 노동조합 차원에서 마련하게 되겠지요. 조합이 대규모 단체가 되면 파업 자금을 확보할 수 있습니다. 물론 전체 자원의 측면에서 보자면 경영진이나 소유주만큼은 되지 못하겠지만.

게다가 자본의 통제권은 소수의 사람 손에 들어가 있어야 한다는 자연적인 법칙이 있는 게 아닙니다. 그건 정치권력이 소수의 사람 손에 있어야 한다고 말하는 것처럼 어처구니없는 것입니다. 왜? 그건 왕과 귀족이 모든 것을 다 운영해야 한다고 말하는 법칙이 없는 것과 마찬가지입니다. 따라서 기업 소유주와 경영자가 모든 것을 운영해야 한다는 법도 없는 겁니다. 이런 것들은 사회적 조치일 뿐입니다. 역사적으로 발전해온 것이니만큼 얼마든지 역사적으로 바꾸어나갈 수 있는 겁니다.

3

히틀러의 '유대인 학살'의
모델은 미국의 '인디언 학살'이다

현재 추산에 따르면, 콜럼버스가 아메리카 대륙을
발견하기 전에는 리오그란데 강 이북에만 약 1,200만에서 1,500만 명의
아메리카 원주민이 살고 있었습니다. 유럽인들이 아메리카 대륙 경계 지역에
도달했을 무렵에 남은 원주민은 겨우 20만 명이었습니다.
엄청난 대규모 학살이 있었던 겁니다. 서반구 전역에서
인구가 1억 명에서 500만 명으로 줄었을 정도의 학살 말입니다.

서남아시아의 갈등 이해하기

청중1 교수님, 화제를 약간 바꿔보겠습니다. 오늘날의 서남아시아 상황에 대해서 좀 말씀해주십시오. 팔레스타인이 이스라엘의 탄압에 대하여 세상 사람들의 시선을 끌기 위하여 전보다 더 미디어를 활용한다는 말이 있습니다(그러니까 1980년대 후반의 민중봉기 때). 이것이 서안 지구와 가자 지구의 팔레스타인 영토를 점령하고 있는 이스라엘에게 어느 정도 효과를 미칠 것으로 보십니까?

〔이스라엘-팔레스타인 갈등에 대한 다음의 논의는, 1990년대 초부터 시작된 이른바 '평화 과정'에 대한 촘스키 분석의 바탕을 이룬다. 이 분석은 이 책 제2권의 5장과 8장에서 다시 다루어진다.〕

— 내가 보기에, 팔레스타인이 "미디어를 활용하고 있다"는 얘기는 대부분 인종차별적인 쓰레기일 뿐입니다. 인티파다Intifada는 그동안 가혹한 압제를 받으며 살아온 팔레스타인 사람들의 대규모 민중봉기입니다. 이 운동은 텔레비전 카메라가 있는 곳뿐 아니라 없는 곳에서도 벌어지고 있습니다.

미국에는 아주 흔해 빠진 인종차별적인 노선이 있습니다. 그런 인종차별적 주장으로 내가 즐겨 인용하는 버전은 《코멘터리Commentary》지에 캐나다 교수가 쓴 글에 잘 나타나 있습니다. 그는 이렇게 주장했습니다. "팔레스타인 사람들은 새끼를 낳고, 피를 흘리고, 그들의 비참함을 광고하는 사람들이다."[37] 이건 노골적인 나치 프로파간다나 다름없습니다. 가령 그런 말을 유대인을 상대로 한다고 해봅시다. "유대인들은 새끼를 낳고, 피를 흘리고, 그들의 비참함을 광고하는 사람들이다." 전혀 말이 안 되는 얘기지요? 하지만 이런 말들이 심심찮게 들려오는 겁니다. 좀 더 속되게 풀어서 설명하면 이렇습니다. '봐라, 팔레스타인 사람들은 카메라를 의식하여 저런 짓을 한다. 그들은 유대인을 깎아내리려고 저러는 것이다.' 하지만 팔레스타인 사람들은 카메라가 없는 곳에서도 그렇게 하고 있습니다.

진짜 문제점은 이스라엘이 이 민중혁명을 진압하는 데 애를 먹고 있다는 겁니다. 서안 지구에서 팔레스타인 사람들을 억압하는 행위는 지난 25년 동안 해온 행위와 질적으로 거의 차이가 없습니다. 팔레스타인 사람들이 인티파다를 일으켜 저항하면서 탄압의 강도가 더 세어진 것뿐입니다. 따라서 요사이 텔레비전에서 가끔 보게 되는 가혹한 탄압 행위는 지난 25년 동안 계속되어온 것이고, 사실상 군사적 점령의 성격을 띠고 있습니다. 군사적 점령은 가혹하고 무자비하며, 그 밖에 다른 건 없습니다. 〔이스라엘은 1967년 6일 전쟁에서 요르단, 이집트, 시리아로부터 서안 지구, 가자 지구, 골란 고원을 빼앗아 그 후로 계속 점령해왔다.〕 팔레스타인 사람들의 집을 파괴하고, 집단으로 처벌하고, 추방하고, 모욕을 주고, 검열을 해왔습니다. 점령지에서의 팔레스타인 사람들의 삶을 상상하려면, 미국 남부에서 최악이었던 시절을 연상해야 할 정도입니다. 이 지역 사람들은 항상 눈을 아래로 내리깔고 고개를 쳐들면 안 됩니다. 이스라엘 사람들은 이렇게 말합니다. "그들이 머리를 쳐들면 뭔가 조치를 취해야 돼." 팔레스타인 사람들은 그런 가혹한 환경 속에서

살아왔습니다.[38]

미국은 이런 상황을 기꺼이 지원했습니다, 방법이 통하는 한은요. 하지만 지난 몇 년 동안 그 방법이 통하지 않게 되었습니다. 힘 가진 사람들은 딱 한 가지만 이해하는데, 그것은 무력입니다. 무력이 효과적으로 기능하면 만사 오케이인 것입니다. 만약 무력이 효과를 잃으면 그들은 걱정하기 시작하고 뭔가 다른 아이디어를 내놓습니다. 그래서 지금 현재 미국 정책 입안자들은 점령지에 대한 정책을 재검토하고 있습니다. 여러분도 알다시피 이스라엘 지도부도 재검토하고 있지요. 무력이 이 지역에서 더 이상 통하지 않기 때문입니다. 사실 점령 정책이 이스라엘에게 피해를 입히기 시작했습니다. 그래서 이스라엘이 점령지를 어떻게 통제할지, 전략적 변화가 있을지도 모릅니다. 하지만 이 모든 것은 '미디어의 활용'과는 아무런 관계가 없습니다.

<u>청중2</u> 그러면 그 지역의 갈등을 해결하기 위한 방안이 무엇이라고 생각하십니까?

— 미국을 제외한 모든 나라가 그 방안을 알고 있을 겁니다. 벌써 여러 해 동안 전 세계적으로 서남아시아 문제를 해결할 기본적 틀에 대하여 컨센서스(의견 합치)가 있었습니다. 하지만 미국과 이스라엘 단 두 나라만이 이 컨센서스에 끼지 않았지요.[39] 그것은 '두 나라의 정착two-state settlement'을 커다란

---

38 "팔레스타인 사람들에 대한 고문 행위는 적어도 여섯 군데의 센터에서 벌어졌다. …… 모든 이스라엘 보안군이 연루되었다. …… 고문은 너무나 조직적으로 이루어져서 몇 명의 '깡패 경찰'이 명령을 어기고 그런 짓을 저질렀다고 말할 수 없을 정도였다. 그것은 조직적인 행위였고 상부에서 내려온 지시에 따른 행동인 듯했다." "Israel and Torture", *Sunday Times*, London, June 19, 1977, pp. 1, 16-21.

틀로 하여 약간의 변주를 가미한 것입니다.

　보십시오, 같은 지역 안에서 두 그룹이 민족자결의 권리를 요구하고 있습니다. 두 그룹 모두 일정한 권리를 갖고 있지만 서로 상충합니다. 이렇듯 상충하는 권리를 타협시키는 데에는 다양한 방법이 있습니다. 연방안 같은 것도 있을 수 있는데 현재의 갈등 상황으로 보아 '두 나라의 정착'이라는 형태가 가장 그럴듯해 보입니다.[40] 그 두 국가의 존립 양태 ─국가연합이어야 할 것이냐, 경제적 통합은 어떻게 할 것이냐 등등─에 대해서는 더 얘기를 해야 할 것이나 원칙은 분명합니다. 유대인의 자결권은 이스라엘 국가에 의해 인정하고, 팔레스타인의 자결권은 팔레스타인 국가에 의해 인정해주어야 합니다. 팔레스타인 국가를 어디에 세워야 할지도 모두들 알고 있습니다. 바로 1967년의 '6일 전쟁' 전에 존재했던 경계선을 따르는 서안 지구와 가자 지구입니다. 그리고 팔레스타인 국가의 대표는 팔레스타인해방기구(이하 PLO)가 되어야 한다는 것도 모두들 알고 있습니다.

　이것은 벌써 여러 해 동안 분명한 사실로 알려져왔습니다. 그런데 왜 그렇게 되지 않았을까요? 물론 이스라엘이 반대합니다. 그러나 일이 성사되지 않은 주된 이유는 미국이 막았기 때문입니다. 미국은 지난 25년 동안 서남아시아의 평화 과정을 막아왔습니다. '두 나라의 정착'을 거부하는 진영의 지도자는 아랍인이나 다른 사람들이 아니라 바로 미국인입니다. 미국은 지난 1970년 헨리 키신저가 명명한 '교착 상태' 정책을 지지해왔습니다.[41] 1970년 당시 국제적 합의인 정치적 정착定着으로 갈 것이냐, 아니면 정치적 정착을 거부할 것이냐를 놓고 미국 행정부 내에 의견 분열이 있었습니다. 이런 내부 갈등에서 강경파가 득세했는데 키신저가 그 우두머리였습니다. 이 교착 상태 정책은 한마디로 현상 유지로, 이스라엘의 탄압 시스템을 그대로 유지하자는 것입니다. 이런 결정이 느닷없이 내려진 것은 아니고 그 나름대로 훌륭한 이유가 있었습니다. 포위당한 상태의 군국주의적 이스라엘을 유지하는 것이, 미국이 세계를 다스리는 데 중요했던 겁니다.

기본적으로 미국은 이스라엘에 전혀 관심이 없습니다. 설사 이 나라가 망해버린다고 하더라도 미국의 정책 입안자들은 별로 신경 쓰지 않을 것입니다. 이 나라에 대하여 도덕적 의무 같은 것을 느끼지는 않으니까. 하지만 서남아시아의 엄청난 석유 자원에 대해서는 신경을 씁니다. 지구를 다스리는 일 가운데 커다란 부분이 바로 이 서남아시아의 석유를 장악하는 것입니다. 1950년대 후반 들어 미국은 이런 석유 장악과 관련하여 이스라엘이 아주 유익한 동맹국이라는 것을 알게 되었습니다. 예를 들어 1958년의 국가안전보장회의 비망록에 서남아시아 지역에서(다른 지역도 그렇지만) 미국의 주적主敵은 민족주의라고 지적해놓았습니다. 특히 '과격한 아랍민족주의'를 조심해야 한다고 했습니다.

민족주의는 독립적인 마음가짐, 미국의 필요에 고분고분 복종하지 않으려는 노선 등을 의미했습니다. 그런 것은 언제나 적이었습니다. 서남아시아 사람들은 그들이 굶고 있는 상황에서도 서남아시아의 엄청난 부와 자원이 미국과 영국 투자가들의 손에서 놀아나는 것을 늘 좋게만 보아주지 않았습니다. 그러면서 때때로 그것을 시정하려고 했습니다. 물론 이런 태도는 미국으로선 용납할 수 없는 것이었습니다. 그래서 이런 종류의 '과격한 아랍민족주의'에 대한 유익한 무기로서 고도로 군사화한 이스라엘 카드를 국가안전보장회의 비망록에 제시했습니다. 그러니까 이스라엘을 서남아시아 지역에서 미국이 힘을 발휘할 수 있는 믿음직스러운 기지로 활용하자는 거였습니다.[42]

이 구상은 널리 활용되지는 않았는데 1967년 '6일 전쟁'이 발발하면서 사정이 달라졌습니다. 당시 이스라엘은 미국의 지원을 받아 나세르[이집트 대통령] — 서남아시아의 주요 아랍민족주의자 — 를 사실상 파멸시켰고 서남아시아 일대의 다른 아랍 군대들도 무력화시켰습니다. 이로 인해 이스라엘은 미국으로부터 많은 점수를 땄고 이른바 '전략적 자산'으로서의 가치를 인정받았습니다. 다시 말해 미국의 권력을 과시하는 군사적 힘이 되어준 것입니다. 이스라엘과 샤 치하의 이란(이 두 나라는 전략적 동맹국)은 미국이 서남아시아를 다스리는 3자 체제의 두 축이었습니다. 나머지 한 축은 석유가 가장 많이 나는 사우디아라비아였습니다. 혁명 전의 이란과 이스라엘은 이 체제에서 헌병 노릇을 했습니다. '걸프 만의 수호자'라는 별명을 얻은 이 두 나라는 서남아시아 지역에서 자생한 민족주의 세력으로부터 사우디아라비아를 보호하는 역할을 맡았습니다. 1979년 이란 혁명으로 샤가 실각하자 이스라엘은 마지막 '수호자'로서 미국에게 더욱 소중한 존재가 되었습니다.[43]

한편 이스라엘은 2차적 기능을 수행하기 시작했습니다. 전 세계에서 미국을 위해 용병 국가 노릇을 한 것입니다. 그리하여 1960년대에 이스라엘은 CIA로부터 대규모 보조금을 받아가면서 흑아프리카 국가의 내정에 간섭하는 전달 국가 노릇을 했습니다. 1970년대와 1980년대에 미국은 제3세계의 다른 지역에 대항하는 일종의 무기로서 이스라엘을 점점 더 많이 이용하게 되었습니다. 미국 정부가 직접 지원하기 어려운 제3세계의 독재국가들에게, 이스라엘은 무기, 군사 훈련, 컴퓨터, 기타 필요한 서비스를 제공했습니다. 예를 들어 이스라엘은 경제제재가 시행된 여러 해 동안 남아프리카 군부를 미국 대신 접촉해왔습니다[유엔 안전보장이사회는 1977년 남아프리카에 대하여 무기 제재를 부과했는데 미국과 영국이 그보다 더 강력한 결의안을 거부한 다음에 나온 조치였다].⁴⁴ 그건 아주 유익한 동맹이었고 이스라엘이 미국으로부터 엄청난 원조를 받게 된 또 다른 이유였습니다.⁴⁵

평화의 위협

하지만 이 체제는 이스라엘이 포위 상태로 남아 있어야만 작동할 수 있습니다. 가령 서남아시아에 진정한 평화가 정착되고 이스라엘이 유럽의 스위스나 룩셈부르크처럼 기술 선진 국가로 서남아시아에 편입되어버리면, 그 순간에 이스라엘의 대미對美 가치는 사실상 없어지는 겁니다. 미국에게는 이미 룩셈부르크가 있기 때문에 또 다른 유사 국가는 필요 없습니다. 이스라엘이 미국에 가치가 있는 것은 이 나라가 파괴의 위협을 당하고 있다는 그 사실에 달려 있는 겁니다. 이스라엘은 국가의 생존을 위해 미국에 전적으로 의존해야 하고 그러다 보니 아주 고분고분할 수밖에 없습니다. 진짜 갈등 국면에서 미국이 지원을 싹 거두어버리면 그들은 틀림없이 파괴될 것이기 때문입니다.

이러한 논리가 지금까지는 통했습니다. 서남아시아에서 떠오른 정치적 정착에 관련된 모든 움직임을 미국이 봉쇄했다는 것은 증명하기가 쉽습니다. 미국은 유엔 안전보장이사회에서 그런 결의안을 거부했습니다.⁴⁶ 실제로 최근까지만 하더라도 미국 내에서 평화 정착을 거론한다는 것은 불가능했습니다. 미국의 공식 노선은 이랬습니다. '아랍인은 모든 유대인을 죽여서 바다에 처넣으려 한다.' 아랍인 가운데 딱 두 명이 예외였습니다. 하나는 요르단의 '온건한' 후세인 국왕인데 '온건한'이라는 말은 곧 미국 편이라는 뜻이지요. 나머지 한 사람은 이집트의 사다트 대통령입니다. 그는 1977년 자신의 방식이 오류임을 깨닫고 예루살렘으로 날아가 평화 인사가 되었습니다. 바로 그 때문에 아랍인들이 그를 암살했습니다. 아랍인들은 평화를 지지하는 사람은 누구든 죽이려 하니까(사다트는 1981년에 암살되었다). 이것이 미국의 공식 노선이었고 언론이나 학계는 그 노선에서 벗어날 수 없었습니다.

그런데 이것은 처음부터 끝까지 새빨간 거짓말입니다. 사다트를 한번 보십시오. 사다트는 1971년 2월 이스라엘에 평화를 제안했습니다. 이스라엘 입장에서 보자면, 그가 나중인 1977년에 내놓은 것(이것은 캠프데이비드 평화협정을 이끌어냈다)보다 더 좋은 제안이었습니다. 그것(1971년의 제안)은 유엔 결의안 242에 의거한 전면적인 평화조약이었습니다(유엔 결의안 242는 안전을 보장하는 조건으로 1967년 이전의 국경선으로 돌아갈 것을 요청했는데 팔레스타인의 권리는 언급하지 않았다). 하지만 미국과 이스라엘이 거부했기 때문에 역사에서 사라졌습니다.[47] 1976년 1월, 시리아, 요르단, 이집트가 유엔 안전보장이사회에서 유엔 결의안 242에 입각하여 두 국가 평화 정착을 제안했고 PLO는 이것을 지지했습니다. 이 제안은 영토 보장만 요구했을 뿐입니다. 하지만 미국이 거부하는 바람에 역사에서 사라졌고 아무 일도 생기지 않았습니다.[48] 상황은 거기서 계속 답보했습니다. 미국은 그 어떤 평화 제안도 지원하지 않으려 했고 그래서 각종 평화 제안들은 조지 오웰의 '기억 구멍'을 통해 사라졌습니다.[49]

이 당시 미국의 잡지들은 이런 평화 제안을 언급한 편지들을 게재하는 것도 허용하지 않았습니다. 이에 대한 정보 통제는 정말 놀라울 정도였습니다. 예를 들어, 몇 년 전 조지 윌은《뉴스위크》에 "서남아시아의 진실과 오류"라는 칼럼을 쓰면서 평화운동가들이 모두 서남아시아 현실에 대하여 거짓말을 하고 있고 그들의 말은 모두 거짓이라고 주장했습니다. 그런데 그 칼럼에 사실과 별로 관계없는 진술이 하나 들어 있었습니다. 윌은 사다트가 1977년 이전에는 이스라엘과 거래하지 않으려 했다고 썼습니다.[50] 그래서 나는 이 잡지에다 편지를 썼습니다.《뉴스위크》같은 잡지에 편지 쓸때 사용하는 전형적인 양식에 따라 딱 넉 줄을 썼습니다. "윌은 사실이라고 진술했는데 그건 오류다. 사다트는 1971년에 평화 제안을 했으나 이스라엘과 미국이 그것을 거부했다." 이틀 뒤《뉴스위크》의 '편지' 칼럼과 관련하여 사실관계를 점검하는 조사 편집자가 내게 전화를 걸어왔습니다. 이여성이 내게 물었습니다. "우리는 선생님의 편지에 관심이 있습니다. 그 사실을 어디서 아셨습니까?" 나는 대답해주었습니다. "《뉴스위크》1971년 2월 8일 자에 실려 있습니다." 그건 분명 사실이었지만 미국으로서는 엉뚱한 스토리이기 때문에 기억의 구멍 속으로 빠져 사라졌던 겁니다.[51] 그녀는 다시 전화를 걸어와 말했습니다. "예, 선생님 말씀이 맞습니다. 그 자료를 찾았습니다. 선생님의 편지를 싣도록 하겠습니다." 한 시간 뒤 그녀가 다시 전화했습니다. "저기, 선생님, 죄송합니다만, 편지를 싣지 못하게 되었습니다." 내가 물었습니다. "뭐가 문제죠?" "편집인이 윌에게 설명했는데 심하게 짜증을 내더랍니다. 그래서 싣지 못하게 되었습니다." 할 수 없죠. 오케이.

아무튼 요점은, 그 당시,《뉴스위크》든《뉴욕타임스》든《워싱턴포스트》

49　촘스키는 1994년 오슬로협정이 체결되기 오래전부터 PLO에 대하여 언급했다. "일반적으로 말해서 PLO는 이스라엘 국가가 건립되기 이전 시대의 시온 운동만큼이나 합법성이 없다. 이스라엘 내부에서는 이런 사실을 잘 알고 있을 것이고 그래서 그토록 PLO를 미워하는 것이다." Noam Chomsky, *Fateful Triangle: The United States, Israel and Palestinians*, South End, 1999, p. 164.

든 이런 사실들을 게재할 수가 없었다는 것이지요. 그것은 거의 신성神性을 믿는 태도와 비슷했어요. 거짓말이 변경 불가의 진리가 된 거지요.

철준2 그럼 캠프데이비드 협정에 대해서 물어보겠습니다. 왜 미국과 이스라엘은 그 시점에서 이집트와 거래를 트게 된 겁니까?

— 1971년경의 자료를 면밀히 조사해보면, 다음과 같은 사실을 발견할 수 있습니다. 당시 서남아시아 주재 미국 대사들은 키신저에게 계속 경고를 보냈어요. '미국이 갈등 해결 방안을 계속 봉쇄로만 일관하면 결국 전쟁이 터질 것이다.'[52] 석유 재벌들도 정치적 정착을 선호했습니다. 정유 회사들은 백악관에다 이렇게 말했어요. "이보시오, 외교 방안을 이렇게 모두 막기만 하면 아랍인들이 전쟁을 일으킬 겁니다. 달리 선택의 여지가 없잖아요."[53] 하지만 백악관 참모들은 코웃음을 쳤습니다. 말도 안 되는 농담이라면서. 이스라엘 사람들도 역시 코웃음을 쳤지요. 순전히 인종차별주의적인 관점에서.

그런데 말이죠, 첩보 시스템이라는 게 실은 허점이 많습니다. 이데올로기 측면이 아주 강하고, 광신적이고, 인종차별주의적인 곳입니다. 그 결과 이들 기관을 통해서 들어오는 정보는 대부분 크게 왜곡되어 있습니다. 이번 경우는 "아랍인들은 싸움을 할 줄 모른다"는 것이었습니다. 이스라엘군 정보부 책임자인 요사파트 하르카비는 늘 입버릇처럼 말했습니다. "전쟁은 아랍의 게임이 아니다." 이 바보들은 총을 어느 쪽으로 들어야 하는지도 모르니 과히 신경 쓸 거 없지요. 미군과 CIA도 비슷한 정보를 내놓았습니다. 만약 사다트가 시나이에서 군대를 일으킨다면 그땐 웃으면서 이렇게 말하

미국은 그 어떤 평화 제안도 지원하지 않으려 했고,
그래서 각종 평화 제안들은 조지 오웰의
'기억 구멍'을 통해 사라졌습니다.

는 거예요. "이 친구들 도대체 뭐하고 있는 거야? 바레브 방어선에 700명만 보초를 세우면 그자들을 거뜬히 막아낼 수 있어."[54] 그래서 미국은 외교적 정착을 계속하기를 거부했고 이것이 1973년 전쟁의 빌미가 되었습니다. 이 전쟁은 느닷없이 아랍의 게임이 되었습니다. 이집트는 시나이에서 중요한 승리를 거두었는데, 상당히 인상적인 군사작전이었습니다. 이것이 미국과 이스라엘 정보부에 충격을 주었습니다. 아니 그들을 겁먹게 했습니다. 아까 이미 말했듯이 국가의 정책 입안자들은 다른 것은 몰라도 무력은 쓸 줄 알았기 때문입니다. 그래서 1973년 전쟁에서 '전쟁은 아랍의 게임이 아니다'라는 전제조건이 잘못되었음이 분명해졌습니다. 이집트는 군사적으로 무기력하지 않았습니다.

미국은 이집트가 무기력하게 있는 동안에는 그들이 러시아 동맹국으로 있는 것을 놔두었습니다. 러시아가 이 늪지에 무의미한 돈을 집어넣겠다면 그건 개의치 않겠다, 가볍게 웃어줄 수 있다, 뭐 이런 입장이었습니다. 하지만 1973년 전쟁에서 이집트가 무기력자가 아님이 느닷없이 밝혀졌습니다. 총도 잘 쏠 뿐 아니라 다른 중요한 군사작전도 해냈습니다. 그래서 키신저는 오래전부터 미국 의존 국가client-state가 되고 싶어 한 이집트의 제안을 받아들이기로 했습니다. 이집트가 그동안 죽 원해온 것이었습니다. 그래서 이집트는 러시아 사람들을 쫓아내고 미국의 국물 열차에 올라탔습니다. 이렇게 해서 이집트는 미국의 원조를 두 번째로 많이 받는 나라가 되었습니다, 물론 이스라엘에 비하면 많이 뒤처지지만. 그 시점에서 사다트는 '온건한' 인사가 되었습니다. 미국 편으로 넘어왔기 때문이지요. 이집트는 이스라엘의 매파 정책을 견제할 중요한 아랍 억제자로 간주되었기 때문에 가장 좋은 노선은 아예 이집트를 분쟁에서 물러서도록 하는 것이었습니다. 그러면 이스라엘은 분쟁 지역의 통제를 더욱 강화할 수 있지요. 실제로 이스라엘은 그렇게 했습니다.

보세요, 1973년 전쟁 전만 해도 미국 정책 입안자들은 이스라엘이 아랍의 무력에 대해서 전혀 걱정할 필요가 없다고 생각했습니다. 그런데 그게 잘못된 판단임을 알게 되었고, 그래서 이집트를 분쟁에서 빼내기로 결정한 거지요. 바로 이것이 캠프데이비드 협정의 커다란 성취입니다. 그 덕분에 이스라엘은 이집트의 견제를 우려할 필요 없이 점령지를 통합하고 레바논을 공격할 수 있었습니다. 하지만 이런 얘기는 미국 언론에서 자유롭게 할 수 없는 것이었지요.

그런데 말이죠, 이제는 전략 분석 책자들이 이 얘기를 꺼내기 시작했습니다. 전략 분석가들의 글을 읽어보면 "그래, 그런 식으로 사태가 돌아갔지" 하고 말하는 걸 알 수 있습니다.[55] 물론 그런 식으로 사태가 돌아갔고 또 그런 식으로 사태가 디자인된 것이었습니다. 캠프데이비드 협정 때까지는 그게 분명 통했습니다.

나는 1977년에 이미 이런 사태를 언급한 바 있습니다.[56] 아랍의 주요 견제 세력을 현장에서 배제시키고 전 세계 미국 원조의 50퍼센트가량을 이스라엘에 지원하고, 이스라엘은 점령지를 통합하면서 레바논을 공격했습니다. 이런 일련의 사태를 종합해서 살펴본다면 그다음에 어떤 결과가 일어날 것이라고 봅니까? 너무나 뻔하지 않습니까. 심지어 어린아이도 짐작할 수 있을 겁니다. 하지만 이런 얘기를 공개적으로는 할 수가 없었어요. 미국이 세계 평화 세력의 지도자도 아니고, 전 세계의 정의와 자유와 인권에 대해서도 관심이 없다고 말하는 게 되니까요. 그래서 이런 얘기는 국내 언론에 나오지 않았던 겁니다. 그리고 지금도 여러분은 이런 사실을 분명하게 보지 못하고 있는 겁니다.

물과 점령지

^{철종1} 하지만 이스라엘은 점령지가 방어 목적으로 필요한 게 아닙니까? 국경 지역에 아랍 국가가 여럿인 것을 감안하면 말입니다. 이 지역에 그토록 집착하는 것은 그 때문이 아닐까요?

— 그런 시각은 말이지요, 이스라엘 정책 결정자들이 사태를 바라보는 시각이라고 말씀드리고 싶군요. 그런데 《메치로 셸 이후드^{*Mechiro shel Ihud*}》라는 히브리어로 발간된 아주 흥미로운 책이 하나 있습니다. 이 책은 이스라엘 노동당 집권 기간(1967~1977)에 대한 아주 자세한 다큐멘터리 기록입니다[이스라엘이 점령지를 최초로 접수한 시점은 1967년].

요시 베일린이라는 사람이 쓴 것인데 이 사람은 시몬 페레스의 고위 고문이었고 노동당의 비둘기파였습니다. 그는 노동당의 모든 문서를 읽을 수 있는 위치에 있었습니다. 이 책은 말하자면 1967년부터 1977년까지의 이스라엘 각료 회의 일지인 셈입니다. 이 시기는 그들이 점령지를 어떻게 조치할까 궁리하던 시기였지요.[57]

그런데 이 책에는 안보에 대한 얘기는 거의 나오지 않습니다. 아주 많이 거론되는 문제는 '인구 문제^{demographic problem}'입니다. 유대인 국가 내에 아랍인이 너무 많다는 것입니다. 물론 이스라엘 내의 '인구 문제'를 말하고, 국내 인사들도 이렇게 부릅니다.[58] 이 용어는 일견 보기에 중립적인 사회학 용어

같이 보이지만 실은 아주 인종차별적인 개념을 위장하고 있습니다. 이 용어를 여기 미국에 적용해보면 숨은 뜻을 금방 알 수 있습니다. 가령 뉴욕 시의 어떤 단체가 "뉴욕 시에는 흑인과 유대인이 너무 많다"라면서 '인구 문제'를 거론하기 시작한다고 해봅시다. "유대인과 흑인이 너무 많아서 우리가 뭔가 조치를 취해야 한다. 안 그러면 그들이 뉴욕 시를 접수할지도 모른다. 그러니 우리는 '인구 문제'를 심각하게 생각해야 한다." 뭐 이런 식으로 나온다고 상상해봅시다. 이 발언의 진의를 해독하는 것은 그리 어렵지 않을 겁니다. 이스라엘과 각료 회의를 기록한 책에도 '인구 문제'가 자주 거론되는데 그 진의가 무엇인지 금방 알 수 있습니다.

각료 회의에서 많이 논의된 또 다른 의제는 물이었습니다. 이건 아주 중요한 문제인데도 여기 미국에서는 별로 거론되지 않았습니다. 바로 이것 때문에 이스라엘이 서안 지구를 포기하지 않으려 한다는 것을 짐작할 수 있습니다. 보세요, 이곳은 아주 척박한 지역입니다. 따라서 물이 기름보다 더 중요한데 이스라엘에는 수자원이 제한되어 있습니다. 실제로 서남아시아에서 벌어진 많은 전쟁이 물을 놓고 다툰 것이었습니다. 가령 이스라엘과 시리아 사이에 벌어진 여러 번의 전쟁은 주로 요르단 강 상류 때문이었습니다. 요르단 강 상류는 시리아, 요르단, 레바논에 걸쳐 있습니다. 이스라엘이 레바논 남부〔1982년 침공 때 장악〕의 '안전 지대'에 그토록 매달린 이유는 헤르몬 산 때문입니다. 헤르몬 산은 이 지역에 물을 가져다주는 큰 분수령의 하나입니다. 실제로 레바논을 침공한 것은 무엇보다도 이보다 약간 북쪽에 있는 리타니 강을 장악하려는 것이었습니다. 하지만 시아파의 강력한 저항을 만나 할 수 없이 뒤로 물러서고 말았습니다.

이스라엘에서 경제적 사실은 기밀 처리됩니다. 그래서 정확한 숫자는 알

수가 없지만 미국 쪽 연구를 포함해서 이 물 문제에 대한 각종 연구들을 참조하면, 이스라엘은 필요한 물의 양 약 3분의 1을 서안 지구에서 가져다 씁니다. 다른 대안은 없습니다. 물론 기술적 혁신이 이루어진다면 별문제지만. 가령 바닷물을 식수로 바꾸는 해수 탈염脫鹽 기술 같은 거지요. 하지만 현재로서는 다른 대안이 없습니다. 서안 지구 수원을 제외하고는 지하수도 없습니다. 이스라엘은 리타니 강을 얻지 못했고 분명 나일 강도 얻지 못할 겁니다. 그래서 서안 지구 수원을 빼놓고는 달리 수자원이 없는 겁니다.

서안 지구의 아랍인들이 괴롭게 생각하는 점령 정책 가운데 하나는 우물을 깊이 파지 못하게 한다는 겁니다. 이건 아랍 농민들에게는 치명타이지요. 그러니까 서안 지구의 아랍 농부는 텔아비브의 유대인 시민 한 사람이 음용수飮用水로 사용하는 물 정도만 얻고 있습니다. 한번 생각해보십시오. 유대인 도시 주민 한 명이 마시는 물이 아랍 농부 한 사람이 사용하는 물 총량과 같습니다. 그는 이 물을 가지고 관개도 하고, 가축도 돌보고, 그 밖의 모든 것을 해결해야 합니다. 그런데도 아랍인은 우물을 깊이 파는 것이 허용되지 않습니다. 장비가 필요 없는 얕은 우물만 허용되는 겁니다. 깊은 우물은 오로지 유대인 정착민들만 사용할 수 있습니다. 이렇게 얻은 물은 아랍 농부보다 거의 열두 배나 많습니다.[59]

아무튼 이처럼 이 문서에는 물이 큰 이슈로 등장합니다. 물론 '인구 문제'도 있고, 역사적 이유도 있고 기타 다른 문제들도 있습니다. 그런데 안보 문제에 대한 언급은 거의 없는 겁니다.

제국주의적 야망과 아랍의 위협

참조1 저는 그런 각료 회의 기록이 있는 줄 몰랐습니다. 하지만 이스라엘이 1948년 처음 건국된 직후 국경 근처의 아랍 국가들이 공격해왔습니다. 아랍 국가들은 이 나라를 파괴하여 아예 존재하지 못하게 하려고 했습니다. 이스라엘 국민들이 과거의 그런 역사를 기억하면서 오늘날 그러한 국가 정책을 수립하는 것이 타당하다고 생각하지 않으십니까?

— 그게 1948년 당시에 대한 표준 해석이지요. 하지만 그건 진실이 아닙니다. 배경 사실을 잘 유념할 필요가 있습니다. 1947년 11월, 유엔 총회는 팔레스타인을 유대 국가, 아랍 국가, 예루살렘을 포함한 소규모 국제 관할 지역, 이렇게 셋으로 분할하는 것을 권고했습니다(팔레스타인 지역은 당시 영국 제국이 관할했다).[60] 여기서 나는 이게 유엔 총회의 권고라는 걸 강조하겠습니다. 권고는 말 그대로 권고지 구속력이 없습니다. 그래서 이스라엘은 그게 구속력이 없었다고 주장합니다. 그런데 이스라엘은 1948년 12월 이래 유엔 총회의 권고안을 가장 많이 위반했습니다. 이스라엘은 팔레스타인 난민들의 귀국을 허용하라는 유엔 총회의 요청을 거부했습니다(여기서 말하는 팔레스타인 난민은 1947년 11월에 터진 팔레스타인 유혈 사태를 피해 도망친 사람들을 말한다). 사실 이스라엘은 귀국 허가 요청을 받아들이겠다는 조건 아래 유엔에 가입했습니다. 그리고 요청 수락을 공언하기까지 했습니다. 하지만 약속을 이행하지 않았습니다.[61] 그리고 그 상태는 오늘날까지 계속되고 있습니다. 이스라엘이 유엔 총회 권고안을 얼마나 많이 거부했는지 모르지만 아마 수백 회는 될 겁니다.

아무튼 그러한 권고안이 1947년 11월 유엔 총회에서 나왔고, 그 무렵 팔레스타인 사람들과 시온주의자들[유대 민족주의자들] 사이에 전쟁이 벌어졌습니다. 시온주의자들은 더 힘이 세고 더 잘 조직된 세력이었습니다. 이스라엘이 정식으로 건국된 1948년 5월에 이르러 약 30만 명의 팔레스타인 사람들이 자기 땅에서 추방되었거나 유혈 사태를 피하여 도망쳤습니다. 그리고 시온주의자들은 유엔이 제안한 당초의 유대 국가보다 더 큰 땅을 차지하게 되었습니다.[62] 바로 이 시점에 이스라엘은 이웃 국가들의 공격을 받았습니다. 그게 1948년 5월이었습니다. 그러니까 시온주의자들이 원래 계획보다 더 큰 땅을 차지하고 수십만 명의 팔레스타인 민간인들이 피난을 간 이후에 비로소 아랍 국가들의 공격이 시작되었고, 그 이전에는 공격이 없었던 겁니다.

그런데 이 문제와 관련하여 이스라엘에서 나온 아주 좋은 연구 자료가 있는데, 내 생각에 이 자료가 확실한 결론을 말해준다고 봅니다. 이 자료에 따르면 아랍 국가들의 공격이 실은 마지못한 것이었다는 겁니다. 그나마 그 공격도 이스라엘을 겨냥했다기보다 트란스요르단(현재의 요르단)의 압둘라 왕을 겨냥한 것이었다는 겁니다. 압둘라는 당시 영국 제국의 앞잡이 통치자였습니다. 아랍 국가들이 공격해온 배경은 이런 것이었습니다. '압둘라는 영국의 꼭두각시에 지나지 않는다. 압둘라는 다양한 방식으로 서남아시아 지역을 재편하려는 영국의 제국주의적 게임에 놀아나는 앞잡이다[영

---

62 "일단 플랜 D가 채택되자 유대인은 방어에서 공격으로 옮겨갔다. 이 계획은 팔레스타인에서의 유대인 통치 범위를 넓히자는 것이었다. …… 1948년 4월 1일부터 종전까지 유대인의 작전은 더 넓게 팔레스타인 땅을 차지한다는 것이었다. …… 1948년 5월 15일에 이르러 약 38만 명의 팔레스타인 사람들이 난민이 되었다. 전쟁이 끝날 무렵 그 숫자는 두 배가 되었고 유엔 보고서는 75만 명이라고 보고했다." Ilan Pappé, *The Making of the Arab-Israeli Conflict, 1947-51*, I. B. Tauris, 1992, pp. 76-99.

국은 1948년 5월 팔레스타인 행정부를 공식적으로 유엔에 넘겨주려는 조치를 취했다).'
이런 자료들이 미국의 주류 학자들에 의해 자세히 다루어지려면 앞으로
100년은 더 기다려야 할 겁니다. 아무튼 이스라엘에서 나온 이 연구 자료
는 훌륭하고 중요한 것입니다.[63]

현재의 요르단에 해당하는 지역은 영국의 앞잡이 통치자가 다스리고 있
었고, 근처의 아랍 국가들은 요르단 군대가 아랍 복장의 지휘자를 내세운
사실상의 영국 군대라고 생각했습니다. 아랍 국가들은 압둘라와 시온주의
자들이 결탁하여 팔레스타인 국가 창설을 방해하려 한다는 사실을 크게 우
려했습니다(그들은 이 사실을 어느 정도 알고 있었지만 자세히 알지는 못했습니다).
우려했던 일이 실제로 벌어졌습니다. 압둘라와 시온주의자들은 둘이서 팔
레스타인 국가가 될 지역을 나눠 가지는 계획을 실제로 이행했습니다.[64] 게
다가 압둘라는 그만의 커다란 플랜을 갖고 있었습니다. 그는 시리아를 접
수하여 '대ᄎ시리아'의 왕이 되고 싶어 했습니다. 이스라엘이 시리아를 공
격할 계획이었고 그러면 압둘라가 시리아인을 보호한다는 명목으로 그 나
라에 들어가, 당초 약속대로 시리아를 접수한다는 것이었습니다. 하지만
그 뒤의 역사가 밝혀주듯이, 이 계획은 구상대로 실현되지는 못했습니다.
하지만 다른 아랍 국가들이 그 계획을 눈치챘고 그래서 압둘라의 목적을
봉쇄할 의도로 이스라엘 침공에 나선 것입니다.[65]

여기에는 강력한 이유가 있었습니다. 당시는 탈식민지화 시대였고 그 지
역 사람들의 최대 관심사는 영국을 제거하는 것이었습니다. 압둘라는 영국
의 앞잡이였고 그들은 영국의 제국주의가 재정립되는 것을 원하지 않았습
니다. 물론 주위에 이스라엘 국가가 건국되는 것도 원치 않았습니다. 그들
은 그 국가를 반대했습니다. 하지만 아랍 국가들의 이스라엘 침공에서 이

것은 사소한 고려 사항에 지나지 않았습니다. 실제로 1949년에 시리아와 이집트는 이스라엘과 평화조약을 맺고 싶다는 명시적인 제안을 했습니다. 하지만 이스라엘이 거부했습니다. 이스라엘은 그런 평화조약을 원하지 않았습니다.[66]

이런 자료들이 이제야 나오는 이유는, 이스라엘에는 문서를 수십 년 동안 공개하지 않는다는 규정이 있기 때문입니다. 그래서 이스라엘의 역사는 30년 또는 40년 뒤에 쓰입니다(하지만 그때 가서도 다른 이유들 때문에 왜곡되지요). 지금까지 내가 해온 얘기 가운데 정말로 서남아시아 역사를 아는 사람들을 놀라게 할 만한 것은 하나도 없습니다. 이제 문서 기록이 있고 그것을 뒷받침하는 학자들의 연구서가 있습니다. 아주 설득력 있는 연구서이고 그래서 진실한 역사로 인정받으리라고 봅니다. 정말 그리 놀라운 것이 아닙니다. 이런 게 터져 나오리라는 것은 언제나 예상되었습니다. 가령 팔레스타인을 분할한다는 벤구리온[이스라엘 초대 총리]과 압둘라 사이의 합의는 벌써 여러 해 동안 알려져온 것이었습니다. 회고록에도 나오고 사람들이 얘기도 하고, 뭐 이런 식으로 말입니다.[67] 하지만 이것은 미국이 내놓은 표준 해석은 아니지요. 그런데도 불구하고 이것이 진짜 스토리입니다.

청중1 선생님 말씀에 이의를 제기합니다. 이스라엘이 팔레스타인 분할 협약으로 얻어내고자 한 것은 요르단 군대의 이스라엘 침공을 막아보자는 것이었다고 생각합니다. 바로 이 때문에 이스라엘은 압둘라와 협조했습니다. 당시 벤구리온과 이스라엘 지도부는 요르단에 대규모 훈련된 군대가 있다는 사실을 크게 우려했습니다. 그것은 국가 안보에 큰 위협이었습니다.

— 아닙니다. 그건 사실이 아닙니다. 이스라엘 지도부는 그것을 그리 우려하지 않았습니다. 오히려 벤구리온은 현재의 서안 지구 일부를 힘으로 빼앗으려는 군부(1948년 10월의 일)를 제지하기 위해 개입했습니다. 당시 요르단 군대는 거의 궤멸되어 힘을 쓸 수 없는 상태였으므로 이스라엘군 사령부는 손쉽게 더 많은 지역을 차지할 수 있을 거라고 생각했습니다. 당시 이스라엘군 사령관이었던 이갈 알론은 팔레스타인 건국을 방해한다는 압둘라와의 협약을 모르고 있었습니다. 당시 벤구리온과 이스라엘 군부 사이에는 치열한 싸움이 있었는데, 벤구리온은 압둘라와의 비밀 합의를 지키기 위해 군부를 억제했습니다.[68] 이렇게 볼 때 요르단으로부터의 군사적 위협은 전혀 없었습니다.

^{청중1} 군부가 뒤로 물러서면 평화가 찾아오리라는 벤구리온의 희망을 믿었기 때문에 이스라엘 군부가 뒤로 물러선 것이 아닐까요?

— 아닙니다. 우리는 실제로 벤구리온이 무엇을 원했는지 잘 알고 있습니다. 그가 방대한 양의 일기를 남겼으니까. 그가 분명하게 밝힌 입장은 — 이 점에 대해서는 나의 책 《숙명의 트라이앵글*The Fateful Triangle*》에 많은 증빙 문서들이 실려 있습니다 — 평화가 정착되든 말든 이스라엘은 국경선을 받아들여서는 안 된다는 것이었습니다. 그가 말하는 '시온주의 열망'의 외곽이 매우 넓었기 때문입니다. 이 외곽은 시리아 남부, 트란스요르단, 기타 그가 지정한 넓은 지역을 포함했습니다. 그는 이런 말을 했습니다. "우리는 지금 일보 후퇴하는 것이다. 하지만 궁극적으로는 그 지역들을 모두 얻게 될 것이다." 레바논 하나만 놓고 볼 때, 벤구리온은 1950년대 중반까지도 이런

저런 구실을 붙여가며 남부 레바논을 이스라엘이 차지해야 한다고 말했습니다.[69] 그래서 우리는 그의 본심을 잘 알고 있습니다. 다른 것들도 그렇지만 벤구리온의 평화라는 것도 당신이 알고 있는 이야기들과는 아주 다른 것입니다.

팔레스타인 사람들의 향후 전망

참조2 여러 해에 걸쳐 고향 땅에서 쫓겨난 수십만 명의 팔레스타인 사람들, 그리고 이스라엘과 점령지에서 살고 있는 팔레스타인들에게 정의를 되찾아줄 희망은 없는 겁니까?

— 객관적 현실은 팔레스타인 난민들 대부분이 팔레스타인으로 돌아가지 못할 것이라는 겁니다. 이게 엄연한 현실이고, 아메리카 인디언들이 아메리카 대륙을 다시 수복하지 못하는 것과 같습니다. 따라서 이 점만 놓고 본다면 정의를 되찾아주지 못할 것입니다. 그 어떤 방법으로도 안 될 것 같습니다. 만약 팔레스타인 사람들이 대규모로 과거 팔레스타인 영토로 되돌아온다면 이스라엘은 아마 세상을 폭파시키려 들 겁니다. 그들은 그럴 수 있습니다.[70] 그러니 그럴 일은 없을 겁니다.

따라서 남은 문제는 얼마나 제한적인 정의를 되찾아줄 것인가 하는 겁니다. 이건 까다로운 문제입니다. 만약 이스라엘이 합리적인 대가를 지불하고서 재빨리 인티파다를 제압하지 못한다면, 미국과 이스라엘은 기존의 '두 나라의 정착'을 거부하던 입장에서 선회하여 팔레스타인 자치권을 어느 정도 받아들이게 될 겁니다. 사정이 이렇게 돌아간다면 '두 나라의 정착'이 구체적으로 무엇을 의미하는지 면밀히 살펴보아야 합니다. 내가 이미 언급한 사유들로 인해 서남아시아는 앞날을 정확하게 예측하기가 대단히 어렵습니다. 각종 자원 문제, 지역 통합 문제, 국경 확정 문제 등 난제가 많습니다. 팔레스타인의 분할을 촉구한 유엔 결의안(1947년)이 엄밀하게 '두 나라'가 아니라 '경제 연합'을 요청했다는 걸 기억할 필요가 있습니다. 사실은 이게 상당히 현실적인 제안입니다."

현장을 방문해보신 분은 알겠지만 그 지역에 두 나라를 세운다는 것은 좀 그렇습니다. 지역이 너무나 밀접하게 통합되어 있고 국경을 가르는 문제도 너무나 까다롭고, 그래서 이 문제를 깊이 생각하면 할수록 두 국가론은 좀 무리라는 결론이 나옵니다. 그래서 상당히 합리적이라고 생각되는 것이 일종의 연합국가입니다. 온갖 어려움에도 불구하고 억지로 두 국가를 세운다면 어떤 일이 벌어질지 쉽게 예측할 수 있습니다. 하나는 제대로 국가 노릇을 하겠지만 다른 하나는 쓰레기나 줍는 일을 하게 될 겁니다.

팔레스타인 문제에 대한 다음번 제안은 아마도 '두 나라' 정착이라는 깃발 아래 진행될 겁니다. 이런 의제를 내걸면 사태의 본질을 파악하기가 더욱 까다로워질 겁니다. 신문 헤드라인을 꿰뚫어보면서 무슨 일이 진행되고 있는지 깊이 생각해야 합니다. 서로 독립된 주권을 가진 이스라엘 사람과 팔레스타인 사람들 사이에 의미 있는 연합을 성취하는 일, 이것은 정말 어려운 일일 겁니다. 우리는 이 사실을 직시해야 합니다. 내 생각에 연합만이 유일한 해결안인 듯싶습니다. 내가 보기에 아주 제한된 형태의 정의이긴 하지만.

참조1 그 문제를 생각할 때 아랍인과 유대인의 다른 심성心性도 감안해야 할 듯싶은데요. 그것이 평화를 성취하는 데 어떤 장애가 된다고 생각하지는 않으십니까?

— 그들은 똑같은 사람이고 똑같은 심성을 갖고 있습니다. 손을 베이면 피가 나고 자식이 살해당하면 슬퍼합니다. 나는 두 민족 사이의 차이점을 인정하지 않습니다.

역사의 정통성

참조2 이스라엘이 인종차별적인 관점에서 토착민을 쫓아내는 등 잘못된 터전 위에서 시작되었더라도 시간이 흘러가면 합법성을 획득하리라고 보지 않으십니까?

— 그 질문에 대한 일반적인 대답은 '예'이겠지요. 만약 '아니요'라고 답한다면 우리는 수렵·채집의 원시사회까지 거슬러 올라가야겠지요. 모든 역사가 불법이니까요.

팔레스타인과 비슷한 사례를 하나 봅시다. 미국인들은 이 문제를 깊이 생각해야 합니다. 가령 미국에서 찾아봅시다. 나는 지금 이스라엘이 팔레스타인을 다뤄온 방법이 나쁘다고 생각하는데, 그건 우리 선조들이 이곳 원주민들에게 한 것에 비하면 애들 장난에 지나지 않습니다.

이곳 미국에서 우리는 엄청난 인종 학살을 저질렀습니다. 정말 변명의 여지가 없는 인종 학살입니다. 미국만이 아니라 아메리카 대륙의 위아래 전역에서 벌어졌습니다. 현재 추산에 따르면, 콜럼버스가 아메리카 대륙을 발견하기 전에는 리오그란데 강 이북에만 약 1,200만에서 1,500만 명의 아메리카 원주민이 살고 있었습니다. 유럽인들이 아메리카 대륙 경계 지역에 도달했을 무렵에 남은 원주민은 겨우 20만 명이었습니다. 엄청난 대규모 학살이 있었던 겁니다. 서반구 전역에서 인구가 1억 명에서 500만 명으로 줄었을 정도의 학살 말입니다.[72]

이것은 정말 심각한 문제입니다. 17세기 초반부터 이런 끔찍한 일이 저질러졌는데 미국이 건국되고 나서는 더욱 악화되었습니다. 학살은 마침내 원주민들이 아주 작은 지역 내에 감금되는 지경에 이를 때까지 계속되었습니다. 미국이 인디언들과 맺은 조약을 무시한 역사는 정말 기괴할 정도입니다. 인디언과 맺은 조약은 법적으로 볼 때 다른 주권국가와 맺은 조약과 동일한 대접을 받아야 합니다. 하지만 미국 역사를 살펴볼 때 아무도 그 조약에 신경 쓰지 않았습니다. 땅이 더 많이 필요해지면 그런 조약 따위는 무시해버리고 일방적으로 빼앗았습니다. 아주 추악하고 사악한 역사입니다.[73] 히틀러는 이런 아메리카 원주민 학살을 모델로 삼았다고 아예 노골적으로 말했습니다. "우리가 유대인에게 하려고 하는 것이 바로 그것"이라고 히틀러는 말했습니다.[74]

사실, 최근에 독일에서는 독일어로 쓰인 《500년 제국 *The Five Hundred Year Reich*》이

---

72 "유럽인이 아메리카 대륙에 도래하면서 인종 대학살에 가까운 살육이 벌어졌다. 버지니아와 뉴잉글랜드에서는 원주민의 95퍼센트 이상이 학살되었다. …… 애팔래치아 산맥 동쪽인 버지니아에서 원주민은 1685년부터 1790년까지에 93퍼센트가 사라졌다. …… 그리하여 18세기가 끝나갈 무렵 버지니아 동부, 노스캐롤라이나, 사우스캐롤라이나, 루이지애나를 모두 합쳐 원주민이 5,000명밖에 없었고, 1520년 70만 명이던 원주민이 18세기 말에 겨우 2,000만 명 살아남았다." David E. Stannard, *American Holocaust: Columbus and the Conquest of the New World*, Oxford University Press, 1992, pp. 120-121.

라는 책이 나왔습니다. 1992년을 콜럼버스의 아메리카 대륙 발견 500주년
으로 축하할 것이 아니라 인종 학살 500년으로 반성하자는 운동의 일환으
로 나온 책입니다. 독일 사람들은 책 제목을 다음처럼 이해했습니다. "히틀
러는 '천년 제국'을 건설하려 했다. 그런데 이 책 제목의 의미는 서반구의
식민화가 본질적으로 히틀러 제국의 양상을 갖고 있다는 것이고 그 제국이
500년 동안 존속했다는 것이다."[75]

여기서 한 마디 덧붙이자면 미국 역사를 통틀어 이런 인종 학살이 합법
적인 것으로 받아들여졌다는 겁니다. 가령 흑인을 두둔하고 지독한 노예제
도를 비판하고 나선 사람들이 있었고 노예제도 철폐론자들도 있었고 민권
운동가들도 있었지만 아메리카 인디언들을 옹호하고 나선 사람들은 별로
없습니다. 학자들의 연구도 마찬가지입니다. 가령 콜럼버스의 역사를 다룬
새뮤얼 엘리어트 모리슨 — 이 사람은 하버드 대학의 유명한 역사학자입니
다 — 의 역사서는 콜럼버스가 위대한 인물이고 뛰어난 성품의 소유자였다
고 칭송하고 있습니다. 그러다가 콜럼버스가 '완전한 인종 학살' 프로그램
을 시작했고 대량 학살자였다고 간단히 두어 줄로 언급합니다. 그런 다음
모리슨은 그건 사소한 결점일 뿐, 결국 콜럼버스는 위대한 선원이요, 기타
이러저러한 위인이었다고 말합니다.[76]

이것이 얼마나 역사적 사실로부터 벗어나 있는지, 제 개인적 이야기를
하나 말씀드려보겠습니다. 몇 년 전 추수감사절 때 나는 한 국립공원으로
친구 및 가족과 함께 산책을 나갔습니다. 그러다가 길 위에 세워진 한 비석
을 보게 되었습니다. 비석에는 이런 글귀가 새겨져 있었습니다. "여기에 왐
파노아그 부족의 한 여인이 누워 있노라. 그 가족과 부족은 이 위대한 나라
가 탄생하여 성장할 수 있도록 그들 자신과 그들의 땅을 내놓았노라." 말이

그것은 아주 추악하고 사악한 역사입니다.
히틀러는 미국의 이런 아메리카 인디언 학살을 유대인 학살의 모델로 삼았다고
아예 노골적으로 말했습니다.

좋아 '그들 자신과 그들의 땅을 내놓았노라'이지 사실은 살해당하고 강제이주당하고 온 부족이 흩어졌던 겁니다. 미국이 그들의 땅을 훔쳤습니다. 우리가 지금 앉아 있는 땅이 바로 그 땅입니다. 이보다 더 불법적인 행위는 아마 없을 것입니다. 미국 역사가 온통 불법투성이입니다. 우리 조상은 멕시코가 먼저 공격해왔다고 주장하는 전쟁에서 멕시코 땅의 약 3분의 1을 훔쳤습니다. 그러나 관련 역사를 면밀히 들여다보면 그 '공격'이라는 것은 멕시코 땅에서 벌어졌습니다[미국은 1848년 멕시코 전쟁 이후 텍사스에서 캘리포니아에 이르는 땅을 획득했다].[77] 역사에 이런 사례는 무수하게 많습니다. 그런데 무엇이 합법적이란 말입니까?

유럽에서 국가 제도가 발전해온 과정을 한번 살펴봅시다. 유럽의 국가제도라는 것은 1945년에 와서야 겨우 정립되었습니다. 수백 년, 수천 년을 거슬러 올라가는 학살과 잔학 행위의 야만적 역사가 빚어낸 결과입니다. 유럽의 문명이라는 전염병이 지난 500년 동안 온 세계에 퍼질 수 있었던 것은 유럽인들이 그 누구보다 사악하고 야만적인 사람들이었기 때문입니다. 그들은 서로 학살하는 데 이골이 난 사람들이었습니다. 그래서 다른 지역으로 옮겨갔을 때 그들은 어떻게 학살해야 할지 알고 있었고, 또 잘 해냈습니다. 유럽의 국가 제도는 지독할 정도로 유혈적이고 잔인한 제도입니다. 오늘날까지도 마찬가지입니다. 제3세계 전역에서 전쟁이 벌어진 이유는 실제 아무 관계도 없는 유럽 침입자들이 국경을 주장했기 때문입니다. 그 국경이라는 건 한 유럽 열강이 다른 유럽 열강을 희생시켜서 넓혀 나가는 물건에 지나지 않았습니다.

정말로 합법성이 없는 것은 이런 경계선 긋기입니다. 하지만 이미 민족국가라는 제도가 도입되었고 우리는 거기서부터 시작해야 합니다. 내 말은, 민족국가라는 게 있으니 그 나름대로 합법성이 있다는 겁니다. 나는 그런 국가가 '합법적'이라고 말하지는 않겠습니다. 단지 그런 국가가 존재하고, 우리가 그 존재를 인정해야 하고, 그 국가에게 국제적 제도가 인정하는 각종 권리를 부여해야 한다는 것은 인정하겠습니다. 하지만 당초 그 국가에 살고 있었던 원주민들에게도 그에 버금가는 권리를 부여해야 합니다. 그래서 내가 이스라엘의 탄압 행위를 옹호하는 자들을 비난하는 것이 곧 이스라엘이라는 나라를 비난하는 것은 아닙니다. 나는 이스라엘이 다른 여느 국가들과 마찬가지로 추악한 나라라고 생각합니다. 단지 차이점이 있다면 이스라엘은 미국 내에다 날조된 이미지를 심어놓고 있다는 겁니다. 이스라엘이 독특한 도덕적 품성을 갖고 있고, 무기를 정당하게 사용했으며, 고상한 의도를 지키려고 애쓴다 등이 그런 날조된 이미지입니다.[78] 이것은 완전히 신화이고 조작에 지나지 않습니다. 이스라엘도 다른 나라와 다를 바 없는 나라일 뿐입니다. 우리는 이것을 직시하고 각종 헛소리를 중단해야 합니다. 합법성에 대하여 말하는 것은 우스꽝스럽습니다. 이 단어는 이스라엘은 물론이고 다른 나라의 역사에도 해당되지 않습니다.

세계적인 사건들을 언급할 수 있는 자격

^{청중1} 촘스키 씨, 전 세계의 여러 사건들에 대하여 당신처럼 논평할 수 있으려면 어떤 자격을 갖추어야 한다고 생각하십니까?

— 자격이라니요? 그런 자격은 조금도 필요치 않습니다. 내가 세계적인 사

건들에 대하여 논평할 때의 자격은 헨리 키신저나 월트 로스토우, 대학 정치학과 교수나 전문적인 역사가 들이 세계적인 사건들을 논평할 때의 자격과 다를 바 없다고 생각합니다. 그렇게 질문한 당신도 얼마든지 세계적인 사건들에 대하여 논평할 자격이 있습니다. 단지 차이가 있다면 나는 그런 자격이 있는 척하지 않는다는 것뿐입니다. 만약 어떤 사람이 내게 양자물리학에 대하여 강연해달라고 한다면 거부할 겁니다. 내가 잘 알지 못하기 때문입니다. 하지만 세계적인 사건들은 사소한 것입니다. 사회과학이나 역사 분야는 평범한 15세 소년의 지능으로 이해하지 못할 것이 전혀 없습니다. 물론 약간 연구를 해야 하고, 독서도 좀 해야 하고, 스스로 생각도 할 수 있어야 할 것입니다. 하지만 심오한 것이 아닙니다. 만약 세계적인 사건들을 이해하는 데 필요한 특별 훈련과 이론이 있었다면 그건 아주 심오한 비밀로 보안 처리되었을 겁니다.

세계적인 사건들에 대하여 이야기하려면 특별한 자격을 가져야 한다는 생각은, 따지고 보면 또 하나의 사기에 지나지 않습니다. 그건 일종의 레닌주의입니다(사회주의 혁명은 '전위당'에 의해 수행되어야 한다는 입장). 그건 일반 대중들로 하여금 '나는 무식해. 그러니 나는 빠지고 똑똑한 친구더러 알아서 해달라고 해야지' 하고 생각하게 만드는 술수일 뿐입니다. 이렇게 대중을 속여 넘기자면 마치 심오한 훈련이 필요한 것처럼 허세를 부려야 하는 겁니다. 또는 이름 뒤에 기다란 직함이 따라붙어야만 그런 논평을 할 수 있다고 속이는 겁니다. 다 웃기는 얘기에 지나지 않습니다.

청중1 당신도 그런 시스템을 이용하고 있지 않습니까? 당신의 지명도와 당신이 유명한 언어학자라는 직함을. 가령 나 같은 사람이 어디 초청받아 감히 연설을 해볼 수나 있겠습니까?

— 당신은 내가 언어학자로 이름이 좀 알려졌다고 해서 여기에 초청받았다
고 생각하십니까? 만약 그게 초청의 이유였다면 큰 실수를 한 겁니다. 세
상에는 언어학자들이 많은데 그들은 이런 모임에 초청받지 않습니다. 그
러니 그게 이유일 것 같지는 않습니다. 내가 초청받은 이유는, 오늘 우리가
논의한 주제들에 대하여 내가 많은 글을 쓰고, 많은 연설을 하고, 많은 시
위를 하고, 또 감옥에도 갔다 왔기 때문일 겁니다. 만약 그게 아니라면 뭔
가 커다란 착오가 있는 겁니다. MIT 교수이기 때문에 내 말을 들어야 한다
고 생각한다면 그건 난센스입니다. 어떤 연설이 의미를 갖는 이유는 그 연
설의 내용 때문이지, 연설자의 이름 뒤에 따라오는 직함 때문이 아닙니다.
상식적인 사안에 대해서 논평하는 데에도 특별한 자격을 갖추어야 한다는
생각은 또 다른 속임수일 뿐입니다. 그것은 민중을 주변화하려는(소외시키
려는) 술수이므로 당신은 그런 속임수에 넘어가서는 안 됩니다.

청중2 선생님은 이처럼 많은 청중을 끌어당기고 있고 지명도도 높으니 대통
령 선거 캠페인을 한번 해보시면 어떨까 하는 생각이 들어요. 전국적으로
많은 사람들이 선생님의 말씀을 들으려고 모일 테고 그러면 선생님의 시민
운동을 성원하면서 그런 운동에 직접 뛰어들 법도 한데요.

— 청중을 많이 동원한다는 얘기는 맞습니다. 하지만 그게 지명도나 뭐 그
런 것 때문이라고는 생각하지 않습니다. 나처럼 이렇게 연설하면서 돌아다
니는 사람이 전국적으로 열 명 가까이 있습니다. 존 스톡웰, 알렉스 콕번,

댄 엘스버그, 하워드 진, 할리 스클라, 그 외에도 두세 명이 더 있지요. 이 연사들은 모두 똑같은 반응을 이끌어냅니다. 그러니까 전국적으로 많은 사람들이 색다른 견해에 목말라한다는 거지요. 내 이름을 전혀 들어본 적 없는 사람들이 사는 마을에서도 반응은 같았어요. 지난주에는 미시간 중부의 어떤 마을에 갔는데 그들은 전혀 내 이름을 들어본 적이 없는 사람들이었어요. 하지만 청중은 많았습니다.

청중2 그처럼 청중을 많이 동원하시니 대통령 선거 캠페인을 한번 운영해보시면 좋을 텐데요.

― 우선 내 주위에는 대통령에 입후보하겠다는 사람이 없습니다. 만약 그런 사람이 있다면…….

청중2 선생님이나 스톡웰이 직접 나서면 되잖아요…….

― 어떤 사람이 당신의 지도자가 되겠다고 나서면 "나, 저 친구 말 더 이상 듣고 싶지 않아", "난 저 사람 따라가고 싶지 않아"라고 해야 합니다. 이건 내 경험 법칙인데 거의 틀린 적이 없었습니다.

청중2 이런 색다른 견해를 들을 수 있는 포럼을 만들면 어떨까요?

― 포럼을 하나의 도구로 활용다면 그런대로 괜찮겠지만, 그러니까 주짓수 (브라질 제압술^{制壓術}―옮긴이) ―시스템의 속성을 이용하여 시스템을 제압한

다면 ─로는 오케이지만, 그게 큰 의미가 있다고 보지는 않습니다.

청중2 현재의 정부 형태는 전복되어야 할 것 같습니다. 정부 형태를 바꾸는 것은 점진적인 개혁을 통해서는 안 되는 걸까요?

─ 그것은 상대적 구분이 아닙니다. 만약 개혁 후보가 성공할 가능성이 있는 지점에까지 갔다면 그건 이미 이겼다는 것이고 주된 일을 해냈다는 뜻입니다. 중요한 것은 대중적 성원을 이끌어내어 혁명을 의미 있는 것으로 만드는 일입니다. 그 순간, 어떤 사기꾼이 나타나 이렇게 말할 것입니다. "내가 당신의 지도자야. 내가 당신을 위해 뛰어줄게."

청중2 어떻게 해야 효과가 있으리라고 보십니까? 가령 노엄 촘스키처럼 여기저기서 500명가량의 사람들을 모아놓고 얘기하는 것입니까? 그런 일을 꾸준히 해나가는 것입니까?

─ 꾸준히 해나가는 것이 중요하지요. 그게 사회적 변화를 일으키는 방법입니다. 역사상 모든 사회적 변화가 그런 식으로 일어났습니다. 아무도 그 이름을 들어본 적이 없는 많은 사람들이 꾸준히 해나가는 것, 그거지요.

청중2 혹시 절망이나 그 비슷한 상태에 빠진 적은 없으십니까?

─ 있습니다. 매일 저녁 절망을 느끼지요. 정말 절망적인 사람이 되기로 마음먹는다면 이 세상에 절망을 느낄 만한 일은 대단히 많습니다. 인간이 다

음 세기까지 살아남을 수 있는 가능성을 객관적으로 측정한다면 그 가능성은 그리 높지 않을 겁니다. 하지만 내 말은, 절망에 빠져서 허우적거리며 아무것도 안 한다면 그게 무슨 의미냐는 겁니다.

청중1 선생님 말씀은, 그래도 우리는 계속 열심히 일해야 한다, 그런 뜻이로군요.

— 그렇습니다. 그런 절망이 무슨 의미가 있습니까? 그런 예측은 아무런 의미도 없습니다. 그건 당신의 분위기 또는 당신의 성품을 그대로 반영할 가능성이 높습니다. 만약 그런 전제조건 위에서 행동한다면 사태는 결국 당신이 예측한 대로 벌어지고 말 겁니다. 하지만 얼마든지 현재 상태를 바꿀 수 있다는 전제조건을 믿고, 그에 따라 적극적으로 활동한다면 정말 그 상태는 바뀌는 겁니다. 이런 대안들을 다 감안할 때, 유일한 합리적 선택은 비관론 따위는 아예 잊어버리는 겁니다.

촘스키 연보

1928년(출생) 언어학자이자 철학자이며 정치적 행동주의자인 에이브럼 노엄 촘스키^Avram Noam Chomsky^는 12월 7일 필라델피아 부근 이스트 오크 레인^East Oak Lane^에서 태어남. 아버지 윌리엄 촘스키^William Chomsky^는 우크라이나에서 태어나 1913년에 미국에 온 이민자이고, 어머니 엘시 시모노프스키^Elsie Simonofsky^는 벨라루스 출신. 부모 다 보수적인 정통 유대교 가문에서 자라남. 어머니는 교사이자 행동주의자로, 당시 미국 문화의 편협한 억압 속에서도 전통적 방식으로 가정을 꾸려 나감. 아버지도 교사였는데, 히브리어 문법을 전공한 히브리어 학자로, 《뉴욕타임스^The New York Times^》 부고난에 "세계 최고의 히브리어 문법가 중 한 사람"으로 소개되었을 정도로 명성을 얻음. 언어학자인 아버지는 노엄에게 평생 큰 선물이 됨. 외가 쪽으로는 사회주의자인 친척이 꽤 있었지만 부모는 루스벨트^Franklin Roosevelt^를 지지한 민주당원으로 중도좌파였으며 존 듀이^John Dewey^의 교육론을 지지했음.

---

* 이 연보는 촘스키 공식 웹사이트(www.chomsky.info)와 볼프강 B. 스펄리치Wolfgang B. Sperlich의 《한 권으로 읽는 촘스키Noam Chomsky: Critical Lives》를 참고하여 편집부에서 작성했으며 장영준 교수(중앙대학교 영어영문학과)가 감수했다.

1930년(2세) 상당히 일찍부터 정식 교육을 받기 시작해 템플 대학교^{Temple} University에서 운영하는 듀이식 실험학교인 오크 레인 컨트리 데이 스쿨^{Oak Lane} Country Day School에 입학, 열두 살까지 다님.

1933년(5세) 동생 데이비드^{David} 출생. 1930년대에 촘스키는 대공황의 여파로 드리운 전체주의의 어두운 그림자를 실감하며 자라남. 부모와 부모의 동료가 교육 현장에서 실천하는 모습을 보며 상식으로 세상을 바꿔야 함을 배움. 촘스키는 아나키즘적 정치철학에서 "행동이 이론을 세우는 것보다 훨씬 중요하다"는 교훈을 배움. 촘스키의 이상은 아나키즘적 생디칼리슴에 뿌리를 두는 반면, 정치적 행동주의라는 사상은 상식에서 출발함.

1938년(10세) 에스파냐 내전에서 바르셀로나가 파시스트에 점령당하자 학교 신문에 '파시즘의 확산'을 주제로 사설을 게재함. "오스트리아가 점령당했고 체코슬로바키아가 점령당했으며 이제 바르셀로나도 점령당했다"로 시작함.

1940년(12세) 센트럴 고등학교^{Central High School} 입학. 대학 진학을 최우선 목표로 삼는 경쟁적인 학교에서 위계적이고 엄격한 교육 방식에 다소 곤란을 겪음. 선천적으로 지적 활동을 좋아해 부모에게서 "아들 녀석이 벌써부터 부모를 이기려 한다"는 말을 듣고 자람. 또래 아이들이 슈퍼맨 만화책을 읽을 때, 유대인 공동체에 속한 탓에 시오니즘에 관한 책과 논문을 읽음.

1941년(13세) 중세 히브리어 문법과 역사를 학문적으로 연구한 아버지 덕분에 어린 시절부터 문법이란 개념에 익숙했음. 13세기 히브리어에 대해 아버지가 쓴 원고를 교정 봄. 그러나 문법보다는 정치에 더 관심이 많음. 특히 뉴욕의 외가에 자주 오가면서 이모부 밀턴 클라우스^{Milton Klauss}가 운영하는 신문 가판대에 드나드는 지식인들을 통해 지적 자극을 받음. 훗날 촘스키는 당시 경험을 "10대 초반에 내게 가장 큰 영향을 미친 지적인 문화"였다고 회고함. 이모부는 자유주의 이외에 국내외의 프로파간다에 속고 억압받는 계급과, 그들과 연대하는 것에 대해서도 관심을 가져야 한다고 가르침. 가족의 사교 범위는 좁았지만 이모부에게서 자양분을 공급받을 수 있었음. 한때는 에스파냐의 아나키즘 혁명에 심취했고, 반파시스트 난민들이 주로 운영하는 뉴욕의 중고 서점과 아나키스트들이 이디시어로 발행한 《노동자의 자유 목소리 *Freie Arbeiter Stimme*》 사무실을 들락거림. 이 잡지에 실린 글과, 주류 언론과 서점에 쌓인 책에서 접하는 정보가 극명하게 다른 것에 충격을 받음. 후에 촘스키가 언론 산업에 관심을 갖게 된 결정적인 계기가 됨.

1945년(17세) 펜실베이니아 대학교 University of Pennsylvania 입학. 철학, 논리학, 언어학 등 일반 과정을 이수하면서 흥미로운 주제로 보고서를 써냄. 모국어인 영어와 제2 언어로 히브리어를 쓰며 성장한 그는 대학에서 고전 아랍어와 프랑스어, 독일어 기초를 익힘. 그러나 이것이 그를 언어학자로 이끈 것은 아님. 아버지의 학교에서 히브리어를 가르치며 학비를 번 까닭에 겨우 낙제를 면하기도 함. 대학을 중퇴하고 팔레스타인으로 가 키부츠에서 일할 생각을 품음. 이탈리아 출신의 반파시스트 망명자로 훌륭한 인격자이면서 뛰어난 학자인 조르조 레비 델라 비다 Giorgio Levi Della Vida 와 조우. 그는 촘스키의 이상과 정치적 행동주의에 적잖이 영향을 미침. 또 정치적 행동주의자이면서 뛰어난 작가인 조지 오웰 George Orwell 에 푹 빠짐. 특히 《카탈로니아 찬가 *Homage to Catalonia*》에 깊은 인상을 받음. 드와이트 맥도널드 Dwight Macdonald 가 1999년까지 발행한 정치 잡지 《정치 *Politics*》에 가끔 실리는 오웰의 글에 심취함.

1947년(19세) 정치 모임에서 같은 학교의 젤리그 해리스 Zellig Harris 교수와 만남. 촘스키가 정치적 행동주의자와 언어학자로서의 길을 걷는 데 결정적인 영향을 준 그는 미국에서 처음으로 언어학과를 펜실베이니아 대학교에 만들었으며 구조주의 언어학과 담화 분석의 창시자임. 게다가 프랑크푸르트학파와 심리 분석에 푹 빠진 비판적 사상가로 정치관마저 촘스키와 매우 흡사했음. 자유분방한 해리스는 촘스키에게 수학과 철학을 공부하라고 권하기도 함. 격식을 벗어난 듀이식 교육을 받은 촘스키는 자유로운 분위기에서 학문적 토론에 심취함. 언어학자이자 《촘스키*Chomsky*》(1970)의 저자인 존 라이언스*John Lyons*는 "학생 촘스키는 해리스의 정치적 관점에 매료됐고 그 때문에 언어학과 대학원을 선택했다. 어떤 의미에서는 정치학이 언어학으로 그를 인도한 셈이다"라고 함.

1948년(20세) 학위 논문 주제를 고민하는 촘스키에게 해리스가 '히브리어 연구'를 권함. 해리스가 쓴 《구조주의 언어학의 방법론*Methods in Structural Linguistics*》(1947)에 완전히 매료되어 언어학에 빠져듦.

1949년(21세) 학사 학위 논문 발표. 이때부터 개인적인 삶과 학자로서의 삶, 정치적 행동주의자로서의 삶을 이어감. 히브리어에 해리스의 방법론을 접목해 〈현대 히브리어의 형태음소론*Morphophonemics of Modern Hebrew*〉 초고 완성. '생성통사론'의 출현을 예고한 논문이지만 촘스키는 이후로 시행착오를 거듭함. 12월 24일 어린 시절 친구인 캐럴 샤츠*Carol Schatz*(19세)와 결혼.

1951년(23세) 캐럴이 프랑스어로 학사 학위 받음. 펜실베이니아 대학교에서 학사 학위 논문을 수정하여 언어학으로 석사 학위 받음. 이즈음 촘스키는 철학에 심취해, 굿맨*Nelson Goodman*, 콰인*Willard Van Orman Quine* 등과 교류하고, 이 둘을 통해 카르나프*Rudolf Carnap*, 러셀*Bertrand Russell*, 프레게*Gottlob Frege*, 비트겐슈타인*Ludwig Wittgenstein*을 만남. 과학자이자 수학자이며 논리학자인 러셀은 오웰만큼 촘스키에게 깊은 영감을 불러일으켰으며, 그가 가장 닮고 싶어 한 사람으

로 지금까지 그의 사진을 연구실에 걸어둠. 이 밖에도 옥스퍼드 대학^{Oxford}
University 철학과의 존 오스틴^{John Austin} 교수에게 큰 영향을 받음. 굿맨의 권유로
유망한 대학원생을 지원하는 장학제도인 하버드 대학교^{Harvard University} 특별연
구원^{Society of Fellows}에 지원함. 연구원^{Junior Fellow}으로 선발되어 보스턴으로 이주.
찰스 강 남쪽 올스턴^{Alston}의 커먼웰스^{Commonwealth} 가에 위치한 조그만 아파트
를 세 얻음. 같은 연구원인 언어학자 모리스 할레^{Morris Halle}는 촘스키의 언어
학을 이해해준 극소수의 동료 중 한 사람으로 남음. 프라하학파 창시자의
일원이자 절친한 사이가 된 로만 야콥슨^{Roman Jakobson}도 만남.

1953년(25세) 캐럴이 하버드 대학교의 여자 단과 대학인 래드클리프 대학
^{Radcliffe College}으로 전학함. 하버드 연구원이 누릴 수 있는 가장 큰 혜택인 여행
보조금으로 부부가 첫 해외여행을 떠남. 주목적은 키부츠 체험과 유럽 여
행. 영국, 프랑스, 이탈리아를 거쳐 이스라엘로 가, 제2차 세계대전이 유럽
에 남긴 상흔을 직접 보고 옴. 음성학을 공부하던 캐럴이 돌연 학업을 중단
함. 촘스키는 그간의 연구를 접고 취미로 해온 '생성문법^{generative grammar}'에 집
중. 첫 학술논문 〈통사분석 체계^{Systems of Syntactic Analysis}〉를 언어학 저널이 아닌 논
리적 실증주의 저널 《기호논리학 저널^{Journal of Symbolic Logic}》에 발표하여 큰 호응
을 얻음.

1955년(27세) 유럽 여행 후부터 계속 영원히 키부츠에 정착하는 문제 고민.
가능성 타진을 위해 캐럴이 이스라엘로 떠남. 하버드 특별연구원 장학금을
1955년까지로 연장함. 4월 징집영장 받음. 6주 뒤로 징집을 연기하고 4년
간 미뤄온 박사 논문 마무리. 〈변형 분석^{Transformational Analysis}〉으로 박사 학위 취
득, 군 복무 면제받음. 이 논문은 1975년 출판되는데, 언어학의 새 지평을
열었다고 평가받음. '변형 분석'은 문장의 언어 층위를 심층 구조와 표층 구

조로 설명하는 혁명적인 개념으로, 거의 1,000쪽에 달하는 이 논문에서 그는 이분지^{binary branching}를 이용한 수형도를 발전시킴. 하버드 대학교 도서관에 마이크로필름으로 보관되자마자 논문은 '지하 고전'이 되었고, 열람이 가능한 소수의 '내부자' 집단이 생겨남. MIT(매사추세츠 공과대학교)에서 강사로 일하기 시작. 처음에는 박사 과정 학생들을 대상으로 필수과목인 프랑스어와 독일어를 가르쳤으나 곧 '언어와 철학' 강좌가 개설되었고 강사를 찾지 못한 이 강좌에 지원함. 철학과 언어학을 결합해 강의하며 엄청난 분량의 원고와 독창적 강의 노트를 축적해갔는데, 이후 엄청난 양의 출판물을 쏟아내는 기반이 됨.

1956년(28세) 모리스 할레, 프레드 루코프^{Fred Lukoff}와 함께 논문 〈영어 액센트와 절점에 관하여^{On Accent and Juncture in English}〉 발표.

1957년(29세) 2월 공학과 수학, 과학을 전공하는 MIT 학부생들을 대상으로 한 강의 노트를 바탕으로 《통사 구조^{Syntactic Structures}》 출간. 상업적으로는 성공하지 못했지만 현대 언어학의 고전으로 언어학자의 필독서이자 스테디셀러가 됨. 4월 20일 딸 아비바^{Aviva} 태어남(중앙아메리카의 역사와 정치를 전공하고 아버지의 뒤를 이어 학자가 됨). 선배 교수이자 초기부터 촘스키 이론에 관심을 둔 조지 밀러^{George Miller}의 초대로 스탠퍼드 대학^{Stanford University}에서 여름 학기를 보냄. 이듬해까지 콜롬비아 대학^{Columbia University} 초빙 교수를 지냄.

1958년(30세) MIT 부교수가 됨.

1959년(31세) 2004년의 한 강연에서 촘스키는 하버드 대학원 시절을 회고하며 "생물언어학적 관점^{biolinguistic perspective}은 제2차 세계대전 직후 미국에 알려지기 시작한 동물행동학^{ethology}을 비롯해, 생물학과 수학의 발전에 크게 영향을 받은 일부 하버드 대학원생들의 토론에서 이미 반세기 전에 요즘의 형태를 갖추기 시작했다"고 밝힘. 이런 접근법에 영향을 받아 스키너의 《언어 행동*Verbal Behavior*》(1957)을 다룬 평론(《스키너의 《언어 행동》에 대한 고찰Reviews: *Verbal behavior*》)을 언어학 학회지 《언어*Language*》에 발표, 언어가 학습되는 행동이라는 이론을 여지없이 무너뜨림. '자극—반응—강화—동기부여'로 이루어지는 행동주의의 이론적 틀이 언어학에서나 일반 과학에서 추론적 의미는 물론 경험적 의미도 갖지 못한다는 점을 증명함으로써 당대 학자인 스키너와 콰인을 정면공격함. 마치 경험주의와 합리주의 논쟁으로도 비친 이런 논쟁을 다른 학자들과 즐겨 했고, 평론가들은 이를 일컬어 '언어학 전쟁linguistics wars'이라고 부름. 그러나 길버트 하먼Gilbert Harman은 "촘스키의 언어 이론만큼 현대 철학에 영향을 미친 이론은 없다"고 평함. 이듬해까지 프린스턴 대학Princeton University 고등연구소Institute of Advanced Study 회원으로 있음.

1960년(32세) 둘째 딸 다이앤Diane 태어남(현재 니카라과 수도 마나과에 있는 한 원조 기구에서 일함). 1960년대 들어 적극적으로 정치적 견해를 피력하기 시작. MIT 전자공학연구소에 있던 시절 촘스키는 테크놀로지를 경멸했는데 1950년대 말부터 컴퓨터와 컴퓨터 언어학에 컴퓨터를 응용하는 분야를 인정하기 시작했고, 이런 그의 비판적 관심이 오토마타 이론Automata Theory(자동번역이론)에 기여했으며, 결국 자연 언어에 수학적 이론을 접목한 '촘스키 계층 구조Chomsky hierarchy'를 완성하기에 이름.

1961년(33세) MIT 종신교수가 됨.

1964년(36세) 1967년까지 하버드 인지 연구 센터Harvard Cognitive Studies Center 연구원을 지냄.

1965년(37세) 지금도 언어학계에서 가장 훌륭한 저작으로 손꼽히는 《통사이론의 제상*Aspects of the Theory of Syntax*》 출간. '표준이론Standard Theory'에 대한 대학원생과

신임 교수들의 허심탄회한 논의를 정리한 책임. 베트남전쟁이 발발하자 정치적 행동주의자가 되기로 결심하고 항의 집회에 적극적으로 참여함. 삶 자체가 불편해지고 가족들에게도 피해가 갈 것이며 더 자주 여행하고 더 많은 사람을 만나야 하고 또 정치에 무관심한 학계의 따돌림도 받겠지만 모든 것을 감수하기로 결심함. 그러면서도 충직한 학자답게 정치관과 언어학 교실을 엄격히 구분함. 렉싱턴 지역으로 이사해 지금까지 살고 있음. 학자들 사이에서 좌파라고 밝히는 것이 유행처럼 번지고 반문화 운동이 확산된 불안한 1960년대에 들어와 민중의 힘이라는 새로운 현상에 주목한 신생 조직들이 생겨남. 각종 정치 행사와 시위에 강연자로 초청받는 일이 잦아짐. 그의 회고에 따르면 "처음 치른 대규모 대중 집회는 1965년 10월 보스턴 커먼 공원에서 열린 행사"임. 이때 베트남전쟁을 찬성하는 반대파에 공격받고 지역 언론으로부터 맹렬하게 비난받음.

1966년(38세) 촘스키는 정치적 행동주의자로서 연설하고 강연한 것, 또 강연하기 위해 조사한 자료에 대해 어마어마한 양의 기록을 자세히 남김. 행동주의 저술가로서 그의 글과 소책자는 어떤 행동주의자의 글보다도 더 많은 독자에게 전해짐. 이해에 행동주의자가 아닌 대중을 상대로 하버드에서 최초로 강연했는데, 마침 힐렐^{Hillel}(세계에서 가장 큰 유대인 대학들의 기관) 집회였고, 이 강연은 이듬해 2월 《뉴욕 리뷰 오브 북스$^{The New York Review of Books}$》에 〈지식인의 책무$^{Responsibility of Intellectuals}$〉로 실림. MIT 석좌 교수가 됨. 모리스 할레와 함께 하퍼 앤드 로$^{Harper and Row}$ 출판사에서 '언어 연구 시리즈$^{the Studies in Language Series}$' 편집. UCLA와 캘리포니아 대학$^{University of California}$ 버클리^{Berkeley} 캠퍼스에서 초빙 교수 지냄.

1967년(39세) 아들 해리^{Harry} 태어남(현재 캘리포니아에서 소프트웨어 개발자로 일함). 징역형을 선고받을 위기에 처함. 아이 셋을 키우며 캐럴이 다시 공부를 시작함. 《뉴욕 리뷰 오브 북스》에 실린 〈지식인의 책무〉를 통해 "지식인은 정부의 거짓말을 세상에 알려야 하며, 정부의 명분과 동기 이면에 감추어진 의도를 파악하고 비판해야 한다"고 역설. 그가 행동하는 지식인으로 각인되는 계기가 됨. 이 매체는 좌파 학자들에게 거의 유일한 언로였는데, 촘스키는 이때부터 1973년까지 꾸준히 기고함. 10월 처음 투옥되어, 그곳에서 베트남전쟁을 다룬 소설 《밤의 군대들The Armies of the Night》로 퓰리처상을 받은 소설가 노먼 메일러Norman Mailer를 만남. 학생비폭력조정위원회Student Nonviolent Coordinating Committee의 폴 라우터Paul Lauter와 의기투합하여 저항조직 레지스트RESIST를 창설함. 10월 21일 펜타곤 외곽을 행진하던 시위대가 헌병대와 충돌하는 바람에 체포당해 노먼 메일러와 함께 구치소에서 하룻밤을 보냄. 당국이 본보기를 남기기 위해 법무부 건물 앞 계단에서 연설한 그는 제외한 채 '보스턴의 5적'을 발표함. 이 재판을 지켜보며 보수 집단이 무슨 짓을 할지 두려움에 휩싸임. 그래도 캐럴은 아이들을 데리고 나가 반전 집회 행진에 참여하고, 매사추세츠의 콩코드에서 여성과 어린이가 참가한 침묵 시위에도 참여함. 이때 캐럴과 두 딸은 통조림 깡통과 토마토 세례를 받음. 런던 대학교University of London에서 명예박사 학위를 받음. 시카고 대학University of Chicago에서 명예 언어학 박사 학위 받음.

1968년(40세) 《언어와 정신Language and Mind》 출간. 오랜 친구이자 동료인 모리스 할레와 함께한 기념비적인 저작 《영어의 음성체계The Sound Pattern of English》 출간. 500여 쪽에 달하는 이 책으로 '음운론'을 거의 완벽히 정리해냄. 12월 〈콰인의 경험론적 가정Quine's Empirical Assumption〉 발표. 캐럴이 하버드 대학교에서 언어학으로 박사 학위를 받음.

1969년(41세) 1월 캐럴이 박사 논문과 같은 주제인 '언어 습득 과정'에 관해 쓴 《언어습득론 *The Acquisition of Syntax in Children from Five to Ten*》을 출간함. 봄에 옥스퍼드 대학의 존 로크 강좌 John Locke Lectures 에서 강연함. 9월, 펜타곤에서 연설한 것과 기고문을 모아 《미국의 힘과 신관료들 *American Power and the New Mandarins*》출간. 미국의 베트남전 개입을 신랄하게 규탄한 이 책으로 미국 안팎에서 뜨거운 반응을 얻음.

1970년(42세) 4월 그리스도교 연합교회 목사인 딕 페르난데스 Dick Fernandez, 코넬 대학교 Cornell University 경제학과 교수인 더글러스 다우드 Douglas Dowd 와 함께 하노이 방문. 폭격이 잠시 중단된 틈을 타, 폭격의 피해를 입지 않은 하노이 폴리테크닉 대학교 Polytechnic University 에서 강연. 이 강연 여행은 지하운동과 민중운동 쪽에서 큰 화제가 됨. 영화배우이자 반전운동가 제인 폰더 Jane Fonda 가 하노이를 방문했을 때 '반역'이라 비난받자 대국민 사과를 한 것과 비교하면 비교적 알려지지 않은 채 넘어감. 이후로도 논란이 될 만한 해외여행은 하지 않음. CIA(미국중앙정보국) 용병부대의 폭격 탓에 항아리 평원 Plain of Jars 에서 쫓겨난 라오스 난민들을 인터뷰해 《아시아와의 전쟁 *At War With Asia*》출간. 이 책에서 그는 미국은 베트남전쟁에서 주된 목표를 이루었으며 그 대표적인 예가 FBI가 실행한 반첩보 프로그램인 코인텔프로 COINTELPRO 라고 지적함. MIT 출판사가 창간한 학술지 《언어학 탐구 *Linguistic Inquiry*》의 편집위원회를 맡음. 촘스키 언어학을 알리는 수단에 불과하다는 비판도 있었으나 지금은 가장 권위 있는 언어학 학술지로 자리 잡음. 시카고의 로욜라 대학교 Loyola University 와 스워스모어 칼리지 Swarthmore College 에서 명예박사 학위 받음. 이때부터 1980년대까지 학자로서의 역할에 충실함. 《런던타임스 *The Times of London*》선정 '20세기를 만든 사람'에 이름을 올림.

1971년(43세) 전해 1월 케임브리지 대학^{Cambridge University}에서 한 버트런드 러셀 기념 특강을 모아 《촘스키, 러셀을 말하다^{Problems of Knowledge and Freedom}》 출간. 영국 폰타나^{Fontana} 출판사에서 《아시아와의 전쟁》 출간. 폰타나는 유럽에서 유일하게 《밀실의 남자들^{The Backroom Boys}》(1973), 《국가 이성을 위하여^{For Reasons of State}》(1973), 《중동에서의 평화^{Peace in the Middle East?}》(1975) 등 촘스키 저작을 연이어 출판하면서 그의 이름을 알리는 데 적잖은 역할을 함. 네덜란드 텔레비전 방송국에서 미셸 푸코^{Michel Foucault}와 대담. 평소 프랑스의 포스트모던 철학이 '정치 비평'적 색채를 띠어 철학이 정치적 행동주의처럼 여겨진다는 이유로 프랑스 철학을 경멸했던 촘스키는 푸코의 '포스트모던' 비판에 폭넓게 동의함. 철학자이자 과학자인 데카르트에게서 깊이 영향받은 촘스키의 언어학이 '데카르트 언어학'이라고도 불린 것에 비하면 이례적인 일임. 뛰어난 학자를 지원하는 구겐하임 펠로십^{Guggenheim fellowship} 수상. 바드 칼리지^{Bard College}에서 명예박사 학위 받음.

1972년(44세) 캐럴이 하버드 교육대학원에서 교편을 잡고 1997년까지 가르침. 델리 대학^{Delhi University}에서 명예 학위를 받음. 4월 1일 뉴델리 대학^{University of New Delhi}에서 네루^{Nehru} 추모 특강을 함. 5월 《언어와 정신》 개정판 출간.

1973년(45세) 《국가 이성을 위하여^{For Reasons of State}》 출간. 베트남전쟁과, 닉슨^{Richard Milhous Nixon}의 부관 헨리 키신저^{Henry Alfred Kissinger}가 비밀리에 캄보디아를 폭격한 사실을 알리기 위해 처음으로 허먼과 함께 《반혁명적 폭력: 대학살의 진상과 프로파간다^{Counter-Revolutionary Violence: Bloodbaths in Fact and Propaganda}》를 저술함. 출간을 코앞에 두고 워너커뮤니케이션스^{Warner Communications}의 간부가 "존경받는 미국인들을 아무 근거 없이 상스럽게 비난한 거짓말로, 명망 있는 출판사에서 낼 만한 책이 아니"라는 이유로 출간 보류함. 개정하고 글을 추가해 사우스 엔드 프레스^{South End Press}에서 1979년 《인권의 정치경제학 ^{The Political Economy of Human Rights}》으로 출간함. 매사추세츠 대학교 ^{University of Massachusetts}에서 명예박사 학위 받음. 닉슨의 '국가의 적^{Enemies List}' 명단에 이름이 올라 있는 것이 밝혀짐.

1974년(46세) 《반혁명적 폭력》의 프랑스어판 출간. '프랑스 좌파의 이데올로기적 욕구를 만족시키기 위한 오역이 난무한다'고 자평함.

1975년(47세) 3월 《중동에서의 평화》 출간. 정치적 행동주의가 담긴 책들은 출간이 어려웠으나 언어학 연구서들은 학계에서 주목받으며 널리 읽힘. 6월 《'인권'과 미국의 대외 정책 ^{'Human Rights' and American Foreign Policy}》 출간. 박사 논문을 고쳐 실질적인 첫 저작이라 할 《언어 이론의 논리적 구조 ^{The Logical Structure of Linguistic Theory}》 출간. 1월에 진행한 캐나다 온타리오의 맥마스터 대학교 ^{McMaster University} 휘든 특강 ^{Whidden Lectures}에 시론을 덧붙인 언어학 고전 《언어에 대한 고찰 ^{Reflections on Language}》 출간.

1976년(48세) MIT에서 인스티튜트 프로페서 ^{Institute Professor}(독립적인 학문기관으로 대우하는 교수)로 임명됨. 학자로서 최고의 전성기를 맞음. 이해부터 동티모르에 대해 끊임없이 문제를 제기하고 3년 뒤 책으로 엮음.

1977년(49세) 봄, 《리바이어던 ^{Leviathan}》과의 인터뷰에서 "미국은 제2차 세계대전 이후 일관된 정책을 유지했는데, 그것은 서남아시아의 에너지 자원을 확실하게 통제하려는 것이다"라고 함. 11월 네덜란드 레이던 대학 ^{University of Leiden}에서 하위징아 ^{Huizinga} 추모 특강.

1978년(50세) 이듬해까지 유엔 탈식민지위원회에 출석해 동티모르의 상황을 증언함(후에 출간). 11월 콜롬비아 대학에서 우드브리지 ^{Woodbridge} 특강.

1979년(51세) 1월 스탠퍼드 대학에서 칸트 ^{Immanuel Kant} 강의. 주로 언어학, 언어학과 철학을 결합시킨 것, 그리고 정치적 행동주의를 주제로 한 강연을 함.

이 세 주제를 넘나들며 진행한 인터뷰가 《언어와 책무: 미추 로나와의 대화*Language and Responsibility: Based on Interviews with Mitsou Ronat*》로 출간됨. 5월 리스본까지 달려가 동티모르의 위기를 다룬 첫 국제회의에 참석. 1980년대 초에도 리스본에서 동티모르 난민들을 만나고, 이후 오스트레일리아의 지원단체 및 난민들과 가까운 관계를 유지함. 촘스키는 동티모르와 관련된 대부분의 정보를 오스트레일리아 친구들에게서 얻음. 전해 우드브리지 특강을 바탕으로 한 《규칙과 표상*Rules and Representations*》 출판. 1980년대에 언어학에서 타의 추종을 불허하는 탁월한 철학자로 우뚝 섬. 정치철학과 현대 프랑스 철학에 휩쓸리지 않으면서 자신만의 언어철학을 완성해감. 언어가 인간 행위에 영향을 미치며 언어 능력이 세상을 변화시키고 더 낫게 만들어나가는 궁극적인 도구라고 본 촘스키는 《규칙과 표상》에서 언어는 보편적으로 학습된다는 인지언어학*conitive linguistics*으로부터 생물언어학을 구별 정립함. 1951년에 쓴 석사논문이 《히브리어의 형태소론*Morphophonemics of Modern Hebrew*》으로 출판됨. 〈나치의 쌍둥이: 안보국가와 교회*The Nazi Parallel: The National Security State and the Churches*〉라는 도발적인 제목의 시론 발표. 라틴아메리카의 교회, 특히 브라질 교회가 저항의 중심이 될 것이라 낙관함. 이 글과 함께 《반혁명적 폭력》을 개정, 보완한 《인권의 정치경제학》(전 2권)을 에드워드 허먼과 함께 출간. 1권 《워싱턴 커넥션과 제3세계 파시즘*The Washington Connection and Third World Fascism*》(2권은 《대격변 이후: 전후 인도차이나와 제국주의적 이데올로기의 부활*After the Cataclysm: Postwar Indochina and the Reconstruction of Imperial Ideology*》)은 누설된 기밀 문서를 광범위하게 다루는데, 오스트레일리아에서 엄청난 판매고를 올림. 출판이 금지된 데다 책을 보관했던 창고가 원인 모를 화재로 전소되었기 때문. 프랑스 학자 로베르 포리송*Robert Faurisson*이 나치의 유대인 학살과 학살이 자행된 가스실이 존재하지 않았다는 논문을 쓰고 '역사 왜곡죄'로 재판받을 위기에 처하자 '표현의 자유'를 이유로 500여 명의 지식인들과 함께 탄원서를 제출함. 마치 포리송의 주장을 지지하는 듯이 비쳐 프랑스에서는 '나치주의자'로 몰리고, 이듬해까지 이어진 이 사건에서 촘스키는 '정치적 올바름 political correctness'의 문제로 논란의 중심에 섬.

1980년(52세) 《뉴욕타임스》에 동티모르에 관한 논설을 기고할 기회를 얻고, 《보스턴글로브 The Boston Globe》를 설득해 미국에서는 처음으로 동티모르에 대한 진실을 보도하도록 유도함. 1980년대 레이건 행정부 때는 분쟁 지역마다 쫓아다니며 정치적 견해를 피력함. 서벵골의 비스바-바라티 대학교 Visva-Bharati University 명예박사 학위 받음.

1981년(53세) 1970년대에 작업한 '확대 표준 이론 Extended Standard Theory, EST', '수정 확대 표준 이론 Revised Extended Standard Theory, REST'에 이어, 1980년대 들어 중견 언어학자로 성장한 제자들이 촘스키의 언어학을 수정, 확대함. 그 중심에 서서 혁신적인 변화를 꿈꾸며 《지배와 결속에 대한 강의: 피사 강의 Lectures on Government and Binding: The Pisa Lectures》(일명 'GB') 출간.

1982년(54세) 어떤 압력에도 굴하지 않고 계속 용기 있게 글을 써, 이해에만 대외적으로 150편이 넘는 글을 발표함. 해외에서도 즐겨 찾는 연사로 꼽혀 여행이 잦아짐. 대중적 인지도가 높아지면서 사생활을 지키기가 힘들어짐. 학자로서 성공했음에도 정치적 행동주의자로서 여전히 주류 세계에 편입하지 않고 많은 시민운동을 조직하며 활동함. 주류 학계와 정계에서는 그와 일정한 거리를 두려고 발버둥침. 동티모르에 대한 기본적인 내용을 담은 《새로운 냉전을 향하여 Towards a New Cold War》 출간. 시러큐스 대학 Syracuse University 초빙 교수 지냄. 《근본적인 우선순위 Radical Priorities》 출간.

1983년(55세) 이스라엘과 서남아시아에 대한 그의 견해를 집약한 《숙명의 트라이앵글*The Fateful Triangle*》출간. 이 책에서 주류 언론에서 보도하지 않은 미국의 범죄를 낱낱이 나열함.

1984년(56세) 미국 심리학회로부터 '특별 과학 공로상*distinguished scientific contribution*' 수상. 11월 인도의 두 젊은이(라마이아*L. S. Ramaiah*와 찬드라*T. V. Prafulla Chandra*)가 촘스키의 출판물 목록을 최초로 정리해 출판함(《노엄 촘스키: 전기*Noam Chomsky: a Bibliography*》). 직접 쓴 것이 180종이 넘고, 그를 다룬 출판물의 수는 그 두 배에 달함. 펜실베이니아 대학교에서 명예박사 학위 받음.

1985년(57세) 《흐름 바꾸기: 미국의 중앙아메리카 개입과 평화를 위한 투쟁*Turning the Tide: U. S. Intervention in Central America and the Struggle for Peace*》출간.

1986년(58세) 《언어 지식: 그 본질, 근원 및 사용*Knowledge of Language: Its Nature, Origin, and Use*》출간. 3월 니카라과 마나과를 방문해 1주간 강연함. 강연 도중 미국이 니카라과를 비롯해 중남미에서 저지른 만행을 고발하며 미국 시민이란 것에 수치심을 느껴 눈물을 흘림. 언어학 분야에서는 '원리와 매개변인*principle*'에 대한 탐구 등 GB 이론을 더 정교하게 다듬은 《장벽*Barriers*》(1986)을 '언어학 탐구 모노그라프' 시리즈의 13권으로 발표. 얄팍한데도 지나치게 전문적이어서 대학원생은 물론 언어학자까지 당혹스러워했지만, 언어학의 발전 방향을 제시함. 《해적과 제왕: 국제 테러리즘의 역사와 실체*Pirates and Emperors: International Terrorism in the Real World*》출간.

1987년(59세) 니카라과 마나과 강연을 모아 《권력과 이데올로기: 마나과 강연*On Power and Ideology: The Managua Lectures*》출간. 아침에 한 강연만 따로 모은 《지식의 문제와 언어: 마나과 강연*Language and Problems of Knowledge: The Managua Lectures*》도 출간. 이 책으로 '평이한 언어로 정직하고 명료하게 뛰어난 글을 쓴 공로*Distinguished Contributions to Honesty and Clarity in Public Language*'를 인정받아 미국 영어교사 위원회*National Council of Teachers* of English가 주는 오웰상Orwell Award을 받음. 사우스 엔드 프레스의 공동 설립자인 마이클 앨버트Michael Albert와 리디아 사전트Lydia Sargent가《Z 매거진Z Magazine》창간. 촘스키를 필두로 진보적 지식인들의 글 게재, 이후 인터넷에서 정치적 행동주의자들의 언로 역할을 함.

1988년(60세) 에드워드 허먼과 함께《여론조작: 매스미디어의 정치경제학Manufacturing Consent: The Political Economy of the Mass Media》출간. '여론조작'은 칼럼니스트 월터 리프먼Walter Lippmann에게서 차용한 개념. 이 책으로 또 한 번 미국 영어교사 위원회로부터 오웰상 받음(1989년). 시론〈중앙아메리카: 다음 단계Central America: The Next Phase〉에서 니카라과를 비롯한 중앙아메리카에 대한 미국의 공격을 '국가 테러'라고 고발함. 파시스트와 민주 세력 사이에서 교회가 선한 역할을 맡을 것이라 낙관하면서도 늘 기독교 근본주의를 호되게 비판함. '기초과학 교토상Kyoto Prize in Basic Sciences' 수상.《테러리즘의 문화The Culture of Terrorism》출간. 7월 이스라엘이 점령한 팔레스타인 지역 방문. 예루살렘 근처 칼란디야 난민촌Kalandia refugee camp에 잠입했다가 이스라엘군에게 쫓겨남.

1989년(61세)《여론조작》에 이어 미국, 미국과 비슷한 민주 국가들을 신랄하게 비판한《환상을 만드는 언론Necessary Illusions: Thought Control in Democratic Societies》출간.

1991년(63세)《민주주의 단념시키기Deterring Democracy》출간.

1992년(64세)《미국이 진정으로 원하는 것What Uncle Sam Really Wants》출간. 캐나다의 언론인 마크 아크바르Mark Achbar와 피터 윈토닉Peter Wintonick이《여론조작》을 기초로 만든 다큐멘터리〈여론 조작: 노엄 촘스키와 미디어Manufacturing Consent: Noam Chomsky and the Media〉가 11월 오스트레일리아에서 처음 상영됨. 아크바르는 이 작품으로 20대 초반 젊은 영화인들에게 주는 '더 듀크 오브 에든버러 인터내셔널 어워드The Duke of Edinburgh's International Award'를 수상했고, 이 작품은 2003년 차

기작이 나오기 전까지 캐나다 역사상 가장 성공한 다큐멘터리로 기록됨.

1993년(65세) 《부유한 소수와 불안한 다수 *The Prosperous Few and the Restless Many*》(데이비드 바사미언 *David Barsamian* 인터뷰) 출간. 허울 좋은 명분 아래 풍부한 자원과 잠재력을 지닌 중남미 대륙과 아프리카, 아시아를 미국이 정치·경제적으로 어떻게 식민지화했는지 밝히고 "도덕은 총구로부터 나온다"는 미국의 오만한 역사의식을 신랄하게 비판한 《507년, 정복은 계속된다 *Year 501: The Conquest Continues*》 출간.

1994년(66세) 《비밀, 거짓말 그리고 민주주의 *Secrets, Lies and Democracy*》 출간. 1991년 11월 말레이시아계 뉴질랜드 학생이자 오스트레일리아 구호단체 소속 카말 바마드하즈 *Kamal Bamadhaj*가 동티모르에서 인도네시아 헌병대 총에 등을 맞는 치명상을 입고 결국 사망함. 그의 어머니 헬렌 토드 *Helen Todd* 기자가 범인을 법정에 세우고자 투쟁을 벌인 4년간 그녀와 계속 연락을 주고받으며 격려함. 연루된 장군 중 한 명이 하버드 대학교에 다닌다는 사실이 밝혀지자 보스턴의 행동주의자들이 하버드 대학 당국에 항의 시위하여 결국 토드가 승소함.

1995년(67세) 동티모르 구호협회 *ETRA*와 저항을 위한 동티모르 국가 평의회 *CNRM*의 초청으로 9일간 오스트레일리아 방문. 수도 캔버라에서 난민들을 대상으로 강연하고 멜버른과 시드니에서 대규모 집회를 조직함. 생물언어학을 치밀하게 실행에 옮기고자 규칙을 최소화함으로써 강력한 설명력을 띤 소수의 원리 체계로 언어 메커니즘을 분석한 《최소주의 프로그램 *The Minimalist Program*》 출간. 이 '최소주의 프로그램'에 모든 인간이 생득적으로 갖고 있는 모든 언어에 내재한 '보편문법 *Universal Grammer, UG*'을 적용해 언어학을 발전시킴.

1996년(68세) 캐럴 은퇴, 촘스키의 실질적인 매니저로 활동. 전해 오스트레일리아에서 연 강연들을 모아《권력과 전망*Powers and Prospects*》펴냄.

1997년(69세)《미디어 컨트롤: 프로파간다의 화려한 성취*Media Control: The Spectacular Achievements of Propaganda*》출간(〈화성에서 온 언론인*The Journalist from Mars*〉을 추가해 2002년 개정판 출간).

1998년(70세)《공공선을 위하여*The Common Good*》(데이비드 바사미언 인터뷰) 출간.

1999년(71세)《숙명의 트라이앵글》개정판 출간. 에드워드 사이드*Edward Said*는 서문에서 "인간의 고통과 불의에 끊임없이 맞서는 숭고한 이상을 지닌 사람에게는 무언가 감동적인 것이 있다"며 촘스키의 '숭고한 이상'을 피력함.《그들에게 국민은 없다: 촘스키의 신자유주의 비판*Profit over People: Neoliberalism and Global Order*》출간. 그의 장기적 연구가 컴퓨터와 인지과학*Computer and Cognitive Science* 분야의 성장에 기여했다는 이유로 벤저민프랭클린 메달*Benjamin Franklin Medal* 수상. 헬름홀츠 메달*Helmholtz Medal* 수상.

2000년(72세)《신세대는 선을 긋는다: 코소보, 동티모르와 서구의 기준*A New Generation Draws the Line: Kosovo, East Timor and the Standards of the West*》출간.《언어와 정신 연구의 새 지평*New Horizons in the Study of Language and Mind*》출간.《불량 국가*Rogue States: The Rule of Force in World Affairs*》출간. 이 책에서 서방 강국, 그중에서도 미국이 어떻게 각종 국제적 규범에서 면제되는 것처럼 행동해왔는지, 또한 이런 경향이 냉전 종식 이후 어떻게 더 강화돼왔는지를 면밀히 밝힘. 또 라틴아메리카, 쿠바, 동아시아 등지에서 미국이 저지른 만행과 치명적인 결과를 구체적인 자료와 실증을 통해 적나라하게 보여줌. 여기서 미국이 테러의 표적이 된 이유를 차근차근 설명하는데, 미국은 이라크, 북한, 쿠바 등을 '불량 국가'로 분류하지만 오히려 국제 질서 위에 군림하면서 국제 규범을 무시하는 미국이야말로 국제사회의 '불량 국가'라고 규정함.《실패한 교육과 거짓말*Chomsky on Mis-education*》

(2004년 개정판), 1996년의 델리 강연을 엮은 《언어의 구조 *The Architecture of Language*》
출간.

2001년(73세) 5월 경제적 이익을 위해 폭력을 무수히 행사하는 부시 정부에
대해 어정쩡한 태도를 보여 비난받기도 함. '미국과 테러'에 대한 견해를
소상히 밝힌 《프로파간다와 여론: 노엄 촘스키와의 대화 *Propaganda and the Public Mind: Conversations with Noam Chomsky*》(데이비드 바사미언 인터뷰) 출간. 배타적 애국주의로 치닫
는 미국의 주류 언론과 지식인을 비판하면서 미국 정부와 언론의 프로파간
다 공세 뒤에 가려진 진실과 국제 관계를 보는 새로운 시각을 전함. 9·11테
러 이후 인터뷰 요청이 쇄도해 9월부터 10월 초까지 많은 인터뷰를 함. 이
를 모은 책 《촘스키, 9-11 *9-11*》이 이듬해 페이퍼백 부문 베스트셀러 1위를
차지함. 10월 프랑스에서 《촘스키, 누가 무엇으로 세상을 지배하는가 *deux heures de lucidité*》(드니 로베르 *Denis Robert*와 베로니카 자라쇼비치 *Weronika Zarachowicz* 인터뷰) 출간. 표
현의 자유와 포리송 사건에 대한 공식 입장을 표명함. 12월 인도 델리에서
인도의 경제학자 라크다왈라 *Lakdawala* 추모 강연을 함(2004년 《인도의 미래 *The future of the Indian past*》로 출간됨).

2002년(74세) 1월 세계경제포럼 *World Economic Forum* (다보스포럼)에 대항한 NGO(비
정부기구)들의 회의인 세계사회포럼 *World Social Forum* (브라질 프로투알레그리 *Porto Alegre*)
에 참석. 2월 촘스키 책을 출간했다는 이유로 반역죄로 기소된 터키 출판
인의 재판에 공동 피고인으로 참석하기 위해 터키 방문. 출판인이 공동 피
고인이 되어달라고 부탁했고 촘스키가 기꺼이 요청을 받아들인 것으로, 재
판부는 국제사회에 이런 사실이 알려질까 두려웠는지 첫날 기소를 기각함.
쿠르드족을 찾아다니며 그들의 인권을 강력하게 옹호하는 말과 글을 계속
발표함. 1월 23일 뉴욕에서 열린 미디어 감시단체 페어 *FAIR*의 창립 15주년

축하 강연 내용을 기반으로 《미디어 컨트롤》 개정판 출간. 《촘스키, 세상의 물음에 답하다 $^{Understanding\ Power:\ The\ Indispensable\ Chomsky}$》, 《자연과 언어에 관해 $^{On\ Nature\ and\ Language}$》 출간.

2003년(75세) 《중동의 평화에 중동은 없다 $^{Middle\ East\ Illusions}$》(《중동에서의 평화》 포함) 출간. 《촘스키, 사상의 향연 $^{Chomsky\ on\ Democracy\ and\ Education}$》(C. P. 오테로 $^{C.\ P.\ Otero}$ 엮음) 출간. 브라질에서 열린 세계사회포럼에 참석. 라틴아메리카 사회과학위원회 ^{CLASCO} 회장의 초청으로 쿠바 방문. 귀국 후 쿠바에 가한 미국의 금수 조치를 격렬히 비난함. 인도의 시민운동가이자 소설가 아룬다티 로이 $^{Arundhati\ Roy}$는 〈노엄 촘스키의 외로움 $^{The\ Loneliness\ of\ Noam\ Chomsky}$〉이란 글에서 "촘스키가 이 세상에 기여한 공로 중 하나를 고른다면 아름답고 밝게 빛나는 '자유'라는 단어 뒤에 감춰진 추악하고 무자비하게 조작되는 세계를 폭로한 것"이라고 말함. 미국 정치·경제 엘리트들의 '제국주의적 대전략 $^{imperial\ grand\ strategy}$'을 완벽히 해부한 《패권인가 생존인가 $^{Hegemony\ or\ Survival:\ America's\ Quest\ for\ Global\ Dominance}$》 출간. 9·11사태로 희생된 사람은 3,000명 남짓이지만, 미군의 직접적인 테러로 희생된 사람은 서류로만 봐도 수십만 명에 이른다고 주장하는 바람에 미국 우익과 자유주의자 모두의 분노를 폭발시켜 지식인 사회가 크게 동요함. 마크 아르바르 등이 촘스키 등을 인터뷰해 만든 다큐멘터리 〈기업 $^{The\ Corporation}$〉 출시.

2004년(76세) 이듬해까지 이탈리아의 피렌체와 볼로냐, 그리스의 테살로니키, 아테네, 헝가리, 영국의 런던, 옥스퍼드, 맨체스터, 리버풀, 에든버러, 독일의 올덴부르크와 베를린, 라이프치히, 슬로베니아의 류블랴나, 크로아티아의 노비그라드, 북아메리카 등 전 세계 각지에서 강연함. 학자 9명이 촘스키의 논리적 허구와 사실 왜곡을 신랄하게 짚은 《촘스키 비판서 $^{The\ anti}$

chomsky reader》출간. 이때까지 촘스키가 등장하는 영화만 28편에 이름.

2005년(77세)《촘스키, 미래의 정부를 말하다*Government in the Future*》출간. 2003년 캐나다를 방문한 촘스키의 1주간의 행적을 담은 DVD〈노엄 촘스키: 쉬지 않는 반항자*Noam Chomsky: Rebel without a Pause*〉출시.《촘스키의 아나키즘*Chomsky on Anarchism*》(배리 페이트먼*Barry Pateman* 엮음) 출간. 인터뷰집《촘스키, 우리의 미래를 말하다*Imperial Ambitions: Conversations on the Post-9/11 World*》(데이비드 바사미언 엮음) 출간. 10월《가디언*The Guardian*》이 선정한 '세계 최고의 지식인' 1위로 뽑힘. 이때까지 받은 명예 학위와 상이 30여 개에 이름. MIT에서 열린 컴퓨터 언어학 세미나에 참석. 더블린의 유니버시티칼리지*University College*의 문학과 사학회*Literary and Historical Society*의 명예회원이 됨. 11월《포린 폴리시*Foreign Policy*》선정 '2005 세계 지식인 조사'에서 1위를 차지함. 2위인 움베르토 에코*Umberto Eco*의 두 배인 4만 표를 받음.

2006년(78세) 5월《뉴스테이츠먼*New Statesman*》이 선정한 '우리 시대의 영웅' 7위로 뽑힘. 5월 8일부터 8일간 촘스키 부부와 파와즈 트라불시*Fawwaz Trabulsi* 등이 레바논을 여행함. 9일 베이루트의 아메리칸 대학교*American University*에서 '권력의 위대한 영혼*The Great Soul of Power*'이란 제목으로 에드워드 사이드 추모 강연함. 10일에는 같은 대학에서 '생물언어학 탐구: 구상, 발전, 진화*Biolinguistic Explorations: Design, Development, Evolution*'라는 주제로 두 번째 강연함. 12일에는 베이루트 함라 거리*Hamra Street*의 마스라알마디나*Masrah al Madina* 극장에서 '임박한 위기: 위협과 기회*Imminent Crises: Threats and Opportunities*'라는 제목으로 강연함. 촘스키의 강연과 인터뷰에, 동행한 사람들과 서남아시아 전문가들의 글을 덧붙이고 캐럴이 찍은 사진을 담아 이듬해《촘스키, 고뇌의 땅 레바논에 서다*Inside Lebanon: Journey to a Shattered Land with Noam and Carol Chomsky*》출간. 미셸 푸코*Michel Foucault* 와의 대담집《촘스키와 푸코, 인간의 본성을 말하다*The Chomsky-Foucault Debate: On Human Nature*》출간.《촘스키, 실패한 국가, 미국을 말하다*Failed States: The Abuse of Power and the Assault on Democracy*》출간. 배우 비고 모텐슨*Viggo Mortensen*과 기타리스트 버킷헤드*Buckethead*가 2003년에 발표한 앨범 판데모니움프롬아메리카*Pandemoniumfromamerica*를 촘스키에게 헌정함.

2007년(79세) 대담집《촘스키와 아슈카르, 중동을 이야기하다*Perilous Power: The Middle East and US Foreign Policy: Dialogues on Terror, Democracy, War, and Justice*》출간. 뉴욕타임스 신디케이트에 기고한 칼럼을 모아《촘스키, 우리가 모르는 미국 그리고 세계*Interventions*》출간. 바사미언과의 인터뷰집《촘스키, 변화의 길목에서 미국을 말하다*What We Say Goes: Conversations on U.S. Power in a Changing World*》출간. 스웨덴 웁살라 대학*Uppsala University* 카를 폰 린네*Carl von Linné* 기념회로부터 명예박사 학위 받음.

2008년(80세) 2월 골웨이 아일랜드 국립대학교*National University of Ireland, Galway*의 문학과 토론 클럽*Literary and Debating Society*으로부터 프레지던트 메달*President's Medal* 받음.《촘스키 지知의 향연*The Essential Chomsky*》(앤서니 아노브*Anthony Arnove* 엮음) 출간. 12월 대한민국 국방부가 발표한 '2008 국방부 선정 불온서적'에《미국이 진정으로 원하는 것》과《507년, 정복은 계속된다》가 포함됨. 이에 대해 "한국민의 위대한 성취를 거꾸로 되돌리려는 시도"라며 한국 정부 당국을 "독재자 스탈린을 뒤따르는 세력"이라고 강력히 비난함. 12월 19일 평생을 함께한 캐럴 촘스키, 암으로 사망.

2009년(81세) 국제 전문 통번역사 협회[IAPTI] 명예회원이 됨.

2010년(82세) 1월 MIT 크레지 강당*Kresge Auditorium*에서 러시아 출신 작곡가 에드워드 마누키안*Edward Manykyan*과 하버드 대학교 언어학과장 제나로 치에치아*Gennaro Chierchia* 등이 촘스키 가족을 초대해 특별 콘서트를 개최함.《촘스키, 희망을 묻다 전망에 답하다*Hopes and Prospects*》출간. 11월 일란 파페*Illan Pappé*와 대담하여 《위기의 가자 지구: 팔레스타인과 벌인 이스라엘 전쟁에 관한 고찰 *Gaza in Crisis: Reflections on Israel's War Against the Palestinians*》 출간. 진보한 인문학자에게 수여하는 에리히프롬상 *Erich Fromm Prize* 수상.

2011년(83세) 케이프타운에서 학문의 자유에 관한 다비 *Davie* 기념 강연함. 3월 9·11 이후 미국과 서구 국가, 서남아시아 국가의 권력 관계와 국제적 협상에 관해 10년간 발전시킨 분석틀을 제시한 《권력과 테러: 갈등, 헤게모니 그리고 힘의 규칙 *Power and Terror: Conflict, Hegemony, and the Rule of Force*》 출간. 9월 소프트 스컬 프레스 *Soft Skull Press*의 리얼 스토리 *Real Story* 시리즈 중 베스트셀러 네 권을 모은 《세상은 어떻게 움직이는가 *How the World Works*》 출간(한국에서는 〈촘스키, 세상의 권력을 말하다〉 시리즈로 출간). 《미국이 진정으로 원하는 것》, 《부유한 소수와 불안한 다수》, 《비밀, 거짓말 그리고 민주주의》, 《공공선을 위하여》가 묶임. 수가 클수록 학자로서의 저명함을 입증하는 '에르되시 수 *Erdös number*'가 4가 됨. 시드니평화상 *Sydney Peace Prize* 수상. 국제전기전자기술자협회 *IEEE* 인텔리전스 시스템 *Intelligent Systems*의 '인공지능 명예의 전당'에 오름.

2012년(84세) 4월 맥길 대학교 *McGill University* 철학 교수 제임스 맥길브레이 *James McGilvray*와의 대담집 《언어의 과학 *The Science of Language*》 출간. 2007년에 낸 《촘스키, 우리가 모르는 미국 그리고 세계》에 이어 뉴욕타임스 신디케이트에 기고한 칼럼을 두 번째로 모아 《촘스키, 만들어진 세계 우리가 만들어갈 미래 *Making the Future: Occupations, Interventions, Empire and Resistance*》 출간(한국어판은 시대의창에서 2013년 12월에 출간). 2007년 이후의 칼럼에는 북한 이야기도 포함됨. 전해 11월 월스트리트에서 시작된 '점령하라' 운동에 대한 강연과 대담을 엮어 《점령하라 *Occupy*》 출간.

2013년(85세) 이모부의 신문 가판대에서 일한 경험 때문인지 오랜 습관이

된, 아침 식사 자리에서 신문 네다섯 개를 읽는 것으로 하루를 시작함. 신문 기사는 그날 강연의 화두가 되고, 자신의 주장을 뒷받침하는 배경이 됨. 1월 《권력 시스템: 글로벌 민주주의 부흥과 미국 제국주의의 새로운 도전 *Power Systems: Conversations on Global Democratic Uprisings and the New Challenges to U.S. Empire*》(데이비드 바사미언 인터뷰) 출간. 8월 미국 외교전문매체 《포린 폴리시》가 정보자유법[FOIA]에 따라 최근 공개한 CIA의 기밀 자료에 따르면, CIA가 1970년대에 촘스키의 행적을 감시했음이 밝혀짐. 9월 영화 제작자이자 탐사 전문 기자인 안드레 블첵 Andre Vltchek과 대담하여 《서구 제국주의에 관하여: 히로시마에서부터 무인 전투 폭격기까지 *On Western Terrorism: From Hiroshima to Drone Warfare*》 출간.

현재 미국국립과학아카데미 National Academy of Sciences, 미국예술과학아카데미 American Academy of Arts and Sciences, 미국언어학회 Linguistics Society of America, 미국철학회 American Philosophical Association, 미국과학진흥협회 American Association for the Advancement of Science 회원이며, 영국학술원 British Academy 통신회원 corresponding fellow, 영국심리학회 British Psychological Society 명예회원 honorary member, 독일 레오폴디나 과학아카데미 Deutsche Akademie der Naturforscher Leopoldina 와 네덜란드 위트레흐프 예술과학회 Utrecht Society of Arts and Sciences 회원. 전 세계 수십 개 주요 대학에서 명예박사 학위를 받음. 58년간 MIT에서 학생들을 가르쳐왔으며 지금까지 120권이 넘는 저서와 1,000편이 넘는 논문을 발표함.